MANAGEMENT

冷笑话中的管理学

斯凯恩 著

地震出版社
Seismological Press

图书在版编目（CIP）数据

冷笑话中的管理学 / 斯凯恩著 .-- 北京：地震出版社，2022.5

ISBN 978-7-5028-5352-5

Ⅰ.①冷… Ⅱ.①斯… Ⅲ.①管理学－通俗读物 Ⅳ.① C93-49

中国版本图书馆 CIP 数据核字 (2021) 第 220928 号

地震版 XM5003/C（6240）

冷笑话中的管理学

斯凯恩 著

责任编辑：凌 樱

责任校对：鄂真妮

出版发行：地震出版社

北京市海淀区民族大学南路 9 号　　邮编：100081

发行部：68423031　68467991　　传真：68467991

总编室：68462709　68423029

http：//seismologicalpress. com

经销：全国各地新华书店

印刷：固安县保利达印务有限公司

版（印）次：2022 年 5 月第一版　2022 年 5 月第一次印刷

开本：710 × 960　1/16

字数：298 千字

印张：18.75

书号：ISBN 978-7-5028-5352-5

定价：59.00 元

前言

Preface

人类的管理活动自古就有，但是管理学作为一门学科存在的时间却并不很长。在过去的一百多年里，无数的管理思想者、学者以及企业管理实践者通过不断地努力，逐渐把管理从一种工作变为了一种科学，管理的基本原理和实践准则也在工作和生活中有了广泛应用，管理学成了现代人必备的一种知识和工具。

作为一门学科，管理学是与每个人最切近的学问。宏观之处，它指明了现代企业运行的规律和秘密，解析商业帝国的波谲云诡，找出企业成功与失败的内在逻辑，对于写字楼里的上班族而言，它使他们看清了自己所服务的公司的真实图景；微观之处，管理学暗含着个人与时间和生活的相处之道，警示每个人如何有效地安排管理自己的人生和人际关系，从而成为一个高效、成功的人士。

如果你曾经经营企业，在开创事业的过程中可能产生过这样的困惑——

为什么我招聘的人在面试的时候看起来十分优秀，但招至麾下后，却屡屡表现失当，不能按照职务的要求完成工作？难道真是自己看走了眼？

为什么我为某个员工加了薪、升了职，他却依然要离我而去，倒戈投向我的竞争对手？

为什么我把公司的重要部门全权交给某个员工管理，对方非但不能全心全意与我共同创业，反而另起炉灶？

……

如果你在企业中被晋升至管理阶层，在行使职能的时候，你也许曾经对这些问题迷惑不解——

公司从外面聘请专家为员工进行培训，本意是为了提升公司的业绩，不料培训后，羽翼渐丰的员工非但没有对公司的栽培感恩图报，反而提出加薪的要求，甚至要离开公司。如何才能避免出现“赔了夫人又折兵”的培训后果？

为什么绩效考核结果公开后，员工常常怨声载道？

为什么我每天尽心竭力地工作，仍然忙不过来，而另一个部门的主管却能悠哉游哉地与客户享受高尔夫的乐趣？

……

对于上述种种问题，本书进行了有趣的解析，不过杜绝了严肃正经的形式，而是遵照寓教于乐的原则，以笑话触摸管理学的精髓。这种立意，一是希望读者在开怀的瞬间能够有所体悟，能够从笑话中透析管理学的理论内涵与实践价值；二是想说明，管理学并非一门深奥难解的学问，它隐含在谈笑间、幽默处，正是普通大众在不经意间所流露的哲思洞见。

阅读此书，你还能在谈笑间了解许许多多的管理定律，它们浓缩了众多管理学者和企业经营者的思想精髓，既丰富了管理学的内涵，也扩充了管理学的理论框架。比如，此书所涉猎的管理定律包括：揭示企业新人尴尬处境的“蘑菇管理定律”，为企业的薪酬设计提供指导的“德西效应”，优质员工驱逐劣质员工的“格雷欣法则”，强调制度面前人人平等的“热炉法则”……

总之，这本《冷笑话中的管理学》从智趣的角度审视管理学，希望通过这种“曲径通幽”的手法，既能博君一笑，也能使读者笑中生智、笑中有得，从而对管理学的理论基础和实践价值有所感悟与洞悉。

目 录

Contents

第1辑 读笑话，谈人才选拔

没拔毛之前是狮子——素质冰山模型 /003

信封里面的秘密——情景模拟面试法 /005

看大门的守门员——STAR原则面试法 /007

离得越远越好——案例面试法 /008

兔子的求职历程——“投射效应”的影响 /010

天堂与地狱——现实工作预览的重要性 /014

轧狗还是轧人——“霍布森选择”对人才选拔的影响 /017

人才难得——“乔布斯法则”：网罗一流人才 /018

不是洗澡堂——“玻璃天花板效应”：为女员工提供平等的机会 /020

重金买骨——“海潮效应”：建立吸引人才的企业文化 /022

第2辑 读笑话，谈用人之道

新来的狮子——“蘑菇管理定律”：为新员工提供表现机会 /027

人尽其才——“德尼摩定律”：量才而用 /029
什么是胆量——“托利得定理”：大度容人 /031
戴高乐的困惑——任用具有“野鸭精神”的员工 /032
一个修脚踏车的——“刻板效应”与用人误差 /033
最大的发现——“韦尔奇原则”：选择适当的人 /035
神奇的猪——“梅考克法则”：管理是严肃的爱 /036
会说话的狗——能者如何多劳 /039
人尽其能——善于用人之短 /040

第3辑　读笑话，谈育人之道

猫价浮动——“大荣法则”：企业的发展离不开人才的培养 /045
应征门卫——通过培训提升员工的胜任素质 /047
牧师与司机——以“经纪人”的理念培育员工 /049
学费——建立学习型组织 /050
勤奋工作也是错吗——如何收回培训投资 /052

第4辑　读笑话，谈管人之道

魔鬼的样子——“磁力法则”：高压手段会遭到抵制和报复 /057
严禁请假通知书——“柔性管理法则” /059
为亲爱的付钱——感情管理 /061

报复上司——“蓝斯登原则”：一定要保持梯子的整洁 /063

比赛——完全了解事实真相的必要性 /064

出师不利——跨文化管理 /066

经理的心愿——变革前为员工预热 /068

第5辑 读笑话，谈绩效考核

加薪——什么是绩效考核 /073

三个愿望——让员工知晓绩效目标 /074

土拨鼠的去处——如何防止“目标置换” /076

三人评画——360度绩效评估 /078

迟到的感悟——年度绩效评估的滞后性 /079

疯子的聪明——避免“恶魔效应” /081

话匣子——绩效考核容易出现的九个误差 /082

食品店的胖老板——“定势效应”对绩效考核的影响 /085

割草的男孩——“反馈效应”：把考核结果反馈给员工 /088

不可能的事情——“欧弗斯托原则”：注重沟通的开始 /090

医生的嘱咐——避免绩效沟通的言不及义 /092

车祸——对低绩效员工不宜心软 /094

第6辑 读笑话，谈薪酬管理

开玩笑——全面薪酬战略 /099
为什么不干掉他——避免薪酬管理的“格雷欣法则” /100
老人的高招——“德西效应”：重视外在报酬，兼顾内在报酬 /102
以牙还牙——低薪策略的双输性 /104
加薪纪念——发挥薪酬的激励效用 /106
私事——薪酬：不能说的秘密 /107

第7辑 读笑话，谈人才激励

诱饵——激励理论（一）：“马斯洛需求理论” /113
猎狗与兔子——激励理论（二）：“双因素理论” /114
跳船求生——激励理论（三）：“超Y理论” /116
发财秘诀——激励理论（四）：“生存—交往—发展理论” /117
倒霉的兔子——激励理论（五）：“强化理论” /119
罢工——激励理论（六）：“成就激励理论” /121
驴子挨打——激励理论（七）：“公平理论” /123
屋檐上的草料——激励理论（八）：“目标设置理论” /125
电脑的用途——引进“鲶鱼”激励员工 /126
改名——“彼得原理”：晋升有风险，激励须谨慎 /128
他还想吃——员工会根据奖励的标准做出行为选择 /130

奖励——“横山法则”：激励员工自发地工作 /132

捐款——避免批评的“超限效应” /134

失业问题——运用“异性效应”激励员工 /135

救生圈的妙用——“蓝柏格定理”：为员工制造必要的危机感 /137

超车——用榜样人物激励员工 /139

沉默和独身——“杜嘉法则”：管理者自身成为激励员工的力量 /141

让大家听见——赞赏员工应广而告之 /143

只给20分钟——“坎特法则”：尊重员工是回报率最高的投资 /144

威士忌——激励大忌：一种激励手段适用所有的员工 /146

警察的作用——站在员工的立场上 /147

跳伞——挑战性的工作并不对所有员工产生激励效果 /149

合作——与员工分享利润 /150

不说话的鹦鹉——物质激励是必不可少的 /152

第8辑 读笑话，谈制度建设

到底谁差劲——“修路理论”：完善制度 /157

车票打孔——“破窗效应”：及时矫正和补救正在发生的问题 /158

未被保险——“坠机理论”：依靠英雄不如信赖机制 /160

非洲猎狮——制度化管理的柔性化 /161

我是来办事的——“热炉法则”：规章制度面前人人平等 /162

量过了才吃——制度的作用：引导 /164

耶稣对一个小孩的启发——制度的威慑性 /165

喝酒——弃“人治”取“法治” /168

深夜推车——“路径依赖”原理：制度的惯性 /169

驾驶员和猪——谨防号令不明 /171

不划算——制度要规避人性的弱点 /173

第9辑 读笑话，谈团队管理

拔头发——“沙因定理”：让员工参与目标制定过程 /177

三只兔子——成就高效团队的基础：信任 /178

懒惰的人——组织公平感是团队管理的基石 /179

将军的高招——“手表定律”：避免多头领导 /182

高招——规避团队合作的责任分散效应 /183

六只脚更快——“史提尔定律”：合作是一切团体繁荣的根本 /185

如此分工——“蚁群效应”：弹性工作流程模式 /186

上帝的惩罚——为团队成就庆功 /188

在地狱发现石油——如何与非正式组织相处 /190

GDP的故事——团队冲突并不总是恶性的 /192

老鼠偷油——塑造企业文化：规避“螃蟹效应” /194

第10辑　读笑话，谈时间管理

乔治的遭遇——时间杀手（一）：流连于与工作无关的事情 /199
岂有此理——时间杀手（二）：拖延 /200
回信——时间杀手（三）：开门办公 /202
子贱为官——有效利用时间（一）：授权 /203
伤心的故事——有效利用时间（二）：谨记目标 /205
永远不会有孩子——有效利用时间（三）：会议管理 /206
丢车——有效利用时间（四）："80/20原则" /208
拐弯抹角——有效利用时间（五）：30秒电梯演讲 /209
厌倦有价——有效利用时间（六）："莫法特休息法" /211
精简机构——有效利用时间（七）："奥卡姆剃刀定律" /212

第11辑　读笑话，谈决策

不是只有你才有爷爷——决策的权变意识 /217
野外露营——"吉德林法则"：把问题写出来就成功了一半 /218
悬赏——"鸟笼效应"：战略与能力相匹配原则 /220
仓库计划——"摞补丁效应"：解决问题应到位 /222
囚犯的选择——"沃尔森法则"：把信息和情报放在第一位 /224
鸡亡事故——"费斯法则"：拿到第二个之前，不要扔掉第一个 /225
双料冠军——"反木桶原理"：寻找企业的核心优势 /228

领带——“儒佛尔定律”：有效预测是决策的前提 /229

诀窍——“生态位原则”：在自己的生态位做强做大 /231

难题——“布利丹效应”：决策中犹豫不决、难做决定的现象 /233

明智的决策——危机处理的创新性原则 /235

第12辑 读笑话，谈沟通

碎纸机——“费斯诺定理”：学会倾听 /239

尝汤——“位差效应”：平等交流是有效沟通的保证 /240

老板的要求——警惕沟通中的“失真效应” /242

皮包还在原处——管理者应该具备的沟通技巧 /244

快去接电话——选择合适的沟通渠道 /246

面试——“古德定律”：成功的沟通，在于准确地把握他人观点 /247

荒岛——同理心使沟通效果倍增 /249

不忍心——行为具有更强的说服效果 /251

第13辑 读笑话，谈授权

经理与清洁工——授权：远离事务性工作 /255

信任——“柯维定理”：授权并信任才是有效的授权之道 /256

请示——倒金字塔管理法：避免高度集权 /258

尽职的护士——“伯恩斯定律”：尊重员工的自我管理意识 /260

宁死不招——哪些权力不可授予员工 /261

蜈蚣买汽水——为下属提供支持性资源 /263

领班的嫉妒——对待下属越权的方式 /265

第14辑 读笑话，谈管理者的自我修养

项目经理——管理者的基本技能 /269

管理顾问——管理的艺术性 /270

以愚招客——“出丑效应”：增加管理者魅力 /272

炒菜——独断扼杀员工的创新性 /274

辞职——“克里奇定理”：没有不好的组织，只有不好的领导 /275

堵车——“威尔逊法则”：为员工解决问题 /276

兔子如何吃掉狼和野猪——成为最能干、最有权力的主管 /278

为何要鼓掌——影响力的来源 /280

同意——监狱角色模拟实验 /281

录用回答——以结果论成败 /283

第 1 辑

读笑话，谈人才选拔

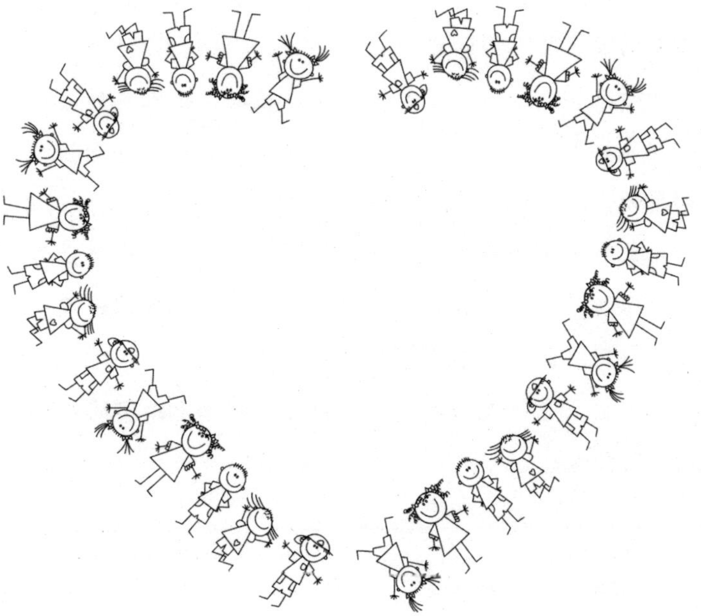

· 如果没有好的求职动机、品质、价值观等相关素质的支撑，能力高的员工反而会对企业产生负面影响。

· 公司不同，相同的职位名称下往往工作内容迥异，对于员工的要求也截然不同。因此，管理者在面试应聘者时，要善于甄别应聘者过往的具体的工作行为。

· 进行人员面试时，管理者尽量多谈及面试人员的过往工作经历；在确定招聘选择时，多参考一下来自相关部门主管和人力资源部门的意见，能够降低“投射效应”对于人员招聘的认知误差。

· 企业作为未来发展的主导者，坦诚地告诉面试者公司对岗位的要求，如工作的压力较大、需要经常出差、考核制度很严格等，才能真正招聘到企业的志同道合者。

· “重金买骨”表面上是购买马骨，实际上购买的是“天下千里马的归附之心”。

没拔毛之前是狮子——素质冰山模型

玛丽家有一只冠军狗，这只狗到处找别的狗打架，因为无往不胜而颇为洋洋自得，因此冠军狗总是很嚣张地向居住区里新来的狗挑衅。一天，玛丽牵着冠军狗在公园里散步，偶遇了贝蒂，贝蒂牵着一只体型庞大的狗。由于从未见过这只狗，冠军狗不停地吠叫，挑衅之心毕露无遗。玛丽想：贝蒂处处跟我比较，如果我的冠军狗把贝蒂的狗打败，那一定很威风！于是，玛丽对贝蒂说："不如让这两只狗比赛一下怎么样？"贝蒂迟疑了一下说："这样有些不妥吧。"玛丽说："你放心，如果我的狗真的伤害你的狗，我会制止的。"贝蒂仍然迟疑，正在这时，两只狗竟然打了起来，没过多久，冠军狗就败下阵来，垂头丧气地躺在了地上。玛丽惊愕地问："贝蒂，你家的狗是什么品种？"贝蒂说："它的毛没被拔掉之前，人们都叫它狮子。"

趣评：冠军狗由于只看到"狮子"的外在表现，便鲁莽地向其挑衅，却不知道它挑衅的对象虽然具有狗的外貌，但实际上是一只狮子。管理者在面试招聘时，如果只从知识和技能的层面考察应聘者，罔顾应聘者的内在本质特征，那便是与冠军狗犯了同样的错误。

美国著名心理学家麦克利兰于1973年提出了一个著名的素质冰山模型。所谓"冰山模型"，就是将人员个体素质的不同表现形式划分为表面的"冰山以上部分"和深藏的"冰山以下部分"。其中，"冰山以上部分"包括基本知识和基本技能，是人外在的表现，容易了解和测量，能够通过培训的方式加以改变和提高；"冰山以下部分"包括社会角色、自我形象、特质和动机，是人内在的、难以测量的部分，不太容易通过外界的影响而改变，却对人员的行为与表现起着关键性的作用。

企业在招聘人才时，常常会产生这种困惑：所招聘的人才明明在知识和技能方面很有优势，但是在履行实际工作的过程中，却难以达到组织的要求。素质冰山模型启示管理者，在招聘时不能仅仅局限于对应聘者知识和技能的考察，还应该对应聘者的求职动机、个人品质、价值观、自我认知和角色定位等方面进行综合了解。如果没有好的求职动机、品质、价值观等相关素质的支撑，能力高的员工反而会对企业产生负面影响。

根据素质冰山模型，人的素质可以概括为以下七个层级。

1.技能

指一个人完成某项工作或任务所具备的能力，如表达能力、组织能力、决策能力、学习能力等。

2.知识

指一个人对特定领域的了解，如财务知识、市场知识、行业知识等。

3.角色定位

指一个人对职业的预期，即一个人在职场想做些什么事情，如教师、设计师、销售专员等。

4.价值观

指一个人对事情是非、重要性、必要性等的价值取向，如合作精神、献身精神等。

5.自我认知

指一个人对自己的认识和看法，如自信心、乐观精神等。

6.品质

指一个人持续而稳定的行为特性，如正直、诚实、责任心等。

7.动机

指一个人内在的、自然的、持续的想法和偏好，驱动、引导和决定着个人的行动，如成就需求、人际交往需求等。

麦克利兰的素质冰山模型，为人力资源管理的实践提供了一个全新的视角，是一种更为有利的管理工具，它构建了某种岗位的胜任素质模型，对担任某项工作所应具备的胜任特征进行了明确的说明，而且成为人员素质测评的重要依据，有助于让人员招聘工作更加科学化和有效化。

信封里面的秘密——情景模拟面试法

科特去一家世界顶尖企业面试商业间谍的职位。人事部经理与科特面谈过后，递给科特一个信封，并对他说："请你把这个信封送到八层的档案室，然后你就可以回去了，一周以后我们会通知你面试结果。"

从人力资源部门出来后，科特转身溜进了卫生间，他环顾四周确认没有什么人，便迅速打开了信封，里面的信上写着："你被录用了，请马上回人事部报到！"

趣评：管理者面试新员工时，一般会注重了解员工的人格特征和工作履历，因为这些因素对于判断员工胜任与否有很大的参考价值，其实，除此之外，求职人员在具体情境下的举止行为往往更能预测出员工未来的工作表现。

情景模拟面试法就是根据应聘者所申请的职务，编制一套与该职务实际情况相似的测试项目，把应聘者安排在模拟的、逼真的工作环境中，要求应聘者处理可能出现的各种问题，用多种方法来测评其心理素质和潜在能力的一系列方法。

情景模拟面试法一般有如下五种类型。

1.公文处理

公文处理是情景模拟面试法的一种主要形式，公文一般由文件、备忘录、上级指示、调查报告等组成。应用这种方法面试应聘者时，须提前向应聘者提供关于组织的背景资料，并使应聘者意识到他既不是在演戏，也不是在代理职务，而是组织真正的负责人，他要像处理现实问题一样处理手里的公文。公文以正常工作下，两个小时的工作量为宜，每个应聘者要批阅的公文是否一样不重要，但难度要相似。根据公文的数目和难度来规定每个应聘者用来完成任务的具体时间。

2.与人谈话

与人交谈包括电话谈话、接待来访者和拜访相关人士三种类型。由企业的相关人员饰演交谈的另一方，实地考察员工的人际礼仪常识、心理素质、应对技巧、语言表达能力和处理突发问题的能力等。

3.无领导小组讨论

所谓无领导小组讨论，就是指几个应聘者就一个问题进行讨论，讨论前并不指定谁来主持会议，在讨论中观察每一个应聘者的发言，以便了解应聘者心理素质和潜在能力的一种测评方法。

4.角色扮演

角色扮演就是要求应聘者扮演一个特定的管理角色来处理日常的管理事务，以此来观察应聘者的多种表现，以便了解其心理素质和潜在能力的一种测试方法。

5.即席发言

即席发言就是指主试者给应聘者出一个题目，让应聘者稍做准备后按题目要求进行发言，以便了解其有关的心理素质和潜在能力的一种测评方法。即席发言主要用于了解应聘者快速思维反应能力、理解能力、思维的发散性、语言的表达能力、言谈举止、风度气质等方面的素质。

虽然情景模拟面试法具有较高的可信度和效率，有助于全面考察应聘者的综合素质，但是情景模拟面试法往往需要较长的准备时间，所需费用也比较高。一般只有在招聘高级管理人员时才运用这种面试方法。

看大门的守门员——STAR原则面试法

球迷：你怎么能让张老头去当守门员呢？

教练：张老头守了几十年的仓库大门，从来没有让一个贼进去过，他经验这么丰富，我为什么不能派他上场呢？

趣评：公司不同，相同的职位名称下往往工作内容迥异，对于员工的要求也截然不同。因此，管理者在面试应聘者时，要善于侦察应聘者过往具体的工作行为。

招聘面试是人才甄选的一个重要环节，只有从众多的应聘者中遴选出与企业文化和职务设计最吻合的人才，才能降低管理成本，实现组织的高绩效。但是如何才能判定某个应聘者就是组织所需要的人才呢？运用STAR原则是一个行之有效的方法。

所谓“STAR原则”，就是Situation（背景）、Task（任务）、Action（行动）和Result（结果）四个英文单词的首字母组合。STAR原则是面试过程中涉及实质性内容的谈话程序，这种面试法能很快地挖掘出应聘者过往的工作表现和解决问题能力的大小。

运用STAR原则面试应聘者的流程如下：首先，管理者要了解应聘者以前的工作背景，掌握应聘者所供职公司的经营管理状况、所在行业的特点及该行业的市场前景的信息，进行背景调查（Situation）；其次，管理者要询问应聘者具体的工作任务（Task）有哪些，任务的目标是什么；最后，管理者要注重了解应聘者是如何具体执行工作任务的，采取了哪些行动（Action），以及取得了什么结果（Result）。

比如，有的应聘者在面试介绍中会自诩是原来公司的销售冠军，乍听之下，似乎这个应聘者应该能胜任所申请的销售经理的职位，但是“销售冠军”的说辞并不能证明应聘者是合适的人选。管理者应该继续追问：“公司为你的销售工作提供了哪些支持性资源？公司的产品怎么样？市场区域的产品需求量有多少？”然后，还要了解如下几个问题：“你进行了哪些工作来促成交易？是频繁拜访客户，还是组织了一些推广活动？”最后，管理者便要询问工作的结果。管理者只有对应聘者过往的工作经历仔细询问后，才能全面获知应聘者的工作经历及所具有的知识和技能，从而为判断人才提供足够的参考信息。

STAR原则面试法杜绝了表面信息的蛊惑，尽可能地挖掘出应聘者所具有的知识和技能，是企业通过面试招聘到合适人才的有效工具。不过，这里面还蕴涵着大量的细节性技巧，比如，应聘者具有很高的面试技巧，使管理者难以从“完美无缺”的回答中找出不符合事实的信息。因此，管理者在面试时，还要留意应聘者的肢体语言和面部表情，尽量不提问常规性的问题，以免招聘到只会夸夸其谈、华而不实的应聘者。

离得越远越好——案例面试法

一个富翁准备高薪聘请一名司机，富翁的住所外挤满了求职者。对于每一位求职者，富翁都会问同样的问题：“我和你同时坐在车里，前面是一处悬崖，你能驶向悬崖多近而不至于掉下去？”

“三十厘米。”第一个求职者说。

“十五厘米！”第二个求职者说。

“八厘米！”第三个求职者说。

……

直到有一个求职者说：“我会尽量远离那个地方，越远越好。”

“恭喜你，从现在起你就是我的司机了。”富翁当即决定。

趣评：虽然案例面试是现代企业界的产物，但是富翁的面试方法已经显现出了案例面试的雏形。

管理咨询公司最早将案例面试法用于对应聘者的测评。一名来自巴布森商学院毕业生职业生涯规划中心的副主任，解释了案例面试法在咨询公司兴起的原因：“一家公司正在挑选最棒的、最聪明的职员。咨询顾问常常不得不与公司的一些高级行政人员一起工作。为了此类职位的人员能够行之有效的工作，他们切实需要独立思考、分析问题、给出有创造性的解决方案，并且要支持任何提出来的建议。”

在进行案例面试的过程中，面试官首先会介绍一些关于公司的信息，然后提出公司正在面临的问题或者所处的两难困境，应聘者需要对这个公司如何渡过难关提出一些建议。案例一般用口头的方式进行表述，但是如果案例过于复杂，书面的形式便成了最佳的选择。案例中所涉及的问题和困境，既可以是真实的，也可以是虚构的。

通过案例面试，面试官能够直接考评应聘者的逻辑能力和思维能力，知道他们如何构建一个问题，以及他们在压力下是否能够清晰地表达自己的想法和思路。由于案例面试的设计旨在增加面试者的压力，应聘者所承受的压力往往大于来自传统面试的压力，因而这种面试方法还能使应聘者的心理素质得到最真实的彰显。

案例面试一般有如下三种方式。

一、开放式结尾案例：面试官只给应聘者提供一两个句子容量的信息，应聘者要充分利用这些信息，给出自己的设想。

二、多重结构案例：面试官提供足量的信息，在应聘者处理问题的过程中不断地引导对方。

三、书面辅助案例：面试官先给应聘者提供一些资料，然后离开面试场所，留下应聘者处理手里的资料，当面试官回来时，应聘者要把自己对于资料的感悟向面试官做出讲解。

兔子的求职历程——“投射效应”的影响

第一家公司

老板：“兔子，今天工作忙不忙？”

兔子：“不忙。”

下班时老板对兔子说：“你明天不用来了。”

兔子：“为什么？”

老板：“因为你不能多为公司做事，所以才会不忙，公司为什么要养你这个闲人？”

第二家公司

老板：“兔子，今天工作忙不忙？”

兔子：“很忙。”

下班时老板对兔子说：“你明天不用来了。”

兔子：“为什么？”

老板：“因为你没有时间管理概念，所以才会这么忙，我们公司绝对不养庸才！”

第三家公司

老板："兔子，今天工作忙不忙？"

兔子："还行。"

下班时老板对兔子说："你明天不用来了。"

兔子："为什么？"

老板："因为你做事缺乏理性，所以才不知道自己的工作进度，公司要你何用？"

第四家公司

老板："兔子，今天工作忙不忙？"

兔子："刚刚忙完。"

下班时老板对兔子说："你明天不用来了。"

兔子："为什么？"

老板："因为你做事效率太低，做完就不能检查一下吗？公司要你何用？"

第五家公司

老板："兔子，今天工作忙不忙？"

兔子："有些工作已经做完了，也检查过了，现在正在做其他事。"

下班时老板对兔子说："你明天不用来了。"

兔子："为什么？"

老板："因为你做事缺乏系统性，有些事不会一起做吗？公司要你何用？"

第六家公司

老板："兔子，今天工作忙不忙？"

兔子："我的工作都做完了，正在帮别人做。"

下班时老板对兔子说："你明天不用来了。"

兔子："为什么？"

老板："因为你做事没有计划，你不会自己规划一下明天要做的事吗？公司要你何用？"

第七家公司

老板："兔子，今天工作忙不忙？"

兔子："今天的工作做完了，明天的工作也做完了。"

下班时老板对兔子说："你明天不用来了。"

兔子："为什么？"

老板："因为你做事不考虑整体，你不会帮同事分忧解劳吗？公司要你何用？"

第八家公司

老板："兔子，今天工作忙不忙？"

兔子："今天的和明天的工作都做完了，现在在帮同事的忙。"

下班时老板对兔子说："你明天不用来了。"

兔子："为什么？"

老板："因为你太爱出风头，你的帮忙很可能导致其他同事的惰性或者造成他们的压力，公司要你何用？"

第九家公司

老板："兔子，今天工作忙不忙？"

兔子："等一下，我思考一下再回答你。"

下班时老板对兔子说："你明天不用来了。"

兔子："为什么？"

老板："因为你目中无人，我问你话你竟然搪塞我，公司要你何用？"

第十家公司

老板："兔子，今天工作忙不忙？"

兔子："我……我……不……不知道……该……该怎么……回答你……"

下班时老板对兔子说："你明天不用来了。"

兔子："为什么？"

老板："因为你连做事忙不忙都不知道，公司要你何用？"

第十一家公司

老板：“兔子，今天工作忙不忙？”

兔子：“去你的，老子辞职不干了……”

老板：“有个性，我们公司就需要这种个性鲜明的员工！”

趣评：招聘面试员工时，如果管理者受到“投射效应”的影响，往往招聘到的不是适合组织文化的员工，而是与管理者的爱好、价值观类同的人员。

所谓“投射效应”，是指以己度人，认为自己具有某种特性，他人也一定会有与自己相同的特性，把自己的感情、意志、特性投射到他人身上并强加于人的一种认知障碍。在人际认知过程中，就是人们常常假设他人与自己具有相同的特性、爱好或倾向等，常常认为别人理所当然地知道自己心中的想法。“投射效应”最显著的行为表现，就是情感投射，在人际交往中，人们对于自己喜欢的人越看越觉得有很多优点；对于自己不喜欢的人，则越看问题越多，觉得他的缺点数不胜数，令人难以容忍。这种情感投射直接导致人们总是过度赞扬和吹捧自己所喜爱的人，而严厉地指责、甚至肆意诽谤自己所厌恶者。

“投射效应”是管理者招聘面试员工时极易发生的一种认知误差，如果被面试者与管理者爱好相同、有着类似的情感经历、对于某一件事情秉持着同样的看法，相较其他面试人员，管理者更易于把选票投给可以让自己产生共鸣的面试者。比如，管理者在与面试者进行交谈时，当得知面试者与自己毕业于同一所大学时，便情不自禁地关注面试者，甚至聊起与大学有关的事情，通过一番关于校园经历的交谈后，对比其他的面试者，情感上的重合使管理者更易于把校友招聘到公司内部。然而对于公司而言，针对职务的具体要求，此位校友却常常不是最优的选择。“投射效应”使管理者的招聘活动建立在个人的偏好上，使人员招聘偏离了组织的目标，一些更胜任的员工被阻隔在组织之外，同时还造成公司员工的高度同质化，不利于团队合作，无法形成性格互补。

当然，“投射效应”对于人员招聘也有有利的一面，所谓“英雄惺惺相惜”，由于“投射效应”的影响，管理者更易于把与自己有共同愿景的人员招聘到企业，增强企业的向心力。

进行人员面试时，管理者尽量多谈及面试人员的过往工作经历，在确定招聘选择时，多参考一下来自相关部门主管和人力资源部门的意见，才能够降低“投射效应”对于人员招聘的认知误差。

天堂与地狱——现实工作预览的重要性

一家公司的老板死后被送上了天堂，看门的天使却怎么也查不到他的记录，于是天使便让老板自己选择要去天堂还是去地狱，并且可以让老板先到两个地方都度过24小时后再做决定。

老板去的第一个地方是地狱，他进门的时候，里面正在举办一个狂欢聚会，他看见了很多曾经的同事，大家疯狂地庆祝，享受着美食、名酒与美景。24小时后，老板依依不舍地离开了这个地方。

随后，老板被送往了天堂，里面虽然也景色秀美，但恬静安逸得有些沉闷，天堂的居民也表现出生活恬淡的样子，老板在这里度过了安静舒服的24小时。

抉择的时间到了，老板对天使说：“天堂虽然很不错，但是比较一下，地狱似乎看起来更好。”于是他选择成为地狱的居民，天使把老板送到了地狱。

老板兴奋地推开了地狱的大门，然而，眼前的所见所闻让他大吃一惊：

地狱里处处荒原，透着萧索的味道，他的同事衣着破旧，不是在上刀山，就是在下油锅。

老板惊恐万分地问地狱的看门人："怎么会这样？我上次来的时候不是这个样子啊？"

看门人对着他的屁股踢了一脚："上一次，你是来面试的，而现在你已经是正式员工了。"

趣评：贤才难得，企业为了把人才吸引到企业，在面试新员工时，总是倾向于强调公司和工作的正面特征，对于那些员工不会喜欢的负面特征则避而不谈。然而，这种选择性向员工提供信息的做法并不利于组织招聘到优秀的员工。

管理者在面试新员工的过程中，当涉及组织和工作介绍时，有的管理者总是专注于描述组织和工作的正面特征，如良好的福利待遇、亲如一家的员工氛围、完善的培训项目、人性化的制度建设等；然而，对于组织的缺点则避而不谈，如较高的员工流动率、常常需要员工周末加班、企业正处于发展的瓶颈期等，因为他们担心这些缺点吓跑了面试者。这种方法便是"传统工作预览"（简称"TPJ"），指的是在招聘过程中只强调组织的正面特征而忽视其负面信息的传达。

但是，纸终究是包不住火的。当员工进入公司后，经过一段时间的工作，他们会渐渐发现组织的缺点，觉得公司的现实情况并不像面试时所描述的那样好，产生一种被欺骗的感觉，认为管理者和所就职的公司是不可信赖的。如果组织的现实情况严重偏离新员工的期望，新员工一般会选择离开企业。

面试时，管理者刻意掩盖组织和工作的负面信息并不会有助于企业招聘到优秀的人才。因为：一、招聘建立在信任的基础上，只有双方对彼此的愿景和情况达成了共识，企业才能招到合适的人才，利用不真实的信息吸引优秀的员工，即使优秀员工进入了公司，很多员工也会抽身而去；二、一般而言，员工对于公司的贡献具有累积效应，新员工在公司时间比较短，一般不会为公司做出什么大的贡献，公司在此期间也需要支付薪水，在投入产出方面，公司是很不划算的。

琼是某高科技公司的首席运营官，她提倡在招聘时使用现实工作预览。现实工作预览能有效地提高组织和员工的匹配，降低离职率。琼在面试时会特意强调公司的“缺点”，比如，她会坦诚告诉面试者他们每天需要工作10~12小时，虽然有些人在面试时听到这个信息后被吓跑了，但那些愿意加入公司的人在后来的工作中对这个要求都毫无异议，并对公司持有很高的忠诚度。一般而言，当应聘者接受工作的消极信息后，他入职后因为那些消极情况而离职的可能性很小。

究其本质，企业与员工是一种合伙人关系，组织和个人共同接受挑战，一起致力于组织目标的实现。现实工作预览真实地向应聘者传递有关工作积极与消极方面的信息，有助于应聘者在信息比较充分的情况下做出入职选择。因此，他们入职以后便会对当初的选择做出承诺，即使在工作中要面对很多困难，也会因为对困难有了心理准备而减少抱怨，从而严于要求自己，提高工作质量。企业与员工合作的基础建立在信任的基础上，只有彼此遵守合作之初所做出的允诺，才能齐心协力共同奔向远大的前程。企业作为未来发展的主导者，坦诚地告诉面试者公司的全貌，尤其是一些负面的信息和要求，如工作压力较大、需要经常异地出差、考核制度很严格等，才能真正招聘到企业的志同道合者。

轧狗还是轧人——“霍布森选择”对人才选拔的影响

一个人考驾驶执照，主考官问他：“当你在行驶途中，突然看到一只狗和一个人在车前，你是轧狗还是轧人？”

答：“当然轧狗。”

主考官说：“你下次再来吧？”

那人说：“我不轧狗，难道轧人不成？”

主考官慢条斯理地说：“你应该刹车，先生。”

趣评：管理学领域有一条重要的格言：“当看上去只有一条路可走时，这条路往往是错误的。”

1631年，英国剑桥商人霍布森从事贩马生意，他大肆宣称：“你们买我的马、租我的马，无论怎么选，价格都便宜。”然而，虽然霍布森拥有很大的马圈，里面满是肥美的马匹，但他只是在马圈出口处开了一个小门，买马人的选择权只是局限在从小门出去的马。因此，买马人左挑右选，他们自以为做出了满意的选择，其实所选的只是一些瘦马、小马，这些买主沦为低级决策结果的牺牲品，其实质是小选择、假选择、形式主义的选择。后来，管理学家西蒙把这种没有选择余地的所谓“选择”讥讽为“霍布森选择”。

事物的好与坏、优与劣，都是在对比分析中产生的，只有选取的样本足够多，才能使判断和选择的结果尽可能地合情合理。如果“选择”已经没有了选择的余地，或者“选择”只局限于寥寥几个参考对象，即使挣扎着做出了选择，也常常导致最终选择的对象只是相对最优，而不是绝对最优。

管理者在选拔人才时，如果陷入“霍布森选择”的困境，只是拘泥在一个狭小的范围内遴选，那么，即使再三思考、比较后做出了选择，相对于职位的匹配性和胜任性，也不过是“矮子里拔将军”，所选出的人才并不是最合适的人，选择的局限性使管理者与真正的人才失之交臂，难以实现人才的优化配置。

对于企业的人才战略而言，为了避免“霍布森选择”所导致的人才非最优化，管理者最好不要仓促招聘，不要由于某一个职位出现了暂时的空置，便急急忙忙地寻求一个人物来补缺职位。因为，如果招聘的过程过于急迫，管理者便会不自觉地降低选择的标准，使管理者忽略了应聘者的负面因素，导致管理者无形间犯了本末倒置的错误：单纯为了招聘而招聘，而不是为了所需要完成的工作而选择人才。

人才难得——“乔布斯法则”：网罗一流人才

老板杰克到警察局报案：“有个流氓冒充我们公司的推销员，在镇上赚了10万美元！这比我所有的雇员在客户身上赚到的钱还要多得多。你们一定要找到他！”

警官：“我们会找到他，把他关进监狱的！”

老板：“关起来干什么？我要聘用他！

趣评：不拘一格地为企业网罗一流人才，是管理者的使命之一。

史蒂夫·乔布斯是美国苹果电脑公司创始人，他曾经在一次讲话中提到自己的人才观：“我过去常常认为1位出色的人才能抵2名平庸的员工，现在我认为能抵50名。”由于苹果公司将创意人才的获得视为企业发展之本，乔布斯把大约四分之一的时间用在了人员招募上。乔布斯用自己的管理实践向商界贡献了“乔布斯法则”：网罗一流人才，一位出色的人才能抵50名平庸的员工。

“乔布斯法则”不仅仅是一种理念，更是一种人才战略操作实务。沃顿商学院负责职业开发的安德鲁·亚当斯说：“公司不能只是在口头上说引进人才多么重要，而是要采取实际行动。公司的高级主管应当参与人才招聘活动。”乔布斯便常常亲临招聘现场，进行人员遴选工作。高级管理人员在招聘的时候，往往能更有效地向应聘者介绍公司的远景规划和目标，从而使应聘者以最快的速度了解公司的文化氛围和环境。此外，高级管理人员亲自出马招聘人员，会吸引更多的人才自我举荐，大大增加企业选择优秀人才的机会。

管理者在制订人才招聘计划的时候，应该兼顾到如下五个原则。

1.企业所需和岗位适合相结合的原则

一个人才即使是行业中的佼佼者，但如果企业中没有与之匹配的职位，管理者也应该忍痛割爱。最适合公司发展需要的员工才是这个岗位上最好的员工。

2.外部招聘和内部选拔相结合的原则

外部人才空降企业，可减少企业出现组织老化、缺乏活力的弊端，依靠“鲶鱼效应”激发员工的工作积极性；内部选拔则有助于减少内外“磨合期”，有利于公司的稳定。

3.企业发展和当前情况相结合的原则

企业招聘，一是为当前；二是为未来。招聘当前的人才，应选择经验丰富的应聘者；为公司未来发展招聘的时候，应以开发能力强、熟悉市场行情的人为主，以加快适销对路的产品开发力度。

4.领导招聘和后续服务相结合的原则

领导坐镇现场挑选人才，既提高了效率，也有助于招聘到真正对企业发展有利的人才。但是人才进入企业后，领导也要增加与新进人员交流的机会，对人才给予必要的关注。

5.外不避仇和举贤不避亲相结合的原则

“两兵交战，各为其主”，即使一个人才曾经以竞争对手的身份险些置公司于死地，但只要对方是公司所需的人才，管理者也应该“外不避仇”，这样不仅能体现出管理者的气量，还能激励人才对公司死心塌地地工作。同样，“举贤也可以不避亲”，如果招聘贤能的亲属对公司的发展确实有利，或者利远远大于弊，也可以把亲属招至麾下，总的来说，一切都以公司的发展为重。

不是洗澡堂——“玻璃天花板效应”：为女员工提供平等的机会

德国女数学家爱米·诺德获得博士学位后，仍然没有开课“资格”，她需要另写论文后，教授才会讨论决定是否授予她讲师资格。

著名数学家希尔伯特十分欣赏爱米的才能，他到处奔走，要求批准她为哥廷根大学的第一名女讲师。对此，教授们纷纷提出了反对意见。

一位教授激动地说：“怎么能让女人当讲师呢？如果让她当讲师，以后她就有机会成为教授，甚至进入大学评议会。怎么能允许一个女人进入大学最高学术机构呢？”

另一位教授说：“当我们的战士从战场回到课堂，发现自己将会拜倒在女人脚下读书，他们会做何感想呢？”

希尔伯特站起来，坚定地批驳道：“先生们，候选人的性别绝不应成为反对她当讲师的理由。大学评议会毕竟不是洗澡堂！”

趣评：身在职场，即使女性在专业技能和能力素质上已经达到了晋升的要求，常常也因性别而不能获得公平对待，这对于组织而言，不能不说是一种用人不当的遗憾。

“玻璃天花板效应”是一种比喻，指的是设置一种无形的、人为的困难，以阻碍某些有资格的人（特别是女性）在组织中晋升到一定的职位。“玻璃天花板”基本的含义为，女性或是少数族群没有办法晋升到企业或组织高层，并不是因为他们的能力或经验不够，或者是他们不想要其职位，而是针对女性和少数族群在升迁方面，组织似乎设下了一层天然的障碍，让人看不到，但却能清楚地感受到。

之所以会产生“玻璃天花板效应”，一般源于如下三个因素。

1.认为女性没有足够的耐心在岗位上磨炼

人们总是偏执地认为，即使是最优秀的女性，也往往没有耐心穿过长长的晋升渠道而达到企业的高层，因为如果想晋升为高级管理人员，基本的条件是：硕士学位加上25年的工作经验。但是，很多人认为女性往往无法完成这场晋升长跑。

2.承担社会角色占去了女性较多的时间

除了工作外，家庭和子女一般在女性的生命中占据了较大的比重，她们需要照顾家庭和抚育子女，尤其是，照顾婴儿常常导致她们在职场中落后于同期的其他男性同事，并且错过一些重要的发展机会。比如，无法承担海外的长期工作任务，不能与客户进行连续几晚的谈判等。因此，公司多是将女性安排在人力资源和信息沟通部门，从而限制了女性的职业经验，使其无法晋升为高级管理人员。

3.男性的刻板印象

升迁的标准往往掌握在男性手中，他们易于对女性产生刻板印象，认为既然自己能胜任这项工作，选择一名男性为继任者自然是理所当然的了。

然而，越来越多的事实证明，女性可以与男性一样在职场上表现出色，甚至她们能比男性竞争者更加出色。商界中，响当当的女性人物不胜枚举：美国百事公司董事长兼执行长努伊、雅芳公司董事长兼执行长钟彬娴、法国阿海珐电力集团执行长罗维津、格力电器总裁董明珠、中国玖龙造纸公司董事长张茵——她们都在所投身的领域做出了卓越的成就。

因此，管理者在选人用人之时，应自觉地摒弃“玻璃天花板效应”对自己造成的干扰，对于优秀的女性，抛弃对性别的刻板印象，把她们放在与男性同样的竞争平台上进行聘用及晋升。

重金买骨——“海潮效应”：建立吸引人才的企业文化

一位国君愿意出千两黄金买一匹千里马，然而时间过去了三年，国君始终没有遇到真正的千里马。后来，国君的一位手下自告奋勇，说自己能买到真正的千里马。手下用了三个月的时间，打听到某地有一匹千里马，于是他携带着大量黄金去购买千里马，然而，当手下找到千里马的时候，马已经死了。手下把五百两黄金交给了马的主人，买下了马的骨头。回去后，国君看到一堆马骨头，不禁勃然大怒：“我要的是活的千里马，你花那么多钱买回这堆马骨头，有什么用？”

手下回答说：“你舍得花五百两黄金买一堆马骨头回来，还担心买不到真正的千里马吗？”

果真，不到一年时间，就有人送来了三匹千里马。

趣评：“重金买骨”表面上是购买马骨，实际上购买的是“天下千里马的归附之心”。

“海潮效应”是指：海水因天体的引力而涌起，引力大则出现大潮，引力小则出现小潮，引力过弱则无潮。人才与企业的关系同样如此，如果企业形成了很强的尊重知识、尊重人才的组织文化，为人才提供有区别的、富有竞争力的薪酬待遇，同时辅以完善的晋升和培训机制，企业就会吸引人才纷至沓来，为企业发展提供源源不断的核心力量。现在很多知名企业都提出这样的人力资源管理理念：以待遇吸引人，以感情凝聚人，以事业激励人。

“良禽择木而栖”，随着人才市场的日益健全和完善，企业单凭行政手段已无法遏制人才的流动。因此，建立靠薪酬来配置企业人力资源的激励机制，特别要考虑到对人才的激励程度形成“海潮效应”，才是避免人才出走企业、吸引外围人才加盟企业的有效途径。

在吸引人才方面，物质激励是必不可少的激励模式。一个企业愿意支付的薪酬往往与他们对于人才的重视成正比，人才作为一种商品，当企业所提供的薪酬低于或不高于市场水平时，出于趋利避害的动机，人才自会另寻更好的去处。优秀人才希求丰厚的薪酬待遇，并不完全是以生计为出发点，而是把薪酬待遇视为证明自己能力价值的一种标尺，外显的薪酬更多地内化为人才的自我认知。因此，企业采取的物质激励可参考如下理念。

一、薪酬拉开档次，薪酬与人才的价值及贡献成正比；

二、奖励创新和鼓励员工积极主动参与公司的改革，对于为企业做出突出贡献的员工，企业为其提供物质奖励；

三、对于不同类型的员工和不同的部门，企业应制订不同的薪酬方案，使其发挥激励作用。

除了运用完善的物质激励模式外，企业还应该有效地采取非物质激励的手段。对于优秀人才而言，他们高度追求自我实现和自我成长，职位的迁升、权力的扩大、地位的提高、进修与培训机会的提供等，都会使优秀人才在精神上得到极大的满足，升华为对企业的依附感。企业双管齐下，采用物质和非物质双重激励的方法，对于留住人才、吸引人才会起到非常大的功效。

第 2 辑

读笑话，谈用人之道

·一个企业的成功，往往是人才战略的成功，即能够把独当一面的人才集合到企业的各个部门。成功企业的第一步往往是知人，进而是善任，即对人才的能力禀赋进行了足够的侦察后，将其安排在最适合发挥自己才能的位置上，使人才最大化地转化为企业的资源和绩效。

·企业只有杜绝“鸟尽弓藏”的用人意识，对于那些功勋卓著、但后来由于客观原因而无法对企业效力如旧的员工也保持从前的态度，才不会使其他的员工有同病相怜之感。因为每个人都会有英雄末路的时候，那时是他们最脆弱的状态，他们更关注脆弱时所受到的待遇，只有那时的待遇得到保障，他们才会认为企业是值得自己奋斗终生的场所。

新来的狮子——“蘑菇管理定律”：为新员工提供表现机会

一只小狮子被运到了一个动物园里，它很兴奋，因为终于有很多的游客能够见识它“林中之王”的威力了。小狮子的隔壁是一只生病的老狮子，它一上午只是死气沉沉地趴在地上睡觉。小狮子认为它的尊容实在有损狮子的王威，不禁自言自语道：“它哪配得上‘狮子’的称号啊，简直就是一只病猫。”

小狮子觉得自己有义务展示狮子的威风，于是便不停地向游人咆哮着，似乎想冲破笼子的禁限。

终于到了中午吃饭的时间，饲养员带来了两个狮子的午餐，他将一大块肉扔进了老狮子的笼子里，扔给小狮子的只是一些坚果和香蕉。

小狮子很愤懑，生气地对老狮子抱怨：“为什么我会受到这么不公平的待遇？我的表现才像头真正的狮子，而你除了睡觉什么也没干！”

老狮子缓缓地睁开了眼睛，慢悠悠地对它说：“你是新来的，还不了解这里的情况，这个动物园很小，他们养不起两只狮子，所以在动物园的名册上，你还只是一只猴子。”

趣评：你自认为自己是狮子，这个世界并不一定也同样认为你是狮子，是否能从猴子变为真正的狮子，要看能否耐得住寂寞和长时间的工作表现。

20世纪70年代，一批年轻人从事计算机编程的工作。对于这些行业的先行者，当时很多人还不理解他们的工作，对他们持怀疑和轻视态度。于是，这些郁闷的年轻人便自嘲“像蘑菇一样地生活”，暗指自己像蘑菇一样，虽然很需要养料和水分，但为了避免阳光的直接照射，只能隐蔽在阴暗的角落里生长发育，养料也多是来自人和动物的排泄物，这些排泄物虽然是不洁净的东西，但又是他们生长所必需的。后来，这个关于蘑菇的比喻便被引申为“蘑菇管理定律”，指的是组织和组织中固有的成员对新进入者的一种心态，这些新人常常被安排在不受重视的部门，终日所做的只是一些打杂跑腿的工作，有时还会无端地受到他人的批评和指责，得不到必要的指导和提携，只能在组织中“自生自灭”。

对于大多数加入组织的新进人员而言，“蘑菇管理定律”是他们对新工作最深的感悟，他们得不到重视与尊重，被随意驱使，尽管他们的学历与潜力或许比组织中的老成员更有优势，但他们需要为那些老成员买咖啡、打扫卫生，他们也鲜有在公司中表现的机会，所做的工作与初入公司时的设想相差甚远，甚至感到自己的未来就要湮没在这种琐碎的、没有成就感的工作中。

由于聘用新人往往意味着风险，除了那些空降公司的高端人才外，大多数的新员工都会经历一段类似蘑菇的阴暗时期，如果他们真正是符合组织要求的人才，便会渐渐地从阴暗的角落被迁到有阳光的地方，被组织委以重任，在组织中获得发展的机遇。其实，对于新员工而言，最初的“蘑菇时期”更像是一段蜕变的过程，在这个阶段，新员工日渐了解公司的企业文化，熟悉公司内部的人际交往，明晰不同部门之间的分工与合作，为以后在组织中的发展打下坚实的基础。

虽然“蘑菇管理定律”是组织运行的一条潜规则，但很多的职场新人都难以忍受类似蘑菇的职场磨合期，自恃拥有本科或研究生的学历，不愿意放下身段去做一些不起眼的小事情，即使做了，也心怀愤懑，甚至不惜挑衅组织和组织中的人员，带着怀才不遇的心态离开组织。然而，“蘑菇管理定律”是新成员在组织中发展普遍的规律，初入职场的新人应该明白，这是职场发展的必经阶段，在这个过程中，注重学习他人所长，逐渐累积工作经验，才是缩短“蘑菇期”的有效途径。

对于管理者而言，为了避免人才流失，则应该对新人提供必要的心理和技能培训，留意他们的工作表现，鼓励他们挑战自认为能够胜任的工作，尽量缩短人力资本转化为组织人力资源的时间。

人尽其才——“德尼摩定律”：量才而用

一个男青年被征入伍，当眼科医生给他做视力检查的时候，他告诉医生“自己已经近视很多年了”。

医生仔细做完检查后，对青年说：“你说的对，你的近视很严重。”

医生诊断后，青年很高兴，他得意地说：“那么，我可以免服兵役了吧？”

医生摇了摇头说：“不……我认为你参加肉搏战还是没有问题的，所以就给你报上去了。”

趣评：禀赋的差异注定了每个人都有自己的舞台，只有把人才放到他真正适合的舞台上，才会发挥人才的最大潜能。

英国管理学家德尼摩认为：“凡事都应有一个可安置的所在，一切都应在它该在的地方。”这便是“德尼摩定律”。德尼摩定律启示管理者在进行职务设计和职权划分的时候，一定要遵循员工的能力、喜好及气质特点，尽量使工作与员工的能力与性格特点实现最佳匹配。如果一个员工拥有较高的成就欲，管理者就把一些具有一定风险和难度的工作任务单独分派给他们；如果某个员工依附感较强，则让其参与某个团体中共同工作。对于能发挥自己能力的工作，员工易获得成就感，对工作产生更大的好感，工作便成了他们心之所向的事情。一般而言，一个员工认为值得做的工作，往往有三条标准：一是符合自己的价值观；二是适合自己的个性与气质；三是能在工作中看到成功的可能。

一个企业的成功，往往是人才战略的成功，即能够把独当一面的人才集合到企业的各个部门。成功企业的第一步往往是知人，进而是善任，即对人才的能力禀赋进行了足够的侦察后，将其安排在最适合发挥其才能的位置上，使人才最大化地转化为企业的资源和绩效。

汽车大王亨利·福特被称为“为世界装上轮子”的人，他的成功有目共睹。“T型车”的首创成就了福特，也成就了一个伟大的企业家。在振兴福特公司的过程中，亨利·福特的唯才是举对于T型车的一炮而红发挥了重要作用。

佩尔蒂埃是一名广告设计师，他深谙产品营销之道，雄心勃勃地希望在此方面有所建树，福特便让他全权负责T型车的营销策划，经过一系列方案的推敲与尝试，取得了非常好的营销战绩。

库兹恩斯负责福特汽车的推销工作，他在汽车经营方面有着很强的实战经验，但是库兹恩斯虚荣、自私、性格暴躁，导致他一直没有得到重用。但是，福特秉承“不拘一格用人才”的理念，对他委以重任，结果，库兹恩斯独创了一种推销方式，成功地在各地陆续不断地建立了经销点。

德国人埃姆技艺精湛、善于调兵遣将，然而却长期没有得到赏识而“怀才不遇”。福特发现了他的能力和抱负后，对他委以重任，甚至对他充分放权，让他自己决定用人策略，从而使很多的能人聚集到了埃姆身边，在公司各个领域做出了卓绝的贡献。例如，埃姆发明了最新式的自动专用机床，其中的自动多维钢钻，可以从四个方向加工，同时在汽缸缸体上钻出45个孔，世界上其他的机床公司只能望其项背，这一机床的发明在汽车工业革命发展史上具有重大意义。其麾下的摩根那，在公司担任采购员，他只要到同业竞争对手的供应场上看一遍，就可以把最新的设备一窥究竟，回来向埃姆描述一番后，仿制或加以改进的新机器很快便能面市了。

依靠这些精兵强将的努力，福特公司全面革新，1925年，公司破了纪录，达到了每10秒钟生产一辆汽车的产能，其竞争优势让同时代所有其他汽车公司都望尘莫及。

什么是胆量——“托利得定理”：大度容人

三个将军围在一起突起争端，最后，比起谁的部下最有胆量。

将军甲下令：“士兵，爬上那个旗杆，把旗子取下来！”

将军甲的部下完成任务。

将军乙下令：“士兵，全副武装爬上旗杆把旗子挂回去！”

将军乙的部下也完成了任务。

将军丙下令：“士兵，全副武装爬上旗杆跳一支舞！”

将军丙的部下望了望旗杆：“将军，你疯了吗？”

将军丙说：“这才叫胆量！”

趣评：有胆量并不意味着对上级的绝对服从，而是当上级提出不合理要求时，下属能够挺身而出地说一个“不”字。当然胆量存在的前提是：即使下属的观点、态度或行为冒犯了上级的权威，上级仍然可以淡然处之。

唯我独尊是很多管理者的通病，他们不允许自己的观点受到侵犯，通过下属的唯唯诺诺来建立自己的权威，权势迷醉了他们的信念，使他们难以容忍有异见的下属。法国社会心理学家托利得指出：“测验一个人的智力是否属于上乘，只看脑子里能否同时容纳两种相反的思想，而无碍于其处世行事。”这便是管理学中的“托利得定理”。定理中反映的观点其实是对于宽容的推崇。一个管理者有形形色色的下属，其中不乏能力很强但具备一些小缺点的人，如果管理者无法容忍下属的小缺点，对员工的某个缺点横加指责，便无法用其所长。

《宋史》记载，有一天，宋太宗与两个重臣一起喝酒，君臣相谈甚欢，聊着聊着，两位大臣喝醉了，他们在皇帝面前相互比较起功劳来，因为谁都难以说服对方，最后竟斗起嘴来，全然忘了应有的君臣之礼。侍卫觉得这两个臣子实在太过放肆，便奏请宋太宗，要将这两人抓起来送吏部治罪。宋太宗非但没有这么做，反而派人把两位烂醉的大臣送回了家。第二天，酒醉的两位大臣睡醒后，对于前一天的失态之举惶恐万分，他们连忙进宫请罪，看着他们战战兢兢的样子，宋太宗只是淡淡地说："昨天我也喝醉了，记不起这件事了。"

管理者对于不符合自己价值观的想法和行为持有包容的心态，体现了管理者的品质涵养，对于那些不拘于传统、性格特立独行的员工，有气量的管理者更易于与他们和谐相处，而这些员工往往是创新型人才的来源，对公司的发展发挥着重要作用。

戴高乐的困惑——任用具有"野鸭精神"的员工

戴高乐将军的人事政策常常让人难以理解，他曾经解释过这件事："我只喜欢敢于反驳我的人，但是我很难与这些人相处。"

趣评：员工不总是支持组织的决策的，甚至对决策提出异议，并不说明他是实现组织绩效的逆反力量。

“野鸭精神”是万国商业机器公司的总裁小托马斯·沃森所信奉的用人准则，他曾说：“我从不犹豫重用那些我并不喜欢却有真才实学的人，重用那些围在你身边净说恭维话，喜欢与你一起去假日垂钓的人，是一种莫大的错误。与此相比，我寻找的却是那些个性强烈、不拘小节及直言不讳令你不快的人。如果你能在你的周围发掘许多这样的人，并能耐心听取他们的意见，那你的工作就会处处顺利。”沃森把创新作为“野鸭精神”的化身，他采取种种措施激励员工创造发明，鼓励员工开发新的产品，以此取得国内外市场的制胜权。

创新的源泉始终是具有创新精神的员工，企业推崇创新，但又对那些标新立异、常常发出与组织成员不同声音的员工采取压制手段无异于缘木求鱼。一个员工最可贵之处便在于他是否有主见，是否能发表独创性见解，管理学家彼得·德鲁克曾说：“好决策应以相互冲突的意见为基础，而不是从众口一词中得出。”具有“野鸭精神”的员工虽会在组织内挑起冲突，但他们的意见却使决策产生了新的生命力，减少了决策失误的概率。为了发挥此类员工的潜质，管理者在用人时便要有“持经达变”的胸怀，允许组织中出现几个离经叛道者，如果他们的不同意见对于组织的发展有利，应当尊重并予以采纳。

一个修脚踏车的——“刻板效应”与用人误差

汤姆和亨利正在酒吧里喝酒，约翰进来问酒保：“那不是汤姆和亨利吗？”

酒保说：“是啊，就是他们。”

于是约翰向汤姆和亨利走去，热情地跟他们打招呼：“你们好，你们最近在忙些什么？”

汤姆说：“我们在计划第三次世界大战。”

约翰问：“真的？那会发生什么事？”

汤姆说：“我们会抓一千万个阿富汗人和一个修脚踏车的。”

约翰惊呼：“为什么要抓一个修脚踏车的？”

汤姆转身对亨利说：“看吧！我就说没人会关心那一千万个阿富汗人嘛！”

趣评：阿富汗作为战争的频发地，与战争相关似乎是顺理成章的事情，约翰对此已形成刻板认识，结果只将关注点放在了修脚踏车的人身上。

“刻板效应”，又称刻板印象、社会定型、定性效应，是指对某人或某一类人产生的一种比较固定的、类化的看法，还没有进行实质性的交往，就对某一类人产生了一种不易改变的、笼统而简单的评价。受到“刻板效应”的影响，管理者很难对某些员工做出公允的评价，进而在进行职务设计的时候，将不适宜的人才安排在不恰当的职位上，某些适宜的人才却得不到施展才能的机会。比如，某一位员工平时不善言辞，他很想调换职位从事销售的工作，但在他的领导的认知中，销售工作需要较高的口才素养，他认为不善言辞的人难以胜任销售员的工作，于是便否决了这位员工的请示。后来，此员工离开公司，选择到其他的公司从事销售的工作，结果他做得如鱼得水，原来这位员工有着很强的洞察力，懂得细节沟通的技巧，常常可以通过不多的交谈就促成交易。

在人才任用方面，“刻板效应”常常导致管理者对员工产生认知误差或偏见。比如，认为北方人豪爽，南方人精明；年龄大者保守，年轻人思维较开放；女性员工常常不堪重任，男性员工具有较高的责任心等。“刻板效应”对社会人群进行简单化分类，认知建立在泛化概括的基础上，摒除了例外性，导致认知常常与事实不符，甚至有时完全错误。正确识人与用人是合格管理者所应该具备的基本技能，管理者应克服“刻板效应”，积极修正自己的认知。我们可以尝试用下面的方法来避免“刻板效应”。

一、善用“眼见之实”去核对“偏听之辞”，有意识地重视和寻求与刻板印象不一致的信息，在进行用人选择时，首先刻意剔除掉已有的刻板认识，通过所看到的言行、事实重构自己的判断标准。

二、常常与员工进行广泛接触，并重点加强与群体中有典型化、代表性的成员的沟通，不断地检索验证原来刻板印象中与现实相悖的信息，克服刻板印象的负面影响，从而获得准确的认识。

最大的发现——“韦尔奇原则”：选择适当的人

英国化学家戴维是大科学家法拉第的老师，他为法拉第的科学发现提供了很多的帮助。当然戴维自己在科学研究方面也硕果累累，他取得了科学上三大重要成就——电解法分离碱金属和碱土金属，确定氯是元素，发明安全灯。当人们称颂他在科学上的造诣时，他总是说：“不！不！我一生最大的发现是法拉第。”

趣评：千里马常有，而伯乐不常有，按照物以稀为贵的原则，戴维宁愿以“伯乐”自称。

美国通用电气公司总裁杰克·韦尔奇是20世纪最伟大的CEO之一。他素有“经理人中的经理人”之称，曾经在全球前500名经理人员大会上透露自己成功的重要秘诀：“通用成功最重要的原因就是用人。”“韦尔奇原则”涵盖了他一生最重要的管理哲学：“我的全部工作便是选择适当的人。”

杰克·韦尔奇在担任通用电气公司CEO时，他把50%以上的工作时间都用在了人事上，他能叫出所有通用电气公司高级管理人员的名字，确切地知道他们各自的职责以及最近在做什么。他曾说："我们能做的就是把赌注押在我们所选择的人身上。因此，我的全部工作就是选择适当的人。"

韦尔奇认为，挑选最好的人才是领导者最重要的职责。他说："领导者的工作，就是每天把全世界各地最优秀的人才延揽过来。他们必须热爱自己的员工，亲近自己的员工，激励自己的员工。"韦尔奇还自创了一种"活力曲线"：一个组织中，必有20%的人是最好的，70%的人是中间状态的，10%的人是最差的——这是一个动态的曲线，但一个合格的领导者，必须随时掌握20%和10%里边的那些人的姓名和职位，以便做出准确的奖惩措施。他把活力曲线的理念传授给公司的其他中高层领导，鼓励他们为通用电气公司甄选到最合适的人才。

合适，就是员工的性格特征、能力素质、背景知识与职位的要求极为匹配，他们能更好地实现组织所赋予职位的使命，并且他们的事业愿景与职位的目标高度重合，彼此产生一种惺惺相惜的情感态势。不过，相对的适合，并不是百分之百地适合，比如，相对适合的员工在学历背景与工作经验方面无法达到职务所描述的要求。然而，员工履行职务使命时，往往是适合的一面起着决定作用。因此，要求管理者在用人时，应该着重员工适合职位的一面，而不是不适合的一面，具备"不拘一格用人才"的理念和魄力。

神奇的猪——"梅考克法则"：管理是严肃的爱

一个男人走进了一家酒吧，他的身后跟着一头猪，这头猪看上去非常可怜，它的四只脚都没了，用四根木棍当假肢。

酒保问男人：“你的猪真奇怪，它为什么没有脚？”

男人一边端着酒杯，一边答道：“我的这头猪真的很神奇，想当初我们一家人住在草屋里，结果这头猪在后院嗅东西时，竟然发现了石油，让我一下子就发了财，不仅买了别墅，还修了一个特别大的游泳池。”

酒保听得惊呆了，他眨了眨眼：“那这跟它的脚有什么关系？”

男人继续讲道：“这头猪真是太厉害了，有一天，我五岁的小儿子跌进了游泳池里，它奋不顾身地跳进游泳池把孩子叼了出来，还帮他做人工呼吸呢！”

酒保惊讶地停下了手里的工作，问：“那它的脚是怎么回事？”

男人有点不耐烦了：“我说过了，它是一头很神奇的猪嘛，有一天半夜我家失火，它叫醒了全家的人，独自把火扑灭了！”

酒保也有些不耐烦了：“先生，我是问你的猪为什么没有脚？”

男人不悦地说：“你怎么还不明白呢？如果你有一头这么厉害的猪，你会一次把它吃完吗？”

趣评：“狡兔死，走狗烹”，范蠡洞穿了“鸟尽弓藏”的道理，因而在越王勾践称霸后抽身离去。企业用人同理，当员工为企业所做的贡献不如从前时，企业往往会聘用更年轻的员工取而代之，对曾经的老员工采取降薪或驱逐的策略，这种做法虽然在某种程度上为企业节约了成本，但是却为新员工留下了心理阴影：他们从老员工的境遇中看到了自己在企业中的将来。

企业以追求利润为使命，绩效考核制度和目标管理理论也总是强调员工对于实现企业目标的价值和贡献，因此员工在企业所获得的待遇直接取决于员工的贡献。可是人有自己的低潮期和高潮期，相应的，员工对企业所做的贡献并总是处于平衡的状态，私人事情的干扰、身体暂时出现故障、年龄渐增而心有余而力不足，都会导致员工对企业的贡献率降低。当员工无法做出以往的贡献时，企业对这些员工的态度往往成了其他员工衡量是否值得投入工作的重要标准。美国国际农机商用公司董事长西洛斯·梅考克提出了“梅考克法则”，他认为：管理是一种严肃的爱。

一位渔夫养了一群鸬鹚，这群鸬鹚每天都很敬业地捕鱼，为渔夫立下了汗马功劳。十多年过去了，鸬鹚慢慢地老了，它们的精力和体力都大不如前，因此它们捕到的鱼越来越少。于是，渔夫又买了一批小鸬鹚，让他们跟着老鸬鹚一起捕鱼，出于对于渔夫的忠诚，老鸬鹚们把自己知道的捕鱼技巧都传授给了新来的鸬鹚们，因此，新来的鸬鹚很快就适应了这份新工作，每天都能捕到很多的鱼。渔夫对新来的鸬鹚的工作表现也给予了最大的认可，提供给它们的食物既多又好。

新来的鸬鹚对这份工作很满意，它们每天都努力地捕鱼，以报答渔夫的厚待之恩。而那些老鸬鹚日渐衰老，它们老迈得再也无法担任捕鱼的工作了。渔夫对老鸬鹚的态度越来越恶劣，给它们的食物也远不如新鸬鹚的，甚至把几只老鸬鹚杀了炖汤喝。

目睹老鸬鹚的末路待遇，新来的鸬鹚的工作积极性越来越低。一天，它们集体罢工了，不管渔夫怎么驱赶，它们就是不肯下河捕鱼。渔夫不解地说道：“我每天让你们吃新鲜的小鱼，住舒适的窝棚，一周还给你们放一天假，我这么厚待你们，你们就这样回报我吗？”鸬鹚们静默了，这时，一只鸬鹚说：“你对我们越好，我们就越害怕，虽然我们现在身强力壮，能捕到很多的鱼，可是老的时候，还不是与老鸬鹚一样的下场！”

企业只有杜绝“鸟尽弓藏”的用人意识，对于那些功勋卓著、但后来由于客观原因而无法对企业效力如旧的员工也保持从前的态度，才不会使其他的员工有同病相怜之感。因为每个人都会有英雄末路的时候，那时是他们最脆弱的状态，他们更关注脆弱时所受到的待遇，只有那时的待遇得到保障，他们才会认为企业是值得自己奋斗终生的场所。

会说话的狗——能者如何多劳

有一家四口都很讨厌做家务事，家务事像绣球一样，爸爸推给妈妈，妈妈推给儿子，儿子推给妹妹，妹妹只好推给狗做。

一天，一位客人去拜访这户人家，他发现居然有一只狗在擦玻璃，惊讶地发出了赞叹声。

狗无奈地摇了摇头："这没什么值得大惊小怪的。"

听到狗竟然会说话，客人露出了更吃惊的神色，他大叫了起来："天哪，你竟然会说话！"擦玻璃的狗急忙说："小声一点！万一他们知道我会说话，以后肯定叫我去接电话！"

趣评：一个能者在企业中往往是不幸的，因为对于能者而言，能力越强，责任越大。

管理者在进行团队管理的时候，常常会推崇"能者多劳"，建议能力较强的员工辅助其他成员承担更多的工作，以使员工的智力资源得到完全发挥，同时，还有助于形成和谐互助的团队文化。如果团队的成员中能出现一个乃至更多的能者，这自然使团队更富有战斗力。不过，一味地强调"能者多劳"，也会带来一些弊端——管理无序，管理效率低下。

各司其职、权责对应本是进行团队职务设计的基本原则，然而"能者多劳"的思维方式往往导致能力强者无权有责，能力弱者有权而无责，这自然分离了组织或团体中部门、机构、员工相应的责权关系，影响组织健康、协调发展。

同时，不可避免的，团队中的某些成员天性懒惰，他们试图逃避工作，却想享有工作完成后带来的好处，心安理得地使用能者成了他们达到这种意图的工具，他们惯于将一部分较难的工作硬塞给能力较强者，以致能者始终有忙不完的工作，懒惰的员工却拈轻怕重，没有为团队的绩效做出应有的贡献。

此外，不同的工作难度各异，如果把过多的工作和困难的工作安排给能者，较少的工作和轻松的工作安排给能力较低的员工，而团队内部由于分工所形成的利益格局却保持不变，这种分配模式无疑是对于能力较低者的维护，为一些投机取巧的员工留下了管理漏洞。比如，一些员工为了减少自己的工作量，宁愿对管理者隐藏自己的实力，这样不利于调动团队成员的积极性。

能者是团队的宝贵资源，为了规避以上“能者多劳”的负面效应，管理者应尽量让能者在规范的组织轨道上发挥作用，或者将能者安排在与其能力相匹配的职位上，或者使能者的贡献与报酬成正比，只有如此，才能优化配置公司的人力资源。

人尽其能——善于用人之短

一名员工似乎有嗜睡症，每天都萎靡不振、昏昏欲睡，但由于他的父亲与公司的老板结交甚笃，经理对他的表现也无可奈何。

其他的员工对这名嗜睡的员工很有意见，不断地向经理抱怨，说他影响了大家的工作情绪。无奈之下，经理便来到老板的办公室，向老板请示解决办法。

老板想了想说：“干脆让他去卖睡衣吧，并在他身上挂块牌子，上面写上‘我们的睡衣质量何等优异，连卖睡衣的人都不能保持清醒！’这样就人尽其能了。”

趣评：让嗜睡的员工去卖睡衣看似是下下之策，但是这种举措却起到了一箭三雕的效果：第一，减少了其他员工对嗜睡员工的抱怨；第二，不会影响老板与嗜睡员工父亲的交情；第三，最重要的是，嗜睡员工的短处为企业的绩效产生了积极的影响。

美国柯达公司遇到了一个难题，由于在生产照相感光材料时，需要工人在没有光线的暗室里工作，他们不得不在培训熟练工人方面花费巨大的时间和人力成本。

后来，公司发现，盲人可以在暗室里自在地活动，对他们进行简单的培训后，他们可以自如地适应暗室的工作，而且工作质量也提高了很多，于是，柯达公司便招聘大量的盲人从事感光材料的制作。这种举措既降低了公司的投入，还因为为盲人提供工作机会而提升了公司的社会赞誉。

在进行人员聘用时，“用人之长”是很多管理者的人才思路，但有时候，“用人之短”反而能另辟蹊径地为某个职位找到最合适的人才，如上文所述的柯达公司“曲径通幽”的选人法。

员工的短处并不总是对组织绩效的实现产生负面影响，关键是管理者如何看待与利用员工的短处。比如，有的员工好出风头，管理者可让其担任市场公关的工作；有的员工锱铢必较，管理者可以适当地培训其成为质检员；有的员工总是喜欢在办公时间滔滔不绝，管理者可以有意识地让其承担销售的工作。人性并没有绝对的长处和短处，如果员工的短处与工作的要求匹配得当，也可以使短处转化为员工的长处。

对于一些有背景的员工，管理者很难因其短处的存在而解聘其人，用人之短往往是最好的平衡矛盾的做法。

第 3 辑

读笑话，谈育人之道

·企业是一个权变的系统，需要保持与外部市场环境的适应性，企业的权变必然要求企业的主体——员工应当是权变的，而培训是促使员工权变的最有效途径，使他们不断地进行价值观和知识技能的自我更新，以便能适应时代的发展需求。同时，通过培训员工也是提高绩效的一个好方法，员工知识技能的提高必然能带来更高的劳动效率。此外，具体到企业文化层面，在培训中，企业为不同价值观、信念和工作作风的员工灌输企业的价值理念，有助于形成高度统一、和谐的工作团体，增加企业的向心力。

·培训是一把双刃剑，运用得好，有助于提高企业人力资源的整体素质，增加员工忠诚度；运用不佳，企业人财两空，花了大把的银子却是“竹篮打水一场空”。员工在培训中投入了心力，要求加薪，企业在培训中投入了资金，不愿意满足员工加薪的要求而追加投资，是造成企业培训员工的最大障碍。因此，如何有效收回培训投资是企业培训时面对的首要问题。

猫价浮动——“大荣法则”：企业的发展离不开人才的培养

在宠物市场上，一位顾客问：“您好！这只猫多少钱？”

“先生，100法郎。”

“可昨天您只要20法郎。”

“因为今天早晨它吃了我家一只价值80法郎的鹦鹉。”

趣评：在这则笑话里，猫因吃了鹦鹉而增值。同样，企业对人才进行有效的培训，是企业与员工实现共同增值的双赢手段。

大荣百货公司是日本两大百货公司之一，创建于1957年。公司初创时只是大阪的一家小百货店，只有13名员工，营业面积不过50平方米，全部资金仅有8400美元，最初公司只经营药品，后来渐渐将主营业务扩展到食品和百货领域。大荣公司很注重对人才的培养，这一人才战略为大荣公司走向成功发挥了重要作用。大荣公司提出的“企业生存的最大课题就是培养人才”，被人们称为“大荣法则”。

企业的发展是内因和外因共同起作用的结果。一方面，企业要把握时代发展趋势，洞悉市场需要，充分利用外部环境所提供的各种发展机会和条件；另一方面，企业也要与时俱进，不断地通过自身的变革去适应外部环境的变化。而培训人才便是企业塑造共同的价值观、长久具有竞争优势的最有效途径。培训的出发点和最终归宿是“企业的生存和发展”，可以把企业培训概括为这样一个“三位一体”的目的，即通过企业和员工履行教育培训的责任和权利，让员工工作富有成效，使企业维持生存和发展。

企业是一个权变的系统，需要保持与外部市场环境的适应性，企业的权变必然要求企业的主体——员工也应当是权变的。而培训是促使员工权变的最有效途径，使他们不断地进行价值观和知识技能的自我更新，以便能适应时代的发展需求。同时，通过培训员工也是提高绩效的一个好方法，员工知识技能的提高必然带来更高的劳动效率。此外，具体到企业文化层面，在培训中，企业为不同价值观、信念和工作作风的员工灌输企业的价值理念，有助于形成高度统一、和谐的工作团体，增加企业的向心力。

推崇“狼性精神”的华为企业，非常重视对员工的培训与教育。每个新员工入职，都会有一个工号，工号的数字便意味着你是第多少个加入华为的员工，新员工在加入公司后还会拥有自己的培训档案，以记录在华为每次培训的培训内容、考试结果、教官评语和培训状态。

华为入职培训时强调以“打败跨国公司，进入世界500强，为民族工业争光”为企业理念。在培训时，华为会从生产、市场和管理一线抽派员工与新人进行近距离交流，由于采取了案例教学的方法，新员工总会从培训中领悟到对工作最有价值的信息。同时，华为的高层还会现身培训场所，发表热情洋溢的演讲。每当公司最高领导任正非演讲时，新员工总是听得兴致勃勃，被激发出无限热情。

在进行入职培训时，团体进行大合唱也是一个重要的内容，华为一般选取的歌曲为《真心英雄》和《华为之歌》，这种方式产生鼓舞的力量，常常使员工在大声歌唱的时候热血沸腾，对在华为的未来怀有无限美好的憧憬。

华为格外重视公司的人才储备，不惜重金从美国合益集团引进了全套人力资源管理系统，内容包括任职资格、职业发展和考核体系等。这种举措不仅使华为具备了持续发展的人才力量，还使公司“狼性文化”的传承得到了制度的支撑。

应征门卫——通过培训提升员工的胜任素质

一个身材瘦弱的男子去应征门卫。

老板打量了他一会儿说："我们需要一个'以小人之心度君子之腹'的家伙，他要有强烈的疑心病，要有锐利的目光、高度的警觉心、过人的听觉，还应有雄壮的身材、杀气腾腾的个性。他要易怒、凶暴，谁惹了他，他会马上变成恶魔般的人物。"

"那么让我老婆来试试吧？"男子小声说道。

趣评："强烈的疑心病""锐利的目光""高度的警觉心""机警过人的听觉""杀气腾腾的个性"，老板在招聘门卫时用到了上面的词汇，由此可见，关于门卫一职的招聘已不再单纯考虑应征者的知识和技能，而涉及了素质层面。

胜任素质（Competency Method）又称能力素质。它的应用起源于20世纪50年代初，当时美国国务院以智力因素为基础招聘外交官，但是招聘效果很不理想，很多表面上看起来很优秀的人才，实际的工作表现却非常令人失望。于是，心理学家麦克里兰应邀帮助美国国务院设计一种新的人员选拔办法，以便能有效地预测出应聘者的实际工作业绩。在这个项目过程中，麦克利兰博士应用了胜任素质层面上的一些关键性的理论和技术。例如：抛弃对人才条件的预设前提，从第一手材料出发，通过对工作表现优秀与一般的外交官的具体行为特征的比较分析，识别能够真正区分工作业绩的个人条件。

通过这个项目，著名的心理学家、哈佛大学教授麦克利兰博士提出了胜任素质理论。所谓“胜任素质”，就是从组织战略发展的需求出发，以强化竞争力、提高实际工作业绩为目标的一种独特的人力资源管理的思维方式，并将这种思维方式运用在人力资源管理的具体方法和操作流程中。

胜任素质包括以下几个层面。

知识——从事某一职业领域所需要的信息（如人力资源管理的专业知识）；

技能——掌握和运用专门技术的能力（如英语读写能力、计算机操作能力）；

社会角色——个体对于社会规范的认知与理解（如想成为工作团队中的领导）；

自我认知——对自己身份的知觉和评价（如认为自己是某一领域的权威）；

特质——个人所具有的特征或其典型的行为方式（如喜欢冒险）；

动机——决定外显行为的内在稳定的想法或念头（如想获得权力、喜欢追求名誉）。

胜任素质方法在人力资源管理活动中起着基础性的、决定性的作用。它分别为企业的工作分析、人员招聘、人员考核、人员培训以及人员激励提供了强有力的实践指导。具体到培训层面，胜任素质方法对管理者的启示有如下两点。

一、管理者要结合岗位要求和员工的素质状况，为员工量身定做培训计划，帮助员工弥补自己的短板，从而使培训的重点有的放矢；

二、培训遵循“投入最小化，收益最大化”的原则，基于胜任素质分析对员工进行培训，省去分析培训需求的繁琐步骤，节省不合理的培训开支，达到提高培训效用和挖掘员工潜力的双赢效果。

牧师与司机——以“经纪人”的理念培育员工

一位牧师和一位公共汽车司机同时过世了，公共汽车司机上了天堂，牧师却下了地狱。牧师感到很不公平，因为他把一生的时间都贡献于教会，于是他向上帝抱怨。

牧师：“主啊！我一生都贡献于教会，每个礼拜天都带着信徒虔诚祷告，为什么我却不如一个公共汽车司机，被送往地狱了呢？”

上帝：“就是因为这样你才下地狱的。你每个礼拜带着信徒祷告、讲经，可是他们都在下面睡觉！但那个公共汽车司机每天在街上横冲直撞，他的乘客都在祷告呢！”

趣评：为企业冲锋陷阵固然是管理者的工作特性之一，但卓越的管理者并不是在每一个场合都事事表现、极力突出自己，而是能够为下属提供尝试与表达的机会。

在管理者群体中，一定有这样的人物，他们在自我角色认知上以明星自居，自己包揽了组织中大多数重要的工作，分派给下属的只是一些辅助性工作。在重要的场合，比如与客户协商时，他们竭力发挥，亲力亲为地回答客户的每一个问题，下属只是隐于幕后，或者承担着类似仆人的工作。他们对于功劳有格外的偏好，把下属的创意和功劳攫为己有，在向上级领导汇报工作时，也主要突出自己的功劳，对下属的闪光点避而不谈。他们喜欢强调自我，如果组织表现卓越，他们便说：“多亏有我！”他们认为管理的工作就是充分地显示自我，下属只是辅助自己成功的次要人物，这种类似明星的角色认知使管理者进入了一个误区。因为，管理活动针对的是一个组织，目的是成就一个高效的组织，管理者游离于组织之外实施统筹工作，他们最重要的责任其实是支持下属的工作，使下属在工作中得到表现和发挥，渐渐成长为独当一面的人物。以此来看，从某种程度上来看，管理者更像一个“经纪人”，他们通过创造出使员工成为“明星”的环境，为员工提供自我表达的机会，充分发挥出每一个员工的潜能，让员工掌握完成工作需要具备的每一种技巧，能够成熟应对每一种场面，使其渐渐在组织中成熟和发展起来。当每个员工都能独立完成工作后，一个高效的组织自然而然就被打造出来了，此时，管理者也完成了自己的使命。

学费——建立学习型组织

一个人把他的儿子送到亚里斯提卜那里求学，亚里斯提卜要收500德拉克马学费。那人抱怨道：“这笔钱都可以买一个奴隶了！”亚里斯提卜说：“那么，你将有两个奴隶。”

趣评：随着信息数量以几何级的方式增长，产品的生命周期逐渐缩短，一个失去学习意识的组织迟早会成为市场的弃儿。

在工业经济时代前期，企业多以权力控制型组织的模式运行，这种模式以等级为基础，以权力为特征，是下级对上级负责的垂直型单向线性系统，它强调“制度+控制”，通过使人“更勤奋地工作”，达到提高企业生产效率、增加利润的目的。由于顺应了当时的商业环境，权力控制型组织对企业运作发挥了积极的作用。但随着信息时代和知识经济时代的到来，权力控制型组织的模式渐渐脱轨于企业发展的需要，在这种背景下，学习型组织，即非等级权力控制型管理模式应运而生。

美国麻省理工学院佛瑞斯特教授最初产生了学习型组织的构想，他是个杰出的技术专家，曾把信息反馈原理用于通用电气公司存货问题的研究，从中获得启示后，便开始研究企业内部各种信息与决策所形成的互动结构。1965年，佛瑞斯特教授发表了题为《企业的新设计》的论文，他运用系统动力学原理，非常具体地构想出未来企业组织的理想形态——层次扁平化、组织信息化、结构开放化，逐渐由从属关系转向工作伙伴关系，组织不断学习，不断重新调整结构关系。学习型组织已具备了基本的雏形。

彼得·圣吉是学习型组织理论的奠基人，作为佛瑞斯特的学生，他也一直在研究以系统动力学为基础的理想组织，经过近十年的企业研究和案例分析后，他于1990年完成了代表作《第五项修炼——学习型组织的艺术与实务》。在这本著作中，彼得·圣吉指出现代企业所欠缺的就是系统思考的能力，即一种整体动态的搭配能力，因为缺乏它而导致很多组织失去了有效学习的能力。产生这种局面的最主要原因在于：现代组织分工负责的方式把组织硬性地切割开来，使行动与行为主体在时空上相距较远，当行为主体不需要为自己的行为结果负责时，行为主体就不会修正自己的行为，即无法有效地学习。因此，彼得·圣吉建议企业应建立学习型组织，组织应力求精简、扁平化、弹性因应、终身学习、不断自我组织再造，以维持企业在剧变的环境中的竞争力。

建立学习型组织需具备五项基本要素：

1.建立共同愿景（Building Shared Vision）

愿景可以凝聚公司上下的意志力，透过组织共识，公司成员向着共同的方向努力，员工乐于奉献，心甘情愿地为组织目标奋斗。

2.团队学习（Team Learning）

团队智慧应大于个人智慧的平均值，以做出正确的组织决策，透过集体思考和分析，找出个人弱点，强化团队向心力。

3.改变心智模式（Improve Mental Models）

组织的障碍，多来自个人的旧思维，如固执己见、本位主义等，只有通过团队学习、标杆学习，才能改变心智模式，提高组织的创新性。

4.自我超越（Personal Mastery）

个人自愿投入工作，追求工作的专精化，个人与愿景之间有种“创造性的张力”，这是自我超越的来源。

5.系统思考（System Thinking）

培养组织成员纵观全局的思考能力，通过收集资讯和分析，能够看清问题的本质和事物间的因果关系。

勤奋工作也是错吗——如何收回培训投资

一名新职员加入公司后，一直兢兢业业地工作，这天老板单独把他叫去谈话。

“我注意到你，”老板说，“你比所有新来的人工作都勤奋，而且在每一件小事上都很认真。”

新职员面露喜色，期待着老板接下来的嘉奖。

“所以，”老板的声音低了下来，“我不得不解雇你。”

新职员一时难以理解，问道：“天哪！难道勤奋工作错了吗？”

老板忧虑地说：“我曾经聘请过好几个像你这样的年轻人，后来他们都成了行家，离开这里自己办公司，拼命想挤垮我们。”

趣评：“千军易得，一将难求”。虽然很多企业总是谋求高素质人才的加入，但是如果员工的能力过高的话，很可能成为企业发展的潜在威胁，日后以竞争对手的身份与企业争夺有限的市场份额。这种思维逻辑也常常导致企业不愿对员工进行培训，担心员工能力增长后另谋高就。

人是潜能无限的生命体。培训、发掘人的潜能是企业投资员工的一种手段。但是企业并不享有对员工的所有权，培训后很可能出现的一种后果是：员工自恃能力得到了提高，可以为企业创造更高的利润，按照收入与贡献成比例增长的规律，员工便往往会提出加薪。但是企业一方认为，对于企业而言，培训本来就是一种投入，企业付费对员工进行了培训，本身就证明了企业对员工的尊重和认可，此时员工应该用努力工作回报企业，要求加薪岂不是忘恩负义？因此，员工加薪的要求往往得不到企业的应允，员工加薪未果，不免心情失落，有的员工甚至愤而离去，加入了薪酬待遇更好的企业。

培训是一把双刃剑，运用得好，有助于提高企业人力资源的整体素质，增加员工忠诚度；运用不佳，企业人财两空，花了大把的银子却是“竹篮打水一场空”。员工在培训中投入了心力，要求加薪；企业在培训中投入了资金，不愿意满足员工加薪的要求而追加投资，是造成企业培训员工的最大障碍。因此，如何有效收回培训投资是企业培训时面对的首要问题。关于培训投资回收策略，有下面两条参考建议。

一、从员工收入中扣除培训费用。在培训运筹阶段，企业从员工薪酬中扣除培训费用，具体操作手法为：企业在制订薪酬策略时，把员工薪酬的一部分划为培训费用，员工在职时间越长，培训费用也越多；企业把年终奖金的一部分用作第二年的培训费用，员工的业绩越好，所获得的培训的质量也越高。上述做法不仅能降低企业培训的风险，还有助于增加员工对于培训的主动性。

二、与受训员工签订培训协议。企业在培训前与员工签订培训协议，规定接受培训的员工在企业的最低工作年限，在此期间员工离职，将要向企业赔偿相应的费用。很多企业都采用培训前签订协议的做法，这样有助于把对于培训的投资转化为企业的经营利润。

第 4 辑

读笑话，谈管人之道

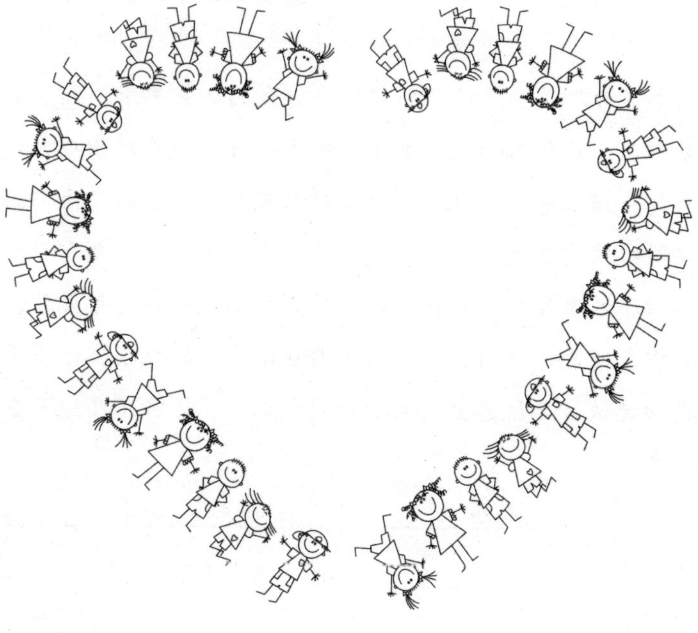

·马基雅维利的“暴君理论”并不适用于如今的企业管理运营。如果一个管理者现在仍奉行“强权至上主义”，对员工实行高压手段，便等于把下属置于自己的对立面，这无法使组织内部形成和谐的气氛，也很难使员工全心全意地为了组织目标的实现而努力。

·柔性管理是企业适应知识经济时代的必然要求，知识经济时代推崇知识，而作为知识的主要提供者，员工是否愿意将自己的知识、思想与组织分享，取决于他们对组织的认可度以及他们的个人要求在组织的实现度。柔性管理摒弃权力的影响力，侧重于从每个员工内心深处激发的主动性、内在潜力和创造精神进行管理，因而柔性管理具有明显的内在驱动性。内在驱动力的产生，促使员工对组织更加忠诚，更愿意自发主动地完成工作，源源不断地为企业提供智力支持。

魔鬼的样子——“磁力法则”：高压手段会遭到抵制和报复

奥斯曼是德国环球玩具公司的老板，他对员工非常严厉、苛刻，经常责罚员工，员工们对他又恨又怕，背地里称他为“魔鬼”。

一天，奥斯曼正在公司的门外等车，公司的尼娜走过来对他说：“奥斯曼先生，我对您有一个请求，请您跟我走一趟！”

奥斯曼答应了尼娜的要求，他跟着尼娜来到了一个银匠前，尼娜对银匠说：“就像这样的。”说完就走了。

奥斯曼很好奇，问银匠：“这是什么意思？”

银匠说：“这位小姐刚刚让我打一件魔鬼造型的银器，我跟她说自己从来没有见过魔鬼，不知道魔鬼是什么样子。后来，她就把您带过来了。”

趣评：马基雅维利的暴君理论并不适用于如今的企业管理运营，如果一个管理者现在仍奉行“强权至上主义”，对员工实行高压手段，便等于把下属置于自己的对立面，这自然无法使组织内部形成和谐的气氛，也很难使员工全心全意地为了组织目标的实现而努力。

有的管理者认为人性本恶，如果和善地与员工相处，对员工实行宽松管理，员工便不会认真地对待管理者的指令和要求，难以执行到位。因此，为了使整个组织按照管理者的心意运作，管理者便要实行高压手段——不近人情地要求员工无条件地服从，在具体细节上没有一点协商的余地，一旦员工的工作成果与管理者的要求发生偏差，管理者便严厉地责骂员工，甚至以惩罚的方式杀一儆百。美国哈佛大学管理学教授约翰·科特认为这种管理方式不可取，他认为：无论手段多么巧妙，高压手段终会招致他人的抵制和报复——这便是“磁力法则”的内容。高压手段使下属产生畏惧心理，使他们面对管理者时总是处于战战兢兢的状态。畏惧是一种不良的心理反应，下属在感到畏惧时，心情是不愉快的，因此，他们对于使自己产生畏惧心理的管理者便怀有憎恨的感情，进而产生报复心理。看看历史上国家的兴衰更替，鲜有暴君长久立国的，中国夏朝的桀和罗马帝国的尼禄都是历史上有名的暴君，虽然他们曾经在权位上风光一时，但最终躲不过亡国的宿命，在内忧外患中沦为亡国之君。

一般来说，管人的方式无非有两种：一种是采取高压的方式，下属由于心生畏惧而被迫服从；另一种是采取感情化的方式，管理者的真诚对员工产生了感化的力量，下属将心比心，自发地完成管理者所下达的任务。相对于前者而言，后者以情感为基础，把员工与管理者之间逆反的力量变为归顺的力量，使两者的合作与共赢产生了更大的合力。由此可见，以情动人、真诚关心员工的管理者，更能使组织获得持续的发展，使管理者产生不怒自威的效果。下面几个事项都有助于管理者与下属之间建立感情磁力。

一、管理者亲切呼唤下属的名字。一般而言，每个人都不愿意自己被忽视，希望获得他人对自己的重视。因此，管理者应该尊重员工“我很重要”的心理诉求，尽量不要随口一句“你来一下”或者“你把我交代的事完成了吗”，而是在说话之前加上员工的名字，这样能从细节中折射出管理者对员工的尊重。

二、如果下属常常感到不安，管理者要找出使下属不安的因素，尽量消除员工内心的不安。下属心生不安多是来源于如下几个因素：工作环境使自己不自在，无法获得满足，比如，办公地点距居住的地方太远，办公地方采光不好影响了工作的情绪，附近餐点较少午餐不方便解决等；工作指标高于自己的能力，无法胜任工作；性格、气质与同事相差较大，无法适应办公室的人际氛围。管理者要分析让员工内心不安的因素，如果能够解决的，便试着改善使员工不安的条件；如果管理者难以解决相关问题，管理者要与员工积极沟通，争取改变其态度来适应工作条件。

三、体谅下属的困难。下属的困难一般来自两方面：一是工作领域，一是私人生活领域。当下属情绪出现异常时，管理者应适时地给予关爱、慰藉和援助，因为人处于困难时，往往是最脆弱的，雪中送炭的情谊会使下属更易于对管理者产生感恩之情。

严禁请假通知书——“柔性管理法则”

各位同人：

经公司领导研究决定，对有关请假事宜做如下规定：

1.上班时间绝对不允许上厕所解手与洗手，因为解手与洗手纯属个人身内循环与卫生问题，与公司无关；

2.不允许请丧假，亲人去世固然可惜，但人死不能复生，绝无必要；

3.不允许请病假，公司需要的是完整的员工，身体零件的缺失磨损，应在工作时间以外修整；

4.不允许请探亲假，“两情若是久长时，又岂在朝朝暮暮”，无此需要；

5.不允许请婚假，现在离婚率很高，结了再离还不如不结；

6.不允许请事假，公司利益高于员工利益，个人应服从组织；

7.周末不允许休息，周末不是休息天，劳动光荣，休息可耻；

8.不允许请孕假，这可以培养下一代爱劳动的习惯；

9.不允许请产假，男女平等，男子不休息，女子也应向男子学习；

10.不允许请工伤假，从哪里跌倒就从哪里爬起来，轻伤不下火线。

趣评：如果制度的适用对象是机器人，这样的规定还有施行的可能，然而对于有着感情诉求的工作人员，上述规定只会遭到员工的群起而攻。

20世纪通行的泰勒管理模式是典型的“刚性管理”，这种模式以规章制度为中心，借助制度约束、纪律监督、奖惩规则等手段约束员工的行为以达到提高员工工作效率的目的。然而这种管理理念以“经济人假设”为理论前提，在实际运行时受到越来越多的局限。“柔性管理”则不同，它强调“以人为本”，在研究人的心理和行为规律的基础上，采用非强制的方式，争取在员工意识中产生一种潜在的说服力，从而把组织意识演变为个人的自觉行动。“柔性管理”的最大特点在于：不是依靠权力的威慑来进行管理活动，而是将企业的文化、组织制度内化为员工的自觉意识，组织的良性运行有赖于员工内心深处激发的主动性、内在潜力和创造精神。

“柔性管理法则”是在“刚性管理”基础上的革新与升华，具体的职能层面体现了如下几点。

企业强调感情管理，注重企业文化建议，在企业内部推行民主管理，致力于人力资源的开发；

组织趋向柔性化，集权的管理方式被分权的方式所取代，传统的金字塔型组织结构过渡到网络型组织，组织结构逐步转向弹性权变设置；

战略决策的制定柔性化，如增强战略的灵活性，实行弹性预算，推行滚动计划法等；

在市场营销方面，采取整合营销的方式吸引消费者，全方位刺激消费者的购买欲望，提高产品的市场占有率；

高新技术被企业引入管理流程，信息技术带来的管理信息系统、办公自动化等，使管理具有更灵敏、快速的特点。

“柔性管理”是企业适应知识经济时代的必然要求。知识经济时代推崇知识，而作为知识的主要提供者，员工是否愿意将自己的知识、思想与组织分享，取决于他们对于组织的认可度，以及他们的个人要求在组织的实现度。柔性管理摒弃权力的影响力，侧重于从每个员工内心深处激发的主动性、内在潜力和创造精神进行管理，因而，柔性管理具有明显的内在驱动性。内在驱动力的产生促使员工对组织更加忠诚，更愿意自发、主动地完成工作，源源不断地为企业提供智力支持。

虽然管理者与员工关系主要体现在工作方面，但员工的个人感情、家庭状况等私人事情也影响着他们投入工作的程度，做一个人性化的管理者，时不时地与员工聊一些个人的情况，与员工进行非工作领域的交流，在制度和薪酬层面适时地考虑到员工的个人需求，是使高素质人才发挥潜能的有效途径。

为亲爱的付钱——感情管理

一名男子出差某国，当他买好回国的飞机票后，到邮局给妻子发电报。他写好了电文，把它交给了邮局的职员，然而在付费的时候，他发现自己口袋里的钱不足以支付电文的价钱，于是他对女职员说："把'亲爱的'从电文中删掉吧，这样钱刚好够。"

"别这样"，那位女职员从自己的手提包里取出了钱，说："还是让我来为'亲爱的'这几个字付钱吧，做妻子的最想从丈夫那得到的就是它们了。"

趣评：对于管理者而言，对员工进行适当的感情投资，收到成效有时候大于物质激励所带来的效果。

感情管理是指管理者通过本身的形象、行为、情感来调动职工积极性的一种管理方法。人是有着丰富感情生活的高级生命形式，情绪、情感是人精神生活的核心成分。“有效的领导者最大限度地影响追随者的思想、感情乃至行为。”身为领导者，仅仅依靠物质手段激励员工，而对于员工的感情和心理置若罔闻，难以达到较高的激励成效。领导与下属进行思想沟通和情感交流是非常必要的。现代情绪心理学的研究表明，情绪、情感在人的心理生活中起着组织作用，它支配和组织着个体的思想和行为。因此，感情管理应该是管理的一项重要内容，尊重员工、关心员工是搞好人力资源开发与管理的前提与基础，这一点对技术创新型企业尤为重要。

一般而言，感情管理的方法有以下三种。

民主管理。管理者能够把自己置身于与员工平等的地位，在组织内部形成民主的气氛，建立具有家庭感的企业文化。管理者乐于征求和采纳员工的意见，对员工的人格和感情给予充分尊重。

形象管理。管理者在工作中身先士卒，勇于承担责任，意志坚韧，对成功有执着的追求，通过自我的形象来影响员工，争取成为员工的榜样。

情感管理。人是管理活动最主要的客体，也是管理活动的中心，管理者应将主要精力放在对人的管理上。而人是有感情的，因此管理者应关注员工的感情状况，善于进行情感方面的交流，力求做到关心人、理解人、会用人。关心人，是指要从员工的物质需求和精神需求出发，既关心员工在工作时的状况，也兼顾到员工职场以外的生活，从而使员工更加忠诚地为实现企业的目标而努力工作。理解人，即管理者不仅了解一般人的行为模式，而且能设身处地地为员工着想，了解他们行为背后的动机与驱动力。会用人，是指善于发现员工的特长和技能，了解他们的真正价值所在，用其所长，避其所短，把各个人安排到最能发挥其作用的岗位上去。

报复上司——“蓝斯登原则”：一定要保持梯子的整洁

两名职员正在休息间发牢骚，甲忿忿地说：“经理真不是东西，天天想办法整我们，今天看见他鼻青脸肿、一脸狼狈地来上班，真是解气！”

乙颇有谋算地说：“果然不出我所料，他终于挨了他老婆的揍！”

甲反问：“你怎么知道那个家伙是被他老婆揍了？”

乙得意地说：“因为每次受了他的无端指责，我就寄张女人的照片给他老婆。”

趣评：员工并不是逆来顺受的工具，如果领导者不得人心，总是触犯他们的利益，员工也会“以其人之道，还治其人之身”。

“蓝斯登原则”的完整阐述为：在你往上爬的时候，一定要保持梯子的整洁，否则下来时可能会滑倒。这是由美国管理学家蓝斯登提出的一条管理定律。蓝斯登定律与佛家的因果报应如出一辙，启示管理者身处职场时，应该恪守宽容大度的原则，以仁心仁德为处事理念，否则，如果管理者今日频频做出伤害他人利益的举动，很可能日后要为其买单，付出惨重的代价。

比如，有的领导者身处高位，担心长江后浪推前浪，害怕某一天自己会被更优秀的后来者取而代之。因此，为了能够长期拥有职权，对于有潜质的新人采取压制打击的手段，不但不把重要的工作分配给下属，而且还常常拿着属下的工作成绩到上级面前为自己邀功。然而，“江山代有人才出”是人才发展的必然规律，有潜质的新人不堪压制便转而到其他公司寻求更大的发展空间。“三十年河东，三十年河西”说的正是人世的沉浮，很可能曾经的管理者日后沦为一个求职者而与旧下属在职场狭路相逢，此时旧下属对于他的人事任免起着决定性的作用；也可能管理者在企业合作过程中与旧下属不期而遇，此时旧下属以合作企业代表的身份亮相，而此合作伙伴又是旧领导最重要的战略选择。按照因果循环的逻辑，旧领导过往的所作所为自然不利于他日后所愿。

当一个人身处高位的时候，成为权势人物的倨傲感常常易于使其做出一些不利于他人的事情，尤其当面对下属时，他们喜欢把权势人物的特权发挥得淋漓尽致，动不动就责骂下属，甚至指使下属为他做一些私人的事情，更不为下属提供充分的发展空间等。然而，如果以为操纵着权力便可以不尊重下属的人格，做出一些有违仁义理念的事情，这等于无形中为自己的未来埋下了许多颗“定时炸弹”，很可能在今后的职场生涯中，原来的出格的举动要一一得到偿付，使管理者受到出其不意的打击。

比赛——完全了解事实真相的必要性

一个牧场的公羊有些老了，场主便买了一只新公羊配种。新公羊初来乍到，斜视着垂垂老矣的公羊，一副趾高气扬的模样。

老公羊说：“年轻人，谁都有年轻的时候，想当初我比你还精力十足，不要瞧不起人啊，你别看我现在岁数大了，但是如果咱俩进行场赛跑，你不一定赢。这样吧，咱俩比一下，围牧场跑20圈，谁先跑完谁就赢，如果你赢了，牧场里的母羊全是你的。”新公羊初生牛犊不怕虎，毫不犹豫地接受了挑战。紧接着，两只公羊便围着牧场跑了起来，好胜的小公羊拼命地跑着，跑到第十圈的时候，小公羊仅差两米就超过老公羊一圈了，它加快速度向老公羊追去。老公羊“咩咩”地大声叫着，叫声引出了牧场主，牧场主提着猎枪来到牧场。只听“嘭”的一声，小公羊应声而倒，场主自言自语道：“真倒霉，怎么买的公羊都是同性恋？打死四只了！”

趣评：不明真相的牧场主未调查事实真相便处决了小公羊，如果他依然如此的话，牧场里的新公羊总会冤死在他的枪下。

一般而言，管理者多是完美主义者，他们奉行美国西点军校“没有任何借口”的训诫，容不得下属犯一点错误，由于过于追求完美，导致管理者看到不符合自己工作准则的行为时，往往未充分了解事实真相，便对下属进行严厉的责罚。比如，管理者把一份合约交给下属，吩咐他立即把合约拿给财务总监签字，谁知，下属正好在楼道巧遇财务总监，所以下属未到财务总监办公室便完成了任务。随之，下属便回到了自己的办公室，管理者看到后，以为下属懈怠工作，便训斥了一句：“这么长时间还没有把合约拿给财务总监！”一般误解的本源都是把积极的行为视作不好的行为。在这个案例中，下属明明高效地完成了工作，反而被管理者认为工作偷懒，而管理者奖惩的标准往往是下属行为取向的标准。因此，这个案例中的下属以后宁愿放慢工作的进程，以显得自己很忙碌。

管理者应避免急急忙忙的奖惩，不要因为只看到言行的表象就立刻产生情绪化的态度反应。当看到违背自己价值观念的行为时，首先要提示自己不要让感情因素干扰了理智思考，争取先从有利于员工的方面提出疑问。其次，在发怒之前，一定要与员工面谈，给对方解释的机会，以了解事实的真相，只有完全掌握了事实的真相，才能避免下属受到不公平的对待。

出师不利——跨文化管理

一名销售员被某饮料公司派往中东开拓市场，结果，这个业绩一向颇佳的销售员无功而返，垂头丧气地回到了总公司。

上级主管向销售员询问中东那边的情况，销售员说："中东的人没有听说过我们的饮料，我也不会说阿拉伯语，于是我就用三幅画介绍我们的产品。第一幅画是一个人在沙漠上行进，他弓着腰，疲惫不堪；第二幅画就是那人喝饮料的特写，他开心地喝着咱们的饮料；第三幅画着那人挺胸抬头前进，他精神焕发，充满了喜悦的表情。我十分满意这三幅海报的创意，于是我制作好海报后，便四处张贴。"

上级点了点头："这个方法很好，为什么没有效果呢？"

销售员叹了口气："谁知道他们阿拉伯人看书是从右往左看的！"

趣评：世界各地的文化是不一样的。在全球化浪潮中，管理者面对具有不同文化背景的员工和消费者，只有顺应他们的文化，才能使企业在全球一体化的商业环境中发展顺利。

跨文化管理，又称"交叉文化管理"，即在全球化经营中，对子公司所在国的文化采取包容的管理方法，在跨文化条件下克服所有异质文化的冲突，并据以创造出企业独特的文化，从而形成卓有成效的管理过程。跨文化管理的目的是：在不同形态的文化氛围中设计出切实可行的组织结构和管理机制，在管理过程中寻找超越文化冲突的企业目标，以维系具有不同文化背景的员工共同的行为准则，从而最大限度地控制和利用企业的潜力与价值。

20世纪70年代后期，跨文化管理作为一门学科逐渐在美国发展起来，而兴起研究跨文化的直接原因是：第二次世界大战后，美国的跨国公司在世界市场上屡屡受挫，他们照搬美国本土的管理理论与方法进行跨国经营，结果出现了严重的水土不服。很多的案例表明，对异国文化差异的迟钝以及缺乏文化背景知识，是导致美国跨国公司在新文化环境中失败的主要原因。于是，美国人开始研究别国的管理经验，从文化差异的角度来探讨失败的原因，从而产生了跨文化管理这个新的研究领域。

与美国跨国公司不同，日本在同时期进行的跨国经营则取得了卓有成效的成功，日本的跨国公司显示出对欧美公司显著的优越性，因此，美国首先对日本进行了研究和学习。美国在研究中发现，他们与日本的根本差异不在于表面上的一些做法，而是对管理因素的认识产生了差异，比如，美国过分强调诸如技术、设备、方法、规章、组织机构、财务分析这些“硬”因素，而日本则比较注重诸如目标、宗旨、信念、人和价值准则等这些“软”因素；美国人偏重从经济学的角度去考虑管理问题，而日本则更偏重从社会学的角度去对待管理问题；美国人在管理中注重的是科学因素，而日本人在管理中更注意的是哲学因素等。

研究结果表明，虽然美国人是管理界的宗师，但日本的企业并没有仿造美国的管理系统进行创新，而是建立了更适合于日本本土文化和环境的管理系统，这样便中和了国与国之间文化、信仰和价值观的冲突，远比美国固有的管理系统具有更大的适应性。

跨文化管理对管理者的启示是：如果管理者被派往异国工作，或者公司的员工非本国员工，管理者要针对所在国的文化差异和员工的不同文化背景，适当调整自己的管理风格和方法。比如，在墨西哥盛行家长式统治的传统，管理者适宜表现出果断和专制的领导风格；参与式管理的方式适宜一些强调平等的国家，如芬兰、丹麦、瑞典等；印度更注重精神需求，管理者在激励印度籍员工时，精神激励往往比物质激励更有效。

当然，这也要求管理者要留心异国文化知识，熟悉来自他国的员工的文化、信仰和价值观，多与他们进行交流，使不同的文化互容共生。

经理的心愿——变革前为员工预热

业务代表、行政人员和经理一起走在去吃午餐的路上，他们意外地发现了一盏古董神灯。业务代表拿起神灯，使劲摩擦着，伴随着一团烟雾一个精灵从神灯中蹦了出来。

精灵终于实现了重现人间的夙愿，他说：“我一般都满足每个人三个愿望，这次满足你们每个人一个。”

“我先说！我先说！”行政人员抢着说：“我要到巴哈马度假，自在逍遥地开游艇。”

“噗”的一声！行政人员消失了。

“该我了！该我了！”业务代表抢着说：“我要躺在夏威夷的海滩上，旁边有一个美丽的女按摩师，海边正在举行热情的烧烤派对。”

“噗”的一声！业务代表也消失了。

“好了！现在该你了，你有什么心愿？”精灵对经理说。

经理说：“我只希望他们两个吃完午餐就回到办公室。”

趣评：由于经理的一个指令，业务代表和行政人员的美梦瞬间变为泡影。试想，他们回到办公室后，对于经理的敌意该有多深，因为经理使他们失去了对梦想的主宰权。

如果没有提前得到通知，就有好事的人替自己重新安排了家具的摆放，对于这种行为，很多人都会感到不快。因为作为主人，他们追求对于家中所有事务的控制权，有人未经允许就移动了家具的位置，不管对方出于何种好的意图，都会让主人感到自己的地位没有受到充分尊重，他们反感这种出其不意的举动。企业进行变革时，同样包含着类似的逻辑。管理者激励员工时，常常把员工标榜为企业的主人，然而当涉及企业变革时，往往就忽略了将员工视为主人的意识，没有提前征求员工的意见，便冒进地实行了某项变革措施，以致引起员工内心的不快。比如，企业没有经过与员工协商，便实施了新的考勤制度，使员工对变革的理由一无所知，员工认为自己只是被动接受的工具，对于公司的事情根本就没有决策权，从而不再对公司产生忠诚感，至少使原来的忠诚度打了一些折扣。

对于大多数领导者而言，省略变革前的沟通并非有意为之，只是他们认为强调这个细节不过是大题小做，因而宁愿忽略不计。然而，员工对于企业的感情往往体现在领导者的管理细节中，或许只是变革前开个会议，领导者向员工陈述一下变革的理由，然后让员工自由地发表意见，变革的效果就截然不同——员工自感参与了变革的进程，他们更愿意接受新的改动，并矢志成为改革的坚定拥护者。

第 5 辑

读笑话，谈绩效考核

·绩效评估的结果，常常涉及员工的薪酬调整、奖金发放及职务升降等诸多切身利益，因此，绩效评估可以说是绩效考核体系的关键环节。然而，虽然客观标准的科学化有助于评估结果的公平化，但是主观标准的不唯一，常常使员工对绩效评估的结果表现出较大争议。

·不过，对于绩效低的员工，解雇并不是唯一的解决方案。员工无法胜任目前的工作，并不意味着他不能有效地完成其他的工作，管理者可根据员工的能力与兴趣，为其进行部门调换。有时候绩效低的原因并不在于员工的能力素质，而是组织把不合适的人才安排在了错误的工作岗位上。

加薪——什么是绩效考核

员工：“经理，我能不能请求您，研究一下给我加薪的事情呢？不久前我结婚了……”

经理：“非常抱歉，我们不能承担业余时间发生的不幸事件。”

趣评：员工提出加薪本来无可厚非，但在要求加薪的时候，首先要提供一个能够说服上级的理由。

绩效考核，又称成绩或成果测评，是企业为了实现生产经营目的，运用特定的标准和指标，采取科学的方法，对承担生产经营过程及结果的各级管理人员完成指定任务的工作实绩和由此带来的诸多效果做出价值判断的过程。

绩效考核起源于西方国家文官（公务员）制度，英国是最早的践行者。英国在实行文官制度的初期，文官主要凭借资历晋级，造成了不论工作优劣，所有人一起晋级加薪的局面，结果导致政府部门冗员充斥、效率低下。1854到1870年间，英国对文官制度进行了改革，建立了一种注重才能与工作表现的制度。按照这种制度，文官统一实行按年度逐人逐项进行考核的方法，根据考核结果的优劣，实施奖惩与否和职位的升降。考核制度的实行，充分调动了英国文官的积极性，从而大大提高了政府行政管理的科学性，增强了政府的廉洁与效能。此后，这种制度渐渐影响其他国家。美国于1887年正式建立了考核制度，很多国家对英国的考核制度进行了效仿和借鉴，不久，各种各样的文官考核制度遍地开花，极大提高了政府的效能。各个国家实行的考核制度有一个共同特征：即把工作实绩作为考核的最重要的内容，同时对德、能、勤、绩进行全面考察，然后根据工作实绩的优劣决定公务员的奖惩和晋升。

文官制度的成功实施，使得一些企业也将其应用在日常的管理活动中，开始在企业内部实行绩效考核，试图通过考核对员工的表现和实绩进行实事求是的评价，同时，也要了解组织成员的能力和工作适应性等方面的情况，并作为奖惩、培训、辞退、职务任用与升降等实施的基础与依据。

关于是否为员工加薪，某些人性化的企业确实会考虑员工的实际生活需求，但加薪的标准更多地根据绩效考核的结果而定，如果员工能从绩效的方面陈述加薪或者晋升的理由，一般会增大与企业谈判时的胜算。

三个愿望——让员工知晓绩效目标

一个劳工行走在茫茫的沙漠之中，由于迷路多日，他准备的水早已一滴不剩，口干舌燥，行将渴死。就在生与死的边缘，他幸运地捡到了一个神灯，他有气无力地搓揉着神灯，片刻之后，他的眼前便出现了一个形状怪异的灯神。

灯神感恩戴德地对他说：“主人，我在这灯中囚禁了千年，幸亏遇到你，我才逃了出来，为了报答你的恩德，我可以满足你三个愿望。”

濒死的劳工突然恢复了生气，他迫不及待地许愿：“第一，我希望每天都有水喝；第二，我希望自己的皮肤变得又白又光滑，而不是现在黝黑苍老的样子；第三，我希望每天都能看到美女脱衣服。”

劳工说完他的三个愿望后，只听见“轰轰”的一声巨响，他摇身变为了一座“马桶”！

趣评：虽然变身为马桶完全匹配劳工的三个愿望，但是，这肯定不是劳工在许愿之时所构想的梦想图景。因为目标阐述得不明确，此时的劳工只能祈祷灯神再额外赠给他第四个梦想了。

绩效目标即绩效考核目标，指的是评估者向被评估者提供所需要的评价标准，以便客观地讨论、监督、衡量绩效。绩效目标，是对员工在绩效考核期间的工作任务和工作要求所做的界定，是对员工进行绩效考核的参照。因此，管理者是否能明白无误地把绩效目标传达给员工，对于绩效管理是否有效起着十分重要的作用。员工只有明确知道组织对自己所定的绩效目标，才能减少或是避免管理者与下属之间对绩效结果的误解，使员工明确自己在完成对组织有意义的事情时的角色，并且有助于员工以绩效目标为准绳，对自己的工作进展进行自我监控。

虽然绩效目标是有效绩效评估的基础，但是管理者在把绩效目标传达给下属的时候，往往像笑话中的劳工一样，虽然自以为已经将目标表述清楚，但由于缺乏具体的事实与数字，使另一方产生了误解。为此，管理者描述的绩效目标应包括清晰的绩效内容和绩效标准：

一、绩效内容是对于员工工作任务的界定，由绩效项目和绩效指标所构成。绩效项目，是指从哪些方面对员工的绩效进行考核，在现实的绩效评估中，绩效项目一般有三项内容：工作业绩、工作能力和工作态度。绩效指标是每个绩效项目的具体内容，如对于工作能力的考核须从如下几个目标下手：分析判断能力、沟通协调能力、组织指挥能力、开拓创新能力、公共关系能力，以及决策行动能力等。工作业绩的大小则要从数量、质量、成本和时间四个方面进行考虑。至于工作能力和工作态度，具体的指标应根据职位来确定。

二、绩效标准是指与其相对应的每项目标任务应达到的绩效要求，也就是说，对于绩效内容界定的事情，员工应当怎样来做或者做到什么样的程度。

土拨鼠的去处——如何防止“目标置换”

在课堂上，老师给学生们讲了一个故事：三只狼追赶一只土拨鼠，土拨鼠疯狂地跑着，在三只狼就要追到土拨鼠的时候，正好前面有一个树洞，土拨鼠“呲溜”钻了进去。这棵树只有这一个洞，三只狼便守在洞外，等着土拨鼠出来。过了一会儿，突然从树洞里跑出了一只兔子，兔子爬上了树，不小心脚一滑，从树上掉了下来，砸晕了三只狼。最后，兔子获救了。

下面的学生开始议论纷纷：“从哪里跑出来一只兔子？”“兔子怎么可能会爬树？”“兔子怎么可能一下子砸晕三只狼？”……

最后，老师在讲台上叹了口气说：“你们都没有抓住重点，没有一个人提到土拨鼠去哪儿了。”

趣评：员工在实现绩效目标的过程中，努力的方向偏离了目标的要求，后果是：既定的目标被“狸猫换太子”，一直在为之所努力的目标却难以贡献于企业的发展目标。

组织的一切活动都是围绕着既定目标而展开和进行的，但在管理实践中达不成或只达成部分既定目标的情况却比较多，原因是多种多样的，其中，“目标置换”是比较普遍和典型的一种。美国管理学家约翰·科特所更提出了“目标置换效应”，他认为：对于如何完成工作的关切，致使渐渐地让方法、技巧、程序的问题占据了一个人的心思，反而忽略了整个目标的追求。据他做过的一项调查显示，在影响目标达成的所有因素中，“目标置换”因素占了67%以上。

绩效目标的实现是组织对于员工的期望，是员工内在价值的外部化。然而，员工在追求绩效目标的过程中，常常会出现“目标置换效应”，“工作如何完成”逐渐代替了“工作完成了没有”。究其原因，目标偏离的发生既有客观因素，也有主观因素。比如客观上，管理者没有把明确的目标传达给下属，使员工对数量、质量、时限、标准等元素缺乏清晰的认识，以致目标缺乏方向感，使员工不知道何去何从；或者管理者所订立的目标实现周期过长，随着时间的推移和环境的改变，达成目标的现实条件逐渐丧失，如果目标执行的过程中出现了不可预料的事件，也会分散员工的精力和注意力，真正的目标却被置之脑后。反映在主观上，员工对目标的理解出现偏差或者信息意识淡薄，都会无意识地使自己的行为偏离既定目标，并且因为得不到负反馈而无法及时调整和纠偏。

“目标置换”是实施目标过程中一种偏差行为和错位现象，若不及时发现和矫正，必然影响目标的达成。关于如何防止绩效“目标置换”，有下面三个小“处方”。

一、设置科学的绩效考核指标、绩效目标、评分标准。除了以职位要求、组织要求为考核标准设置指标外，还要充分考虑到组织及员工所具备的资源条件，确保目标制定的意义。评分标准根据实际情况选用不同的方法，不要一味追求量化而扭曲某些绩效衡量标准。

二、对绩效实现的过程进行定期监控。员工在执行绩效目标的过程中，管理者要定期询问相关情况，随时关注达成的进度及相关因素的表现，及时跟进或纠正偏差。

三、加强绩效沟通。考核表是绩效管理的载体之一，但不能替代直接沟通过程中对真正绩效目标的传达。管理者应主动与下属进行面谈，向下属说明指标设置的用意及执行的要求。绩效沟通能够有效避免或化解绩效“目标置换”。

三人评画——360度绩效评估

一个英国人、一个法国人、一个苏联人共同来到了一个画展厅，他们同时站到了一幅画作面前，画作的内容为伊甸园里的亚当和夏娃。

“他们肯定是英国人，”英国人若有所思地分析道：“这个女人只有一个苹果，却送给那个男人吃。”

“不，我不这么认为，”法国人摇了摇头：“他们一起裸体吃苹果，他们一定是法国人。”

“他们肯定是苏联人，”苏联人不容置疑地说：“他们没有衣服穿，也没什么东西吃，却仍然以为他们生活在乐园里。”

趣评：横看成岭侧成峰，对于同一个事物，选取的角度不同，看到的风景各有千秋。

绩效评估的结果常常涉及员工的薪酬调整、奖金发放及职务升降等诸多切身的利益，因此，绩效评估可以说是绩效考核体系的关键环节。然而，虽然客观标准的科学化有助于评估结果的公平化，但是主观标准的不唯一，常常使员工对绩效评估的结果表现出了较大争议。360度绩效评估的方法，则尽可能地规避了主观标准不唯一的弊端，它强调员工自己、上司、部门主管、同事甚至顾客等全方位地从各个角度来了解个人的绩效，通过这种绩效评估方法，被评估者不仅可以从自己、上司、部属、同事甚至顾客处获得多角度的反馈，也可从这些不同的反馈中清楚地知道自己工作中的不足、长处及今后的发展需求，为自己职业的顺畅发展提供多重指导。因此，360度绩效评估又称为“360度绩效反馈”或“全方位评估”。

虽然绩效评估的结果是员工的薪资调整和晋升与否的参考依据，不过，绩效评估的作用并不仅仅如此。绩效评估并不只是为了对员工论功行赏，它更多的是为了发现员工的潜能，使员工的能力得到更好地发挥和提高。360度绩效评估遵从绩效评估的大部分使命，这种评估方法最重要的价值并不在于评估本身，而是在于员工能力的开发。其价值主要体现在如下两个方面。

一、帮助员工提高对于自我的洞察力，通过评估结果，使员工清楚地知道到自己的长处与短处，从而制订有针对性的长、短期职业发展计划。

二、激励员工改进自己失当的行为，尤其当360度评绩效评估与个人发展计划结合起来时，更有助于员工矫正自己的不当行为。

不过，由于360度绩效评估涉及的评价主体较多，他们与被评估者关系复杂、利益牵扯不清，因此，如果简单地把360度绩效评估用作评估目的，也会为企业的发展带来一些负面影响。比如，加深人际关系矛盾，耗费较多的企业资源，不利于人力资源部门正常效用的发挥等。

迟到的感悟——年度绩效评估的滞后性

一个农夫跌伤了腿，被送到了医院。医生问他是怎么受伤的，农夫说：“二十年前，我在一个地主家干活，有一天晚上，地主的独生女儿来找我，她问我‘你有什么需要我的地方吗？’我摇了摇头说‘没有’。她又问我，‘你真的不需要我吗？’我再次摇了摇头，肯定地说‘不需要’。后来，那个漂亮的姑娘就走了。”

医生问道：“那么，这跟你摔伤腿有什么关系？”

农夫失落地说：“昨天站在梯子上修理屋顶时，我突然明白了她的意思。”

趣评：20年后，即使农夫明白了地主女儿的心意，但时过境迁，农夫也不能改变什么，只能徒叹一句“此情可待成追忆”了。企业的年度评估同样具有滞后性，即使员工知道自己哪些工作需要改进，但由于考核的周期过长，起到的作用反而降低了。

绩效评估的最初旨意，是为了激发员工的工作热情和提高员工的能力和素质，以达到改善公司绩效的效果，虽然评估的结果会影响员工的薪酬调整和奖金的发放，但这些措施最终是为了激励员工高效地完成工作，奖惩并不是绩效评估的根本目的。年度绩效评估是最常用的考核方式，它以整个年度为考核周期，运用各种科学的定性和定量的手法，对员工的工作行为及其对企业的贡献与价值进行全面的考核和评价。然而，年度绩效评估常常被视为对员工实施奖惩的参考标准，对于修正员工的工作行为方面收效甚微。

试想，在年度绩效评估中，管理者告诉某个员工，他在与客户进行电话沟通时缺乏销售意识，常常被客户牵着鼻子走，因此员工需要改进沟通模式，应该学会在沟通中掌握主动权，为此，在电话沟通前，应该充分做好资料准备，对于客户可能提出的每一个问题也试着给予有助于销售的回答。这一建议，对于提高员工的签单量当然是有帮助的，但是员工常常会在今后的工作中依然如故，因为，缺乏时效的反馈往往会弱化员工改正的动力。

以此来看，年度绩效评估往往流于形式，属于投入与产出严重不成比例的考核方式，因此，难以起到改善员工行为的作用。问题出现的时机与反馈时间相距的间隔越长，员工越难采取改正措施。所以，管理者不应该在平时工作中积攒员工的优、缺点，指望依靠年度绩效评估对员工实行一次全方位的整修。最有效的评估方式是实时进行的，当员工表现良好时，管理者及时给予肯定；当员工的态度和工作方式出现问题时，管理者也要及时对员工进行纠错。

疯子的聪明——避免“恶魔效应”

一位心理学教授到一家疯人院考察，了解疯子的生活状态。一天的考察结束后，这些人的疯疯癫癫给教授留下了深刻的印象，可谓是大开眼界。

教授在准备返回的时候，发现自己的车胎被人拆掉了，忿忿地想：“一定是哪个疯子干的！”生气之余，教授只能无奈地动手将备胎安装上。然而，拆下车胎的人竟然将螺钉也拧掉了，教授一筹莫展。正在他着急万分的时候，一个疯子跑了过来，他发现了困境中的教授，便停下来问发生了什么事。

教授本来懒得搭理这个疯子，但是出于礼貌，还是把状况告诉了他。

疯子很轻松地说：“我知道该怎么办！”说完，他便从其他三个轮胎上各拆下了一个螺钉，用三个螺钉将备胎装了上去。

教授非常感激，他好奇地问疯子：“请问，你是怎么想到这个办法的？”

疯子很认真地说道：“我是疯子，可是我不是笨蛋啊！”

趣评：疯子不一定是笨蛋，然而教授所产生的关于疯子的认知，使两者画上了等号。

“恶魔效应”是“爱屋及乌”的反例，是指由于对人的某一品质或对物品的某一特性有坏的印象，会使人对这个人的其他品质或这一物品的其他特性的评价偏低。这是与“光环效应”相反的认知偏向。当评价者对一个人进行评价时，如果评价者对被评者的某一品质特征持有强烈、清晰的不良感知和印象，便会由点及面地对被评者的其他品质给予否定性、妖魔化的评价。

管理者在进行绩效考核时，很容易受到“恶魔效应”的蛊惑。如果管理者对某个员工没有好感，员工的某些行为不符合管理者价值观中“好”的标准，管理者便容易忽略员工的其他优质特征而对员工做出较低评价。比如某个员工衣着随便，管理者便认为其缺乏严谨的工作作风；看见某个员工经常出入酒吧，就认为其缺乏职场进取心。在“恶魔效应”影响下做出的结论往往是偏颇的，就不会对员工做出全面的评价。因此，管理者在评价时，应抛弃个人的好恶，将关注点放在“工作完成得如何”上，而不是“员工是一个什么样的人”上；管理者还应该多参考来自其他人员的意见，询问他们对被评者的意见，避免出现“恶之欲其死”的心理现象。

话匣子——绩效考核容易出现的九个误差

在飞机上，一个年轻人和一位老人并排坐着。

“请问，现在几点钟？”年轻人问。

老人回答说：“我不能告诉你，我要是告诉你现在几点钟，你就会向我表示感谢。这样，话匣子一打开，就不容易收场了。再过一会儿，我们就会一道下飞机。在机场上，你又会请我进咖啡馆，我也会请你到我家去做客。我家里有一个小女儿，她长得很漂亮。于是你就会爱上了她，她也会爱上你，于是你们就会决定结婚。可是，你要知道，我决不会把女儿嫁给一个连手表都没有的穷光蛋。”

趣评：飞机偶遇，老人单凭年轻人询问时间的举动，便联想到自己不会把女儿嫁给一个穷光蛋。老人的诸多想象带有严重的个人主观偏见。在绩效

考核的过程中，考评者的个人主观偏见常常会影响考核结果的客观性。

在绩效考核的过程中，由于考核者的主观思维意识，常常会使绩效考核的结果出现一些误差。一般而言，绩效考核的误差有如下几种。

1.考评指标理解误差

由于考评者对考评指标的理解存在差异，他们对于不同的指标有不同的判断标准，导致考评出现误差。比如，对于同一个员工，某一个考评者对其工作表现判断为“优”，另一个考评者则认为是“合格”。避免这种误差，可以通过以下三种措施来纠错。

（1）修改考评内容，让考评内容更加明晰，尽可能量化考评内容；

（2）避免让不同的考评者对相同职务的员工进行考评，尽可能让同一名考评者进行考评，员工之间的考评结果就具有了可比性；

（3）避免对不同职务的员工考评结果进行比较，由于不同职务的考评者不同，自然难以对员工做出准确评价。

2.光环效应误差

当某一个人有一个显著优点时，人们会误以为他在其他方面也同样优秀，这就是光环效应。在考评中常会发现光环效应，比如，被考评者工作非常积极主动，考评人很可能误以为他的工作业绩也同样优秀，从而给被考评人较高的评价。在考评时，考评者应该对所有被考评者的同一项考评内容同时考评，而不应该以人为单位进行考评，这样有利于防止光环效应的影响。

3.趋中误差

考评人倾向于将被考评人的考评结果放置在中间的位置，就会产生趋中误差。这主要是由于考评人害怕承担责任或对被考评人不熟悉所致。在考评前，对考评人员进行必要的绩效考评培训，消除考评人的后顾之忧；同时，避免让对被考评者不熟悉的考评者进行考评，可以有效地防止趋中误差。

4.近期误差

由于人们对最近发生的事情记忆深刻，而对以前发生的事情印象淡薄，所以容易产生近期误差。考评人往往会用被考评人近一个月的表现来评判一个季度的表现，从而产生误差。消除近期误差的最好方法，是考评人每月进行一次当月考评记录，在每季度进行正式的考评时，参考月度考评记录来得出正确考评结果。

5.个人偏见误差

考评人喜欢或不喜欢（熟悉或不熟悉）被考评人，都会对被考评人的考评结果产生影响。考评人往往会给自己喜欢（或熟悉）的人较高的评价，而对自己不喜欢（或不熟悉）的人给予较低的评价，这就是个人偏见误差。采取小组评价或员工互评的方法，可以有效地防止个人偏见误差。

6.压力误差

当考评者知道本次考评的结果会与被考评者的薪酬或职务变更直接相关时，或者惧怕在考评沟通时受到被考评人的责难，鉴于上述压力，考评人便可能会做出偏高的考评。解决压力误差，一方面要注意对考评结果的用途进行保密，另一方面在考评培训时让考评人掌握考评沟通的技巧。

7.完美主义误差

如果考评者是一位完美主义者，他往往会放大被考评人的缺点，从而对被考评人给予较低的评价，造成了完美主义误差。解决该误差，首先，要向考评人讲明考评的原则和方法；另外，可以增加员工自评，与考评人的考评结果进行比较。如果差异过大，应该对该项考评进行认真地分析，看是否出现了完美主义错误。

8.自我比较误差

考评者不自觉地将被考评者与自己进行比较，以自己作为衡量被考评者的标准，这样就会产生自我比较误差。解决办法是将考核内容和考核标准细化和明确，并要求考评人严格按照考评要求进行考评。

9.盲点误差

考评者由于自己有某种缺点，而无法看出被考评者也有同样的缺点，这就造成了盲点误差。盲点误差的解决方法，可参考自我比较误差的解决方法。

食品店的胖老板——“定势效应”对绩效考核的影响

一个客户走进了一家食品店，他对身体肥胖的老板说：“老板，我要一瓶脱蓖麻油。“

老板爬上了梯子，挪动肥胖的身子爬到了高处的储藏间，他打开门，拿出一大桶油把玻璃瓶倒满，关上门，从梯子爬下把瓶子交给了顾客，这真是个艰辛的过程。

又有一个客人走进了食品店，他说：“老板，给我一瓶脱蓖麻油。”

老板望了望储藏间，只好又爬上了梯子，打开门，再次把一大桶油拿出来把玻璃瓶倒满。他正在关储藏间门的时候，又进来了一位顾客，老板对新来的顾客说：“你也要一瓶脱蓖麻油吗？”

第三个顾客摇了摇头，老板说：“那好，你稍等一下，我马上下来。”

老板费力地从梯子上爬了下来，收好梯子后，问顾客：“你要买点什么？”

第三个顾客说：“老板，请给我半瓶脱蓖麻油。”

趣评：都是思维定式惹的祸，思维模式的惯性往往导致人的判断出现误差，限制了发现问题的能力。

所谓思维的“定式效应”，是指人们局限于既有的信息或认识的现象。人们在一定的环境中工作和生活，久而久之就会形成一种固定的思维模式，使人们习惯于从固定的角度来观察、思考事物，以固定的方式来接受事物。

有这样一个测试题目：一位公安局局长在路边同一位老人谈话，这时跑过来一个小孩，焦急地对公安局局长说："你爸爸和我爸爸吵起来了！"老人问："这孩子是你什么人？"公安局局长说："是我儿子。"请你回答：这两个吵架的人和公安局局长是什么关系？

当时，这个问题共有100名被试者，但是只有两个人答对。后来在一个特殊的场合，对一家三口问这个问题，父母都没有答对，年幼的孩子却脱口而出："局长是孩子的妈妈，吵架的一个是孩子的爸爸，另一个是局长的爸爸，也就是孩子的外公。"

如此简单的问题，成年人的解答反而不如孩子的正确，这是因为成年人的思维发生了"定势效应"，他们认为公安局局长应该是男的，按照这个逻辑去推理，自然难以找到正确答案。对于孩子而言而，"公安局局长是男的"想法还没有先入为主，因而孩子可以跳脱定势思维的限制，找到正确答案。

在绩效考核中，"定势效应"容易造成考核结果的误差。比如，一家公司曾经聘用过几个某某大学的毕业生，他们的工作表现都很出色，当考核人员看到考核者出自同一所学校时，便易于先入为主地对其产生好感，倾向于给他较高的评价。因此，考核人员最好以量化的数据为考核的基础，以避免定势思维干扰考核结果的公正性。

绩效考核量化的方法主要有如下七种。

1.图尺度考核法（Graphic Rating Scale，GRS）

又称图解式考评法，是最简单和最普遍运用的工作绩效评价技术之一。它列举出一些组织所期望的绩效构成要素（质量、数量，或个人特征等），还列举出跨越范围很宽的工作绩效登记（从"不令人满意"到"非常优异"）。在进行工作绩效评价时，首先，针对每一位下属员工从每一项评价要素中找出最能符合其绩效状况的分数；然后，将每一位员工所得到的所有分值进行汇总，即得到其最终的工作绩效评价结果。

2.交替排序法（Alternative Ranking Method，ARM）

是根据绩效考评的要素，将员工从绩效最好的到最差的进行交替排序，最后根据序列值来计算得分的一种考评方法。这种方法的倡导者认为，在一般情况下，从员工中挑选出最好的和最差的，要比对他们绝对的绩效好坏差异进行评分评价要容易得多。因此，这种方法在西方企业员工绩效评价中运用得也很广泛。

3.配对比较法（Paired Comparison Method，PCM）

又称相互比较法、两两比较法、成对比较法或相对比较法。就是将所有要进行评价的职务列在一起，两两配对比较，其价值较高者可得1分，最后将各职务所得分数相加，其中分数最高者即等级最高者，按分数高低顺序将职务进行排列，即可划定职务等级。由于两种职务的困难性对比不是十分容易，所以在评价时要格外小心。

4.强制分布法（Forced Distribution Method，FDM）

又称强制分布法、硬性分配法。该方法根据正态分布原理，即俗称的“中间大、两头小”的分布规律，预先确定评价等级以及各等级在总分数中所占的百分比，然后按照被考核者绩效的优劣程度将其列入其中某一等级。

5.关键事件法（Critical Incident Method，CIM）

是一种通过员工的关键行为和行为结果来对其绩效水平进行绩效考核的方法。主管人员将下属在工作中表现出来的非常优秀的行为事件或者非常糟糕的行为事件记录下来，然后在考核时点上（每季度，或者每半年）与员工进行一次面谈，就这些行为进行讨论，然后对员工的绩效水平做出考核。

6.行为锚定等级考核法（Behaviorally Anchored Rating Scale，BARS）

是一种将同一职务工作可能发生的各种典型行为进行评分度量，建立一个锚定评分表，以此为依据，对员工工作中的实际行为进行测评级分的考评办法。

7.目标管理法（Management by Objectives，MBO）

是现代更多采用的方法，管理者通常很强调利润、销售额和成本这些能带来成果的结果指标进行绩效考评。在目标管理法下，每个员工都确定有若干具体的指标，这些指标是其工作成功开展的关键目标，它们的完成情况可以作为评价员工的依据。

割草的男孩——“反馈效应”：把考核结果反馈给员工

一个男孩给陈太太打电话——

“您需不需要割草？”

“不需要，我已经雇用了割草工。”

“我会额外帮您拔掉花丛中的杂草。”

“我的割草工也做了。”

“我还会帮你把这些草与走道两边的草割齐。”

“我的割草工已经做了，谢谢你，我不需要新的割草工人。”

男孩挂断了电话，男孩的室友疑惑地问道：“你不就是陈太太的那位割草工吗？为什么还要打这个电话？”男孩告诉他：“我只是想知道我做得有多好！”

趣评：员工完成一个阶段的工作后，往往并不知道自己的工作成效与工作方式是否得到了组织的认可，是否需要在某些地方进行改善，来自组织和管理者的反馈会使员工获得了客观认识自己的机会，使他们知道未来该如何工作。

心理学家赫洛克做过一个关于反馈的著名实验，他将试验对象分为四个组：第一组为激励组，每次工作后都对成员给以鼓励和表扬；第二组为受训组，每次工作后都对存在的问题严加批评和训斥；第三组为忽视组，工作结束后不给以任何评价，他们只是听着其他两组或受表扬或受批评；第四组为控制组，他们与前三组完全隔离，每次工作后不给予任何评价。

实验结果显示：最终成绩最差的为第四组；激励组和受训组的成绩则明显优于被忽视组；激励组的成绩得到了显著提升，学习积极性也高于受训组；受训组的成绩则有一些波动。这便是管理学中所说的“反馈效应”：如果及时地对活动效果进行评价，能强化活动动机，对工作起到促进作用。运用在绩效管理上，绩效反馈便是“反馈效应”承担者，它主要通过考核者与被考核者之间的沟通，就被考核者在考核周期内的绩效情况进行面谈，在肯定成绩的同时，找出工作中的不足并加以改进。绩效反馈的目的是：为了让员工了解自己在本绩效周期内的业绩是否达到所定的目标，行为态度是否合格，让管理者和员工双方达成对评估结果一致的看法；双方共同探讨绩效未合格的原因所在并制定绩效改进计划，同时，管理者要向员工传达组织的期望，双方对绩效周期的目标进行探讨，最终形成一个绩效合约。

由于绩效反馈是考核公正的基础，为提高被考核者的绩效提供了保证，同时，还有助于增强企业的竞争力。因此，管理者应及时与被评估者进行绩效面谈，让员工了解上个考核周期中的考核结果，以改进自己的工作效率。有的管理者不愿与员工进行绩效面谈，认为让员工得知自己的考核结果，将会增加他们的心理压力。然而，如若员工对于自己的评估结果一无所知，利用绩效考核改进员工工作行为的目的便成了泡影。为了避免绩效面谈对员工所产生的负面心理影响，管理者在进行有效的绩效面谈时，可以参考如下四个方面的建议。

第一，面谈前做好充分的准备，了解员工的基本情况，确定面谈的目的，以备驾驭整个反馈面谈的过程。

第二，创造良好的面谈氛围，与面谈者建立融洽的关系，通过运用“我们”这类表示亲近的措辞增进彼此的相互信任。

第三，一定要肯定员工的成绩，采用“三明治”的方法告诉员工绩效考核的结果。“三明治”的精髓浓缩在三个阶段中：先肯定员工的成绩，希望他们的优点在今后的工作中得到继承发扬；然后，指出他们工作中所存在的不足，顺便告知绩效考核结果；最后，说一些鼓励的话，表示对其充满信心，希望被考核者再接再厉。

第四，对事不对人，面谈的过程中强调事实，尽量避免主观评价。避免高高在上的训导，最好不要使用类似于“你应该如何”和“你不应该如何”的句子，而是侧重思想、经验的分享，多用这样的措辞“我当时是这样做的……”。

不可能的事情——“欧弗斯托原则”：注重沟通的开始

一个八十岁的老人去做健康检查。在检查的过程中，老人不断地向医生炫耀，他新婚的妻子真是一位难得的好妻子：“我们结婚四个月，你知道她对我有多忠贞吗？她无时无刻不需要我，黏我黏得我都感到厌烦了！”

“而且，”老人又说：“她最近还怀孕了，没想到我在八十岁的时候还能享受做父亲的感觉！”

医生静静地听着。不发一言。

“你一定很羡慕我吧？”老人得意洋洋地问道。

医生抬起头，看了老人一眼。

“这让我想起了一位失散多年的朋友。”医生缓缓开了口，“他曾经跟我说起过他在非洲狩猎时的一段奇事。有一天，他在草原上遇到了一头狮子，他立刻准备从背上摘下枪来瞄准，然而他突然想起自己根本没有带枪，而只是拿到了一把雨伞。这时，狮子已经站在了他的面前，眼看着就要扑过来。他灵机一动，把雨伞扛上肩，用尽全身的力气大喊三声‘砰！砰！砰！’。”

“后来怎么样？”老人急问道。

“后来狮子竟然倒下了，死了。”

“这怎么可能？”老人大叫，“那一定是别人干的！”

“我也这么想。”医生低沉着声音说。

趣评：管理者在与下属沟通的时候，是否能在开口的头几分钟内就创造和谐的沟通氛围，对于是否能达到预想的沟通效果起着决定性影响。

绩效沟通是绩效管理的核心，是指考核者与被考核者就绩效考评反映出的问题，以及考核机制本身存在的问题展开实质性的面谈，并着力于寻求应对之策，服务于后一阶段企业与员工绩效改善和提高的一种管理方法。企业的绩效管理如果缺乏有效的绩效沟通，那么，企业的绩效管理就不能称为有效的绩效管理，至少是不完整的绩效管理。由于员工常常对绩效考核存在偏见，认为这是企业用于整治员工的一种手段，考核的结果会对员工在企业的地位造成威胁。因此，当得知管理者要与自己进行绩效沟通时，员工常常持有不情愿的态度，像面对灾难一样产生抵触感，他们不愿意接受管理者的信息，以防御的心理倾听管理者的讲话，甚至琢磨着该如何反驳管理者的判断。如果秉持这样的心理，沟通便成了一个对抗与反对抗的过程，双方难以实现真心实意的和谐交流。关于如何改善沟通的效果，“欧弗斯托原则”为管理者提供了有益的借鉴。该法则由英国心理学家E.S.欧弗斯托所提出，他认为，说服一个人的时候，开头就让他不反对，实在是最要紧的事。

管理者在与员工进行绩效沟通前，应该有一个感情互动的过程，管理者应以员工的利益为立足点，向他们阐述这样一种意识：绩效考核并不是企业监控员工一种的手段，考核的目的是提升企业整体的业绩，企业只是以负责任的态度谋求员工自身职业生涯的发展，在考核的过程中，员工被视为企业的资源，企业致力于员工能力的深度发掘和培训，借助考核结果，通过实施一些修正措施使其达到增值的目的。管理者便是这个任务的执行者，在沟通时，他并不是以企业代言人的身份对员工进行核查、质询、评价，而是针对员工如何改进自己的工作行为，与其进行交谈与协商。

增加预热的步骤有助于平复员工的抵触情绪，当员工的情绪与管理者产生共鸣后，在随后的沟通过程中，便能够减少沟通的障碍，使员工自发地进入倾听与交流的情境。

医生的嘱咐——避免绩效沟通的言不及义

约翰发生了交通意外，医生为他的腿打好石膏后，特意嘱咐他："一定不要拆掉石膏，一定不要下楼梯。"

三个星期后，医生到约翰家为他复诊，约翰问医生："我什么时候才能下楼梯？"

"难道你非要下楼梯吗？"

"是啊，您不知道，这三个星期爬下水道把我累坏了。"

趣评：如果管理者只是泛泛地告诉员工表面信息，而没有告诉他表面信息所传达的真正用意，员工很可能只接受了表面信息，却无法明白管理者的真正用意。

绩效沟通是绩效管理的核心，是指考核者与被考核者就绩效考评反映出的问题，以及考核机制本身存在的问题展开实质性的面谈，双方积极地寻求应对之策，力争通过改良使企业与员工的绩效得到改善和提高。妥善有效的绩效沟通有利于协助员工优化下一阶段的工作绩效，提高他们的工作满意度，从而达到推动企业整体战略目标的实现。然而，由于绩效沟通常常涉及员工工作中一些不太完善的地方，在沟通时很可能引起员工内心的不快，管理者便没有给予绩效沟通应有的重视，有时候只是泛泛而谈，做一些表面文章后，便草草结束绩效面谈。比如，在与员工就绩效考核的结果沟通时，管理者只是泛泛地说一句："你前一段时间工作表现很好，但仍努力不够，还有很大的发挥空间，公司很看重你，今后要更加努力啊！"上面的交谈几乎就是无效的绩效沟通。因为，员工无法从沟通中获知自己工作中存在的真正问题，欠缺是来自工作能力方面还是来自工作态度方面，以及对于今后该如何改进也模糊不清。如果管理者能针对性地指出员工在工作的及时性方面需要改善，员工才能知道是自己的工作效率出了问题，需要通过一些途径去改善这个问题。

在进行绩效沟通前，管理者应先全面解读绩效考评结果，只有认真全面地解读了绩效考评结果，管理者才能在绩效面谈时触及沟通的实质问题，使绩效考核结果发挥出改进员工行为的效果。解读绩效考评结果需要明确如下四个问题的答案。

员工应该做什么；

员工已经做了什么；

员工为什么会得到这样的考评结果；

员工应该朝什么方向改进。

完成上述步骤后，管理者在面谈时才能有的放矢，使员工真正知道自己过往的哪些行为得到了组织的肯定，哪些方面还需要改善，以绩效考核结果所反映出的信息为参考标准，进而改进今后的工作细节。

车祸——对低绩效员工不宜心软

一架拖车行走在高速公路上，车上载着一只狗、一只猪和一匹马。

不久，拖车失控，被撞翻在地，狗、猪、马和司机同时被抛出了拖车。一会儿，一个警察赶到，他首先看见了那只狗，摇摇头说：“脖子断了，太可怜了。”于是掏出枪把它杀死。接着他又见到了那只猪，见到猪的脊梁骨都碎了，又掏出枪把它杀了。尔后，他又见到了那匹马，看着马的四条腿骨头都折断露了出来，摇摇头又把马杀了。这一切都被司机看得真真切切。最后，警察发现了司机，走过去，问：“你觉得怎样了？”只见司机强撑着站起来说：“我从来没有觉得如此的好。”

趣评：警察杀死动物的行为确实残忍，但是面对组织中的低绩效员工，管理者却需要具备警察魄力：当绩效低的员工无法在管理者的指导下改正工作行为时，管理者即使心有不忍，也只能对其实施解雇。这不仅有助于提升公司的人力资源素质，还会使其他的员工引以为戒，避免员工的怠工行为。

一个非常遗憾的事实是，组织中总会存在一些低绩效员工，他们无法履行职能范围内的义务，不能按照组织的要求按质按量完成自己的工作，他们的表现既削弱了团队的实力，糟糕的表现也使客户对公司产生不好的印象。面对这些员工，虽然深知他们拖了组织的后腿，但管理者往往容易心慈手软，忧于就绩效问题与他们进行沟通。但是组织作为一个系统，任何一个环节的缺失都会导致系统运转的失败。比如，某个员工在客户服务方面能力欠佳，结果正好一个重要客户是由这位员工接待的，其结果可想而知，客户因为这个员工而迁怒于整个公司，从而放弃了与公司的合作。因此，管理者对绩效低的员工心慈手软，往往会后患无穷。

当然，明白地告诉某一个员工，他的工作表现达不到组织的要求是一件尴尬的事情，很可能造成员工的心理压力，使员工产生被公司驱逐的心理。但事实是，这确实是管理者的工作职责，如果想成为一个合格的管理者，这便是他无法回避的工作任务之一。管理者只有把员工的工作结果反馈给他，并提出组织明确的绩效期望值，才会使绩效低的员工改进自己的行为，不会成为实现组织绩效的逆反力量。

不过，对于绩效低的员工，解雇并不是唯一的解决方案。员工无法胜任目前的工作，并不意味着他不能有效地完成其他的工作，管理者可根据员工的能力与兴趣，为其进行部门调换。有时候低绩效的原因并不在于员工的能力素质，而是组织把不合适的人才安排在了错误的工作岗位上。

如果管理者多次就低绩效问题与员工进行了沟通，并对他如何改进自己的行为提出了指导性意见，但员工仍然一意孤行，对管理者的建议置若罔闻，甚至产生抵触情绪，管理者只能执行下下之策：解雇绩效低的员工。因为绩效低的员工的如此表现，不仅使他自身的工作无法有效完成，还会使其他员工产生不公平的心理，影响他们的工作积极性。

管理行为确实有时候会比较残酷，但“以结果为导向”的考核理念注定了这种竞争规则：企业作为营利性机构，只能对那些绩效低的、无法与组织目标一致的员工说：“不”！

第 6 辑

读笑话，谈薪酬管理

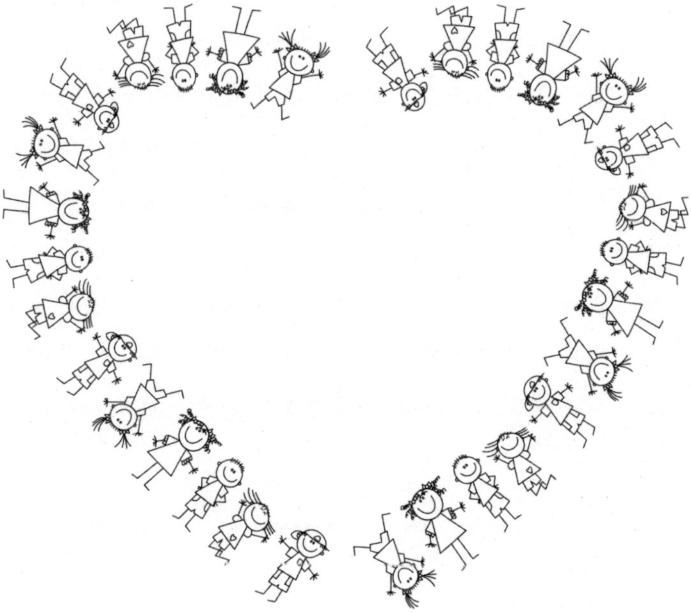

·全面薪酬战略是目前发达国家普遍推行的一种薪酬支付方式，它源自20世纪80年代中期的美国。当时美国公司处在结构大调整时期，许多公司都渐渐放弃了相对稳定的、基于岗位的薪酬战略，而采取了相对浮动的、基于绩效的薪酬战略，使薪酬福利与绩效紧密挂钩。

·对于高素质员工而言，薪酬是自己成就高低的最好证明，他们注重自己在组织中的相对地位，通过薪酬的多寡来获得心理和外界的认同，公平感的缺失常常是他们离开组织的关键原因之一。对于企业而言，人才的流失便意味着企业失去了后续发展的支持力量，因此，企业意欲将高素质人才留在企业内部，便要采取合理的薪酬制度，权衡按贡献定薪酬和按资历定薪酬的利弊，尽量在两种制度中找到一个平衡点，使低素质员工和高素质员工都对组织产生较高的满意度。

开玩笑——全面薪酬战略

一家知名公司招聘，一位毕业生前去应聘。

面试快结束的时候，老板问毕业生："你想要什么样的薪酬待遇？"

毕业生充满畅想地说："我希望一个月薪水10万，每年有一个月公费海外培训的机会，半年在瑞士的分公司，半年在法国的分公司，因为我喜欢这两个国家的风土人情。"

老板说："我一个月给你20万薪水，一年有两个月公费让你海外培训，公司的分公司你随便选。"

毕业生惊讶地说："不会吧，条件这么优越？您该不会跟我开玩笑吧！"

老板说："是你先跟我开玩笑的！"

趣评：毕业生除了对薪酬提出要求外，还希望获得很好的培训机会，并对工作环境格外重视，由此可见，单纯满足员工物质性要求所产生的激励效果是有限的。

全面薪酬战略是目前发达国家普遍推行的一种薪酬支付方式，它源自20世纪80年代中期的美国。当时美国公司处在结构大调整时期，许多公司都渐渐放弃了相对稳定的、基于岗位的薪酬战略，而采取了相对浮动的、基于绩效的薪酬战略，使薪酬福利与绩效紧密挂钩。

采取全面薪酬战略后，公司把支付给受聘者的薪酬分为外在和内在两大类。外在的奖励，主要是指为受聘者提供的可量化的货币性价值，比如，基本工资、奖金等短期激励薪酬；股票期权等长期奖励薪酬；失业保险、医疗保险等货币性的福利；以及公司支付的其他各种货币性的开支，如住房津贴、俱乐部成员卡、公司配车等。内在的奖励，则是指那些给员工提供的不能以量化的货币形式表现的各种奖励价值，比如，对工作的满意度；为完成工作而提供的各种顺手的工具（如好的计算机）；培训的机会；提高个人名望的机会（如为著名大公司工作）；吸引人的公司文化；相互配合的工作环境；以及公司对个人的表彰、谢意等。外在奖励与内在奖励相结合，被称为“全面薪酬”。

全面薪酬管理关注企业的经营，体现了组织价值观、绩效期望和绩效标准，会对与组织目标保持一致的结果和行为给予报酬，使那些绩效优异的人得到较高的经济回报；绩效不佳者因为难以获得高的经济回报，便会被诱导离开组织。全面薪酬战略摒弃了原有的级别体系和官僚结构，以客户满意度为中心，鼓励创新精神和持续的绩效改进，并对娴熟的专业技能提供奖励，从而在员工和企业之间营造出一种双赢的激励氛围。因此，关注绩效而不是等级秩序是全面薪酬战略的一个最重要的特征。

为什么不干掉他——避免薪酬管理的“格雷欣法则”

在一次战争中，将军为了鼓舞士气，准备投身到前线去。在他起身的时候，前方的士兵向将军报告说：“将军！前方20米的地方有一个狙击手，不过他的枪法太差，这几天开了很多枪，没有打死一个人。”

将军厉声道：“既然发现狙击手，为什么不把他干掉？”

士兵说：“将军！你疯了吗？难道你要他们换一个比较准的吗？”

趣评：当一个职位被安排了一个绩效相对低的员工时，便等于使绩效高的员工失去了发挥能力的机会，以致千里马老死于马厩之中。

“格雷欣法则”，即经济学中的“劣币驱除良币”规律，意为两种实际价值不同而名义价值相同的货币同时流通时，实际价值较高的货币，即良币，必然退出流通领域——它们被收藏、熔化或被输出国外；而实际价值较低的货币，即劣币，反而在市场上大行其道。在双本位货币制度的情况下，两种货币同时流通时，如果其中之一发生贬值，其实际价值相对低于另一种货币的价值，实际价值高于法定价值的“良币”将被普遍收藏起来，逐步从市场上消失，最终被驱逐出流通领域，而实际价值低于法定价值的“劣币”将在市场上泛滥成灾。“良币”的实际价值虽高于“劣币”，但在市场中却享有同样的法定价值，自然会促使“良币”去实现更符合其实际价值的功用，导致“劣币”成为流通的主体。“格雷欣法则”在现实世界的运行中具有普遍适应性，涉及企业管理领域，如果企业制定的薪酬制度不合理，也会导致低素质员工对高素质员工的“驱逐”。

在很多事业单位里，资历是决定薪酬的主要因素，很多高素质人才空降到事业单位后，薪酬远不如那些资质平庸的“前辈”，高素质人才便会认为自己没有受到企业的平等对待，以致离开公司，最终只留下一些素质较低的人才。

企业追求平等主义，为所有员工制定了相差无几的薪酬，高素质员工也会心理失衡，因为他们认为与自己同列的人能力低于自己，反而享受着同样的待遇，自己看不到发展的前景，便选择离开组织。

即使高素质人才的薪酬高于低素质人才的，但如果他们对企业的相对价值不成比例，也难以留下高素质人才。比如，甲为高素质员工，乙为低素质员工，甲对于企业的贡献是乙的五倍，薪酬却只是乙的两倍，高素质员工仍然无法产生公平感，还是会转而去寻求薪酬制度更公平的工作环境。

对于高素质员工而言，薪酬是自己成就高低的最好证明，他们注重自己在组织中的相对地位，通过薪酬的多寡来获得心理和外界的认同，公平感的缺失常常是他们离开组织的关键原因之一。对于企业而言，人才流失意味着企业失去了后续发展的支持力量，因此，企业意欲将高素质人才留在企业内部，便要采取合理的薪酬制度，权衡按贡献定薪酬和按资历定薪酬的利弊，尽量在两种制度中找到一个平衡点，使低素质员工和高素质员工都对组织产生较高的满意度。

老人的高招——“德西效应”：重视外在报酬，兼顾内在报酬

一位犹太老人退休后生活在位于乡村的住所里，每天下午，一群小孩就跑到老人的住所外面，大声喊着：“犹太佬！犹太佬！”接连几天后，老人走出了自己的住所，对孩子们说：“我一个人住在这里很寂寞，幸亏有你们在这里，为了奖励你们，今天我付给你们每人50分，如果以后你们每天都来叫喊几声，我就继续付给你们每人50分。”孩子们拿着钱很高兴地答应了。

一周以后，老人和这群孩子商量：“政府给我的退休金并不多，我现在没钱付给你们了，你们能答应我每天还在我的住所外叫喊吗？”“哼，不给钱，还想听我们叫喊，想得美！”孩子们摇着头跑开了。

从此以后，孩子们再也不在老人的住所外叫喊了。

趣评：叫喊本来是孩子们的乐趣，但聪明的犹太老人把叫喊与奖金关联后，叫喊便从孩子们的乐趣沦为了奖金的交换物。

德西是一名心理学家，他在1971年做过一个关于奖励的实验。他选择一些大学生为实验者，让他们在实验室里破解有趣的智力难题。实验分为三个

阶段：第一阶段，所有的实验者都没有奖励；第二阶段，将实验者分为两组，实验组的实验者完成一个难题可得到1美元的报酬，而控制组的实验者没有任何报酬；第三阶段，实验者可以选择在原地自由活动，也可以选择继续解题。结果，受到奖励的实验组的人员在第二阶段十分努力，第三阶段则很少有人愿意继续解题，这表明兴趣与努力的程度在减弱；而没有奖励的控制组在第三阶段仍然愿意花更多的休息时间继续解题，表明兴趣与努力的程度在增强。

德西通过实验得出了一项结论：在某些情况下，如果人们可以同时获得内在报酬和外在报酬，不但不会增强工作动机，反而会降低工作动机——这便是“德西效应”。“德西效应”表明，进行一项愉快的活动（即内在报酬），如果外部提供物质奖励的话，反而会减少活动对参与者的吸引力。笑话中的孩子们的“无奖励便不叫喊”的做法，正是“德西效应”的现实体现。

“德西效应”对于管理学有着很大的启发意义，企业常常将薪酬、奖金及一系列评比活动作为激励员工的手段，然而，如果薪酬激励使用不当，反而会与预想的结果南辕北辙，减弱员工工作的自发性。比如，得到高物质奖励的员工会认为自己只是为钱在工作，从而大大伤害了员工自发的忠诚和绩效。企业还常常会发生这样的状况，明明提高了员工的薪水，增加了奖金发放的力度，但是依然无法留下那些高素质的人才。究其根本，这是因为人们想从工作中得到的不仅仅是金钱，他们还在乎工作中的乐趣、自我在工作过程中的发展、所获得的培训的机会，以及和谐的人际关系等。

因此，企业在激励员工的时候要摆脱对薪酬激励的倚仗，薪酬虽然是企业管人的一个有效硬件，但是薪酬并不具有绝对的激励优势，如果使用不好，可能会带来“德西效应”，不仅不能激励员工，反而造成负面影响。在万国商业机器公司的绩效文化中，有一条众所周知的原则：“加薪非必然。”虽然万国商业机器公司的工资水平在外企中不是最高的，也不是最低的，但万国商业机器公司有一个让所有员工坚信不疑的游戏规则：“干得好加薪是必然的。”万国商业机器公司薪酬政策的精神是通过有竞争力的策略，吸引和激励业绩表现优秀的员工继续在岗位上保持高水平。万国商业机器公司注重将外在报酬和内在报酬相互挂钩以避免“德西效应”的产生，这种激励模式对于其他企业有很高的借鉴价值。

以牙还牙——低薪策略的双输性

有几个人很爱搞恶作剧，他们去一家饭馆吃饭的时候，总喜欢变着法地与店里一个看似木讷的侍者开玩笑，他们或者把茶壶里的水倒掉，谎称侍者一直没有送水来，或者在餐后藏起一个盘子，投诉侍者记错了账单，可是不论他们搞出什么花样，侍者从来不抱怨。一天，这几个人吃完了饭，付给了侍者一笔小费，并且抱歉地说：“你真是个杰出的员工，我们以前多次跟你开玩笑，你也没有生气，从今以后，我们再也不那样做了。

“谢谢！”侍者用习惯的平静的语气说：“那我以后再也不在你们的咖啡里掺鞋油了！”

趣评：那几个爱搞恶作剧的人本以为自己一直是胜者，事实上，他们的恶作剧自然会招致侍者对他们的报复。在这个游戏里，他们都是恶作剧的受害者。同样道理，老板总是以为付给员工的薪水越低，公司的成本支出也越少，自己在与员工的博弈中也赢得越多；然而，事实并不完全如此，较低的薪水只能得到较差的劳动效果。

在企业经营中，企业支付给员工的薪水在企业总成本支出中占据着相当的比重，因此在经营者的盘算中，付给员工的薪水少一些，企业的成本支出相应的也会少一些，企业便能够获得更高的利润。然而，低薪逻辑并不是如此简单。因为，这种薪酬思维方式混淆了人工工资率与人工成本的区别，人工工资率是员工在单位时间内所获得的报酬，如每小时薪水为200元人民币便是人工工资率的表达方式；人工成本则是企业在生产经营中由投入劳动力要素所发生的一切费用，需要将生产率的因素考虑在内。因此，如果企业经营者付给员工的薪水的较低，薪水的数量达不到员工的期望，员工的工作意愿便会降低，导致员工只提供少量的、低质的劳动成果，对经营利润的获得产生负面影响。

再者，较低的薪水还会导致企业吸引不到能力较强、技术专精的人才，因此企业不得不低就地聘用了能力较低的员工，这自然会对劳动生产率的提高造成不利影响。因此，从根本上说，低薪策略非但没有使企业的人工成本降低，反而增加了人工成本的支出量。比如，企业拒绝了一位月薪要求为8000元的高技术人才，选择一位月薪要求为5000元的技术不那么专精的人，从表面上看，虽然相较前者，雇佣后者节省了企业成本的支出，但是前者的劳动生产率是后者的两倍，完成同样的工作，企业需要雇佣两个月薪要求为5000元的人，由此来看，企业的人工成本非但没有减少，反而增加了。1997年，摩托罗拉公司曾经在德国开设了一家生产移动电话的工厂，他们付给当地德国工人的工资高达30美元每小时，当时很多财经杂志都评论了摩托罗拉这一“失当”之举，指出摩托罗拉公司的“人工成本”太高了。其实，财经杂志也混淆了人工工资率与人工成本的区别，摩托罗拉之所以这么做，是因为德国工人能够产生更高的劳动生产率，公司的人工成本并不像传媒所说的那么高。

对于大多数人而言，获得薪水是工作的最主要原因，如果企业从成本的角度考虑，付给员工较低的薪水或者采取缩减薪水的策略，便会挫伤员工的工作积极性，使企业很难实现相对较高的组织绩效。低薪策略并不能为企业建立起长久有效的竞争优势，企业经营者在决定付给员工多少薪酬前，应明白这样一个道理：关于薪酬的支付，重要的不是付给了员工多少薪水，而是员工能够为企业创造出什么。

加薪纪念——发挥薪酬的激励效用

“约翰，你怎么在上班时间喝酒，你知不知道这是违反公司制度的？”

“对不起，老板，我只是想纪念我上一次加薪20周年。”

趣评：合理而有竞争性的薪酬制度能激发员工的积极性和主动性，促使员工努力实现组织的目标，如果员工的薪酬如死水一般长期不变，奖金也如海市蜃楼般难以触摸，将会增加员工的不满意度，降低他们的工作积极性。

企业制定合理而有竞争性的薪酬制度，可以使其变成强有效的激励员工的手段。一般而言，薪酬对于员工的激励主要体现在两个方面：一个是绩效加薪，另一个是奖金发放。所谓绩效加薪，就是指在员工现有基本薪酬的基础上，参考市场薪酬水平，同时，主要根据员工的绩效评价结果（有时还要考虑员工所在部门的业绩及整个公司的业绩）来增加员工的基本薪酬的一种做法。奖金虽然也是与员工个人的绩效相关的现金奖励，但是奖金与绩效加薪的最大区别在于：绩效加薪会导致员工的基本薪酬不断增加；而奖金多属于一次性支付的性质，它不会改变员工的基本薪酬。

绩效加薪具有一种刚性特点，即使每次加薪的幅度不大，但是久而久之，也可能导致企业在不知不觉中将员工的基本薪酬提高到对成本构成较大压力的地步。此外，绩效加薪还会产生心理的惯性化，员工渐渐地把加薪看成一种理所当然的既得权利，而不是一种激励性的力量。因此，奖金的优势便突显了出来，它随机发放，是一种意外收入，常常能发挥较强的激励效果。而且频繁的小规模的奖励的激励效用常常大于大规模的奖励，因为不定期的奖励增加了员工惊喜的频度，自然激励的效果也更大。

世界知名企业万国商业机器公司特别注重运用薪酬完善企业的激励机制，每到年初的时候，万国商业机器公司的员工就非常关心自己的工资卡，因为去年的工作表现完全体现在自己的薪资涨幅中。万国商业机器公司的薪金构成很复杂，但里面不会有学历工资和工龄工资，员工的薪金与岗位、职务、工作表现和工作业绩有直接关系，但与工作时间长短和学历高低没有必然联系。这种薪金管理模式最大化地达到了奖励进步、督促平庸的效果，逐渐被万国商业机器公司发展成了高绩效文化。

私事——薪酬：不能说的秘密

一家公司实行工资保密制度，他们在员工的工资单上特别附加了这样一句话："你的工资是你的私事，请不要向其他人泄露。"

该公司来了名新职员，他在工资单上签名的时候写下了如下的话："我不会向任何人提起的，就像你们一样感到很害臊。"

趣评：在很多企业，员工的工资并不是同等的。企业为了避免薪酬差异所产生的心理落差，往往用保密的方式发放，而且要求员工不能把自己的工资泄露给其他的员工。然而，薪酬保密制度是否真的有助于组织内部的和谐呢?

薪酬为员工满足物质生活提供了必要条件，也是员工获得自我认同和组织地位的一种外在证明，也正因此，使薪酬在激发员工工作热情方面起着不可小觑的作用。如果员工认为自己的努力与付出受到了组织公平的对待，他们便会更愿意为了公司的发展而奋斗。然而根据“公平理论”的观点，员工内心的公平感并不由薪酬的绝对值决定，而是取决于薪酬的相对值，他们乐于把其他同事作为比较对象，如果他们认为一个同事能力不如自己、学历背景稍逊自己、对于公司的贡献也没有大于自己，公司支付给他的薪水却大于自己的所得，他们便会心生不平，对公司产生怨恨情绪。因此，很多企业索性把员工的薪酬视为不能说的秘密，企业刻意向员工隐瞒其他员工的薪资水平，也要求员工不要把自己的薪酬告诉他人，以此避免员工由于对比而产生不公平心理。

可是，心理学中有一个术语叫“禁果效应”，指的是越是被禁止的东西，人们越想得到手，这与人们的好奇心与逆反心理有关。薪酬作为组织内部的敏感话题，即使员工无法从正常渠道获知他人的薪酬，他们也会试图通过其他渠道积极打探，这反而助长了员工的好奇与窥探的心理，使员工彼此之间相互猜忌，导致公司内部关系紧张。倘若他们私下获知自己的薪资水平不如自己的同事，更加会心生不平，认为自己受到了公司领导的欺骗，以消极怠工的形式对公司的不公平制度默默反抗。由此可见，保密薪酬制度在实际执行的时候，总会无端地增加很多负面的影响，并不如管理者所料想的那样万无一失。

相较保密薪酬制度，公开发放薪酬增加了企业管理的透明度，将“多劳多得、少劳少得”的激励原则明确地传达给了企业所有的员工，使员工深知企业的薪酬制度，增加了员工对组织的信任感和忠诚度。同时，每一份工作都明码标价，也促使员工为了获得更高的薪水而积极地规划自己的职业生涯，间接地提高了员工的素质。当然，公开发放薪酬也有无法避免的弊端，按照人的正常心理模式，人们总是习惯于高估自己、低估他人，当员工对所有人的薪酬都心知肚明时，使薪酬对比变得更加容易，他们常常会觉得某一个员工不如自己却领取着较高的薪水，进而觉得自己没有得到真正的赏识与尊重。

由此可见，秘密发放薪酬与公开发放薪酬都不具有绝对的优势，按照权变观点，管理者应根据企业的文化特征、团队的成员结构、员工的职务设计变通地采取不同的薪酬发放模式，将两者灵活地结合起来，比如，在组织内部并不公开每一个职员的具体薪金数额，而是公布不同数额范围内的职员人数及薪金的平均值。

第 7 辑

读笑话，谈人才激励

·在员工激励方面，物质激励并不具有长久的效用，当物质的需要被满足后，只有进而满足员工更高层次的需要，才能产生激励效果。

·员工的个性特征与愿景需求是多种多样的，与此相对应，便要求管理者采取多样化的激励手段对症下药，这样才能在员工激励方面取得殊途同归的效果。

·寻求公平是员工对于组织的心理诉求，只有他们感到相较其他员工而言，自己的投入获得了相对公平的报酬，他们才会产生满足感。

·对于注重个人发展的员工而言，晋升是一个有效的激励手段，管理者也常常愿意为员工铺就晋升之路，把高职位作为提升员工绩效的诱饵。但是“彼得原理”却启示管理者：不要轻易地进行选拔和提拔，脱离职务分析的晋升只会使组织成为冗员的集会地!

·“仓廪实而知礼节”，某些时候，虽然金钱激励不是最好的激励员工的手段，但是缺失金钱的激励便犹如海市蜃楼，不论管理者如何进行感情投资，也不过是“竹篮打水一场空”。

诱饵——激励理论（一）：“马斯洛需求理论”

一位游客在动物园里闲逛，他走着走着，来到了猴子园，然而却没有看到一只猴子。

“今天猴子们都跑到哪儿去了？”

“现在是交配时期，他们都回到洞里去了。”

“如果我丢些花生给它们，它们会不会出来呢？”

“我不知道，”管理员说，“如果是你，你会吗？”

趣评：在员工激励方面，物质激励并不具有长久的效用，当物质的需要被满足后，只有进而满足员工更高层次的需要，才能产生激励效果。

在管理学领域，亚伯拉罕·马斯洛的需求层次理论是很有影响一种激励理论，该理论按照由低到高的顺序，可以将人的全部需要分为五个层次：

生理需要：食物、水、住所、性满足等方面的生理需要。

安全需要：保护自己免受身体和情感伤害的需要。

爱和归属的需要：渴望爱与被爱、友谊、相互忠诚和信任、和谐的人际关系、归属于某一群体的需要。

尊重需要：分为外部和内部两部分，外部尊重因素，如地位、认可和关注等；内部尊重因素，如自主、胜任和信心等。

自我实现的需要：发挥自身潜能、成长与发展、实现理想的需要。

需求层次理论指出：人的需要是逐层上升的，当某一需要得到满足后，相邻的较高层次的需要就会占据统治地位。一个人在同一时期可以同时存在几种需要，但总有一种需要占统治地位。低层需要比较客观，它是从外在的物质方面获得满足的，可以直接察觉到；高层次需要则难以辨认，不易发觉，它属于精神和情感层次的需要。

需求层次理论启示管理者：激励应该是一个动态的、逐步向上演进的过程，一系列不断变化的需要控制着员工的行为，管理者应积极了解每一位员工的需要，采取相应的措施来满足他们不同层次的需要，从而达到引导员工行为的目的。比如，对于希望从组织中获得安全感的员工，管理者应该向员工提供雇用保证，完善退休金制度和健康保险制度；对于向往和谐的人际关系的员工，管理者应该经常组织一些团体活动，培养大家庭式的企业文化；如果所激励的对象渴求实现个人价值，他们注重工作所带来的成就感，管理者可以让其参与一些决策的制订，委派他做富有挑战性的工作，为其制订完善的个人职业发展计划等。

猎狗与兔子——激励理论（二）：“双因素理论”

一条猎狗在草原上看见了一只兔子，它奔跑着向兔子奔去，结果追了很久也没有追到。

一只羊看到这种场景，它讥笑着对猎狗说：“你竟然跑不过一只兔子！”

“你知道什么！”猎狗回答说，“我们跑的目的完全不同，我仅仅是为了一顿饭而跑，而兔子却是为了性命而跑啊！”

趣评：按照管理学中“双因素理论”的观点，对于猎狗而言，以兔子为食是激励因素；而对于兔子而言，从猎狗的追捕下逃生则是保命因素。

“双因素理论”又称“激励保健理论”，是美国的行为科学家弗雷德里克·赫茨伯格于20世纪50年代后期最先提出来的一种需要理论。该理论认为，引起人们工作动机的因素主要有两个：一是保健因素，包括公司的政策和管理、技术监督系统、工作的安全保障、薪酬待遇、工作环境或条件及人际关系等，这些因素与工作环境有关；二是激励因素，包括工作的成就感、工作中得到的认可和赞扬、工作本身的挑战性和兴趣、工作的发展前途、个人成长与晋升的机会等，这些因素与工作本身有关。只有激励因素能给人们带来满意感；而保健因素只能消除人们的不满，但不会带来满意感。

关于笑话中猎狗与兔子的追捕与反追捕之举，借助于“双因素理论”能找到一个合理的解释：性命对于兔子而言犹如“保命因素”，保全性命并不能使兔子快乐，只是不悲伤，但失去性命必然导致极度的悲伤；偶然的一顿兔子美食对于猎狗而言便是“激励因素”，能够享受一顿兔子大餐自然是非常快乐的，但是缺失了这顿大餐，猎狗不会快乐，但并非不快乐。这种心理完全地体现在它们对于追捕与反追捕的精力投入。

传统观点认为，满意的对立面是不满意。赫茨伯格却不这么认为，他认为对工作的满意感和不满意感不是一个单一的连续体的两个极端，而是截然分开的，即满意的对立面是没有满意，而不是不满意；不满意的对立面是没有不满意，而不是满意。比如，对于保健因素而言，有了它，员工没有不满意，却不是满意，但如果没有它，员工则感到不满意；对于激励因素而言，有了它，员工感到满意，但如果没有它，员工没有满意，但不是不满意。由此可以推论出，满足各种需要所引起的激励深度和效果是不一样的。物质需求的满足是必要的，没有它会导致不满，但是即使获得满足，它的作用往往是很有限的、不能持久的。因此在员工激励方面，管理者要调动员工的积极性，不仅要注意物质利益和工作条件等外部因素，还要注重工作的安排，使员工各得其所。此外，对员工进行精神奖励也是必不可少的，如果员工表现出色，便要给予表扬和认可，对于确实能力卓越的员工，为其提供晋升与发展的机会。随着物质生活水平的提高，内在激励的重要性越来越明显。

跳船求生——激励理论（三）：“超Y理论”

一艘渡轮缓缓地离开码头，船上的乘客来自多个国家和地区。渡轮行至大海中央的时候，船长发现由于超载船就要沉没了，这时候，轮船既回不去也无法到达终点，唯一的办法就是甩掉几个乘客。

船长先找到了一个日本人，直接告诉他船要沉了，唯一可以逃生的办法就是游过去，赖在船上只是死路一条。日本人很惜命，他略一思量便跳入了水中。

船长接着找到了一个德国人，告诉他跳海求生是服从纪律的需要，德国人也跳入了大海。

船长又找到了一个法国人，对他说：“不要怕，你跳水的姿势一定很优雅。”虚荣心得到满足的法国人也跳了下去。

最后，船长又找到了一个美国人，美国人说什么都不愿意跳海，这时，船长对他说：“放心，你的船票中我们已经给你投了100万美元的保险。”听到此，美国人也跳了进去。

趣评：员工的个性特征与愿景需求是多种多样的，与此相对应，便要求管理者采取多样化的激励手段对症下药，这样才能在员工激励方面取得殊途同归的效果。

X理论和Y理论是两种分别关于人性的假设，它们对于人性的设想背道而驰。X理论认为人生来就是懒惰的，他们天然厌弃工作，缺乏进取心，以自我为中心，漠视组织的需求，守旧的天性使他们对变革持抵制的态度，只有极少数人才具有解决组织问题所需要的想象力和创造力，在管理领域，主张管理者采取严格的管理制度，运用奖惩措施来激励员工的工作热情；Y理论则把要求工作视为人的本性，在适当条件下，人们不但愿意工作，而且能够主动承担责任，他们对于自己所参与的工作目标，能进行自我控制与管理，大多数人都具有解决组织问题的丰富想象力和创造力，按照这种人性假设理论，管理者应把员工安排到有吸引力和有意义的岗位上工作，鼓励他们参与自身目标和组织目标的制定，可以把责任最大限度地让递给员工，用启发和诱导的方式替代传统的强制命令和要求服从的管理方式。

X理论和Y理论对于人性的假设都有一定的局限性，在此基础上，1970年由美国管理心理学家约翰·莫尔斯和杰伊·洛希提出了“超Y理论”。该理论认为，没有什么一成不变的、普遍适用的最佳的管理方式，必须根据组织内外环境自变量和管理思想及管理技术等因变量之间的函数关系，灵活地采取相应的管理措施，管理方式要适合于工作性质、成员素质等。“超Y理论”是一种主张权宜应变的经营管理理论，强调管理者应根据员工特点和环境要求采取有针对性的管理方式。

基于“超Y理论”的观点，要求管理者激励员工时，要针对员工不同的个性特征与情感诉求采取权变的激励手段，如果为使所有的员工同一化而采取一样的激励手法，难以使他们产生进取的力量。

发财秘诀——激励理论（四）：“生存—交往—发展理论”

一个老板正在炫耀他的发迹诀窍，他说：“工资是工作中最不重要的部分，我始终坚持这一观点。认真地做好工作，倾其所能地把才能发挥出来，所带来的快乐远比金钱多。”

“你在向自己证实了这一理论之后就发财了吗？”旁人问。

“不，我在向工人们证实这一理论后就发财了。”

趣评：当员工的物质需求得不到满足的时候，便通过满足他们其他方面的需求来平衡，“生存—交往—发展”理论为这种激励理念提供了理论基础。

“生存—交往—发展理论”类属于需要激励理论的范畴，它将人的不同需要浓缩为三个层次：

生存需要：个人在衣、食、住和安全等方面的基本需要。

交往需要：个人与其周围的人交往的需要。

发展需要：个人在能力的发展和事业的成就等方面的需要。

基于“生存—交往—发展理论”的观点，三种需要是可以相互替代的。比如，虽然企业支付给员工的薪酬较低，但如果企业为员工提供了轻松的工作环境，或者为他们制订了较完备培训计划，便可以弥补员工因薪酬低而产生的失落感，使他们愿意留在企业内继续工作。当企业所支付的薪酬与员工的要求有心理落差时，如果管理者能在工作中能创造出一种快乐文化，营造出快乐的工作氛围，也能使员工对企业产生满意感，使他们以更高的热情投入到工作中去。因此，管理者可以不总是那么严肃，可以时不时地通过一些幽默的方式来降低工作的压力，乐于与员工们分享他们的爱好，经常带领团队进行一些职场外的活动等。

不过，内在激励的方式并不总是适用的，倘若员工渴望获得较高的薪水来改善目前的生活品质，不论企业在内在激励方面如何下功夫，也只是“襄王有梦，神女无心”，员工倾向于另外寻求一份待遇更好的工作。

倒霉的兔子——激励理论（五）：“强化理论”

兔子在街上闲逛，迎面遇见了老狼，老狼上前就扇了兔子一个耳光：“让你不戴帽子！”兔子捂着通红的脸回家了，在回家的途中，它赶紧买了顶帽子戴上。

几天后，兔子在街上又遇见了老狼，老狼又伸手扇了兔子一个耳光：“让你戴帽子！”兔子很郁闷，它不戴帽子不是、戴帽子也不是，于是它准备向老虎投诉。

兔子到达老虎家门口的时候，发现老狼已经捷足先登找老虎来了，便将耳朵凑在门上听里面在说些什么。“老狼啊，你也不能总是蛮不讲理地打兔子啊，你说如果它来找我投诉，我也不好罩着你啊！我教你一招吧，下回你遇见兔子，你就这么跟它说——给我找点洗衣服的东西来，如果它给你拿来肥皂，你就打它一顿，说你要的是洗衣粉；如果它给你拿来洗衣粉，你也能趁机打它一顿，说你要的是肥皂。或者你让兔子给你找个姑娘来，它给你找来一个胖的，你就打它一顿，说你喜欢的是瘦的；如果它给你找来瘦的，也打它一顿，说你不喜欢瘦不拉叽的。”

兔子擦了擦头上的汗，原来老虎和老狼是穿一条裤子的，幸亏自己没进去，否则岂不是“羊入虎口”了。兔子赶快回家了。

几天后，倒霉的兔子又在街上遇见了老狼，老狼冲着兔子大喝一声：“给我找点洗衣服的东西来。”兔子怯生生地问了句：“你是要洗衣粉还是要肥皂啊？”老狼顿了顿，接着说：“去给我找个姑娘来！”兔子又怯生生地问了句：“你是要胖的啊，还是要瘦的？”

老狼勃然大怒，伸手就给了兔子一个大嘴巴：“叫你不戴帽子！”

趣评：惩罚是管理活动的激励手段之一，兔子因为不断受到来自老狼的“惩罚”而矫正了自己的行为，希望能给老狼一个不使自己受惩罚的理由。

“强化理论”是激励理论之一，又称“有效的条件反应理论”，由著名心理学家斯金纳提出，它的基本观点是：人们的行为很大程度上取决于行为所产生的后果。也就是说，如果一种行为能产生积极的或令人满意的后果，这种行为便会经常重复；反之，如果一种行为产生的是消极的和令人不满意的后果，这种行为重复的可能性就很小。管理者经常采取惩罚或奖励的方式来激励员工，这种手法便是“强化理论”在企业管理实践中的运用。比如，一个员工主动向上级提出了一个改进工作效率的合理化建议，并且公司采取这个建议后确实降低了企业的运营成本，于是领导者当着其他的员工表扬了这位员工，并对他进行了物质奖励，领导者的这种行为必然会鼓励这位员工继续创想对企业更有价值的点子；如果领导所实施的奖励行为促使这位员工更加积极地参与公司事务，那么说明奖励作为有效绩效的强化因子发挥了作用。上述奖励的例子为“正强化”，惩罚便是“负强化”。比如，一个员工每次迟到时，都会遭到管理者的责问，甚至遭到罚款，由于惩罚是一种不愉快的经历，为了避免这种不愉快经历的再次发生，员工一般会努力避免迟到，此时，惩罚便起到了负强化的作用，使员工不符合组织要求的行为得到了修正。

不过，运用“强化理论”激励员工也存在着一些弊端：

如果员工每次表现良好的时候，管理者都对其进行奖励，那么，一旦某个好的行为没有受到管理者的奖励，员工便会减少这种行为的发生，奖励的有无、多寡直接决定着员工是否采取某个好的行为。为了避免这种情况的发生，管理者应对员工不定期地进行奖励，而不是在每一个值得表彰的行为出现后，都慷慨地送上一份口头鼓励或物质嘉奖。

按照“强化理论”的逻辑激励员工时，总会带着些控制与操纵的成分，虽然控制与操纵在管理活动中是必要的，有助于提高管理者对员工的监督和指导能力。但是这种管理方式会使员工觉得自己是受人操纵的棋子，管理者在奖励和惩罚员工时应仔细考虑一下，是否这样做违背了员工自身的行为意愿，是否扭曲了他们个性化发展空间。因此，最好不要完全依赖奖惩的手段来激励员工。

罢工——激励理论（六）：“成就激励理论”

一个男人牵着一只小狗，怒气冲冲地闯进了一家宠物店，很生气地对老板说：“我买你这只狗看门，昨天晚上，一个小偷悄悄地溜进我的家里，偷走了我200美元，可这只狗傻乎乎地看着竟然一声都没叫。”

老板看了一下小狗，解释道：“这只狗以前的主人是千万富翁，对于你那微不足道的200美元，它根本就不看在眼里。”

趣评：主人从千万富翁降级为对200美元斤斤计较的普通人家，对于成就感顿消的看门工作，小狗自然难以保持原来的热情。

戴维·麦克利兰是美国哈佛大学的心理学家，20世纪50年代，他对于一些物质生活较佳、已经获得了一定社会地位的高级人才（如企业的经理、科学家、医生、教授、任职政府部门的管理人员等）研究后，提出了“成就激励理论”，强调权力需要、关系需要和成就需要是人的三种高层次需要。

高权力需要的人视权力为工作的最大动力，他们对于施加影响和控制他人表现出超常的偏好，往往把成为领导者当作职业生涯的追求；具有较高关系需要的人，钟情于社交，他们从人际交往中得到欢乐和满足，被某个组织或社会团体拒之门外是让他们所很难接受的事情；高成就需要的人，一般是职场中的工作狂，不断地工作以及不断地取得工作成就便是他们的人生追求，对于他们而言，成功本身的重要性远远大于成功之后所获得的报酬。一般高成就需要的人具有极强的自我管理能力，他们惯于选择成功可能性为50%的工作，因为在他们的意识中，当成功和失败的概率相等时，正是一个人从个人努力中获得成功感和满意感的最佳时机。

对于高成就需要的人，金钱对于他们所起的激励作用远不如从成就中获得的激励，关于如何激励他们，麦克利兰提出了三个观点：

第一，当他们在工作中取得成就时，管理者要适时地对他们的工作成果进行反馈，如发放奖金和给予晋升等，虽然这些外在的奖励并不真正是他们的心之所求，却是他们获得自我认可的一种证明工具。

第二，除了肯定他们的成就外，将一些有挑战性的、高要求的工作分派给它们，对于事业的追求使他们很愿意承担责任。

第三，高成就激励的人一般在工作中较有主见，他们做事情会有自己的判断，并乐于做出一些独创性变革，对于他们的创新，管理者最好不要无端限制，而要对此做出有见解性的评论。

一般而言，高成就需要的人只是员工中的极少数，并不是每一位员工都欢迎挑战、喜欢承担责任，所以管理者在运用成就激励的时候，首先要确定所激励的对象是否具有高成就的诉求。不过，高成就需要的人也不尽然都是天生的，管理者可以通过培训来激发员工的成就需要，尤其通过讲述一些职场楷模的工作成就，使员工从内心深处萌发出对于成就的渴望。之所以强调对高成就需要的人的培养，是因为对于组织的发展与成功，他们是一股极为重要的力量，有了他们，便等于积蓄了更强大的使公司发展与壮大的力量。

驴子挨打——激励理论（七）：“公平理论”

一户人家养了一只小狗和一头驴，每当晚上主人回来的时候，小狗总是雀跃地迎上前去，摇摆着尾巴投向主人的怀里，主人也总是高兴地抚摸着小狗。

驴子被冷落在一旁，心里着实不满：“哼，狗每天什么都不干却能讨主人的欢心，我每天拉磨却得不到任何奖赏，看来，我也要想想办法向主人示好才行。”

这天，主人回家的时候，驴子抢先小狗一步迎上前去，迅捷地将蹄子搭在了主人的肩上。受到惊吓的主人忙推开驴子，举起鞭子狠狠地抽了它一顿。

趣评：寻求公平是员工对于组织的心理诉求，只有他们感到相较其他员工而言，自己的投入获得了相对公平的报酬，他们才会产生满足感。

在组织中常常会发生这样的情况，即使与行业平均水平相比，组织已经给某个员工支付了较高的薪水，但是如果相对组织内部其他员工而言，此员工的薪水低于承担同样工作的同事，他也会对组织产生不满而降低工作热情。美国心理学家斯达斯·亚当斯提出了“公平理论”，特别分析了组织内员工之间就报酬与投入进行相互对比的情况。

“公平理论”的内容为：组织中的员工都有估价自己的工作投入和获得报酬的倾向，他们不仅关心自己报酬的绝对值，也关心报酬的相对值。员工总习惯于把自己付出的劳动和所得的报酬同他人付出的劳动和所得的报酬进行对比，也会把自己现在付出的劳动和所得的报酬同过去付出的劳动和所得的报酬进行对比，如果他们发现自己的收支比例同其他同事的收支比例大致相等，或者现在的收支比例与过去的收支比例大致相等，便会觉得受到了组织的公平对待，正向增强工作动机；否则，便会感到不公平，降低工作积极性。

当某个员工感到与其他同事相比自己的报酬过低时，常常会心理失衡，或者不再像从前一样努力工作，或者向组织提出加薪的要求，而如果组织无法通过实行一些举措消除这种不公平感的话，员工还常常会以辞职的方式进行反抗，他们会去寻求更能使自己的价值得到公平对待的地方。

因此，对于组织而言，尽量使员工感到公平是一个重要的使命，因为收入分配的公平感是一个强有力的激励因素，它从心理方面影响着员工绩效的实现以及组织内人才的去留。下面是针对如何使员工感觉公平提出的三条建议。

一、使员工建立统一的公平观。应使员工意识到以绩效为基础的分配方式是相对公平的收入分配选择，类似大锅饭的平均主义观念是对公平的误解。

二、绩效评价体系要合理，让员工知道组织衡量贡献的尺度和标准。

三、按照公开公正的原则公布考核标准和分配方案，如果分配的程序做到了公平，报酬高者可以理直气壮，报酬低者也会心服口服，并且可以促使报酬低者产生追赶报酬高者的工作热情。

不过，人的心理是一个很难控制的情绪化因素，企业内很难做到绝对公平，使组织内的每一个人都产生公平感。因此，企业在以“公平理论”为基础激励员工时，首先要明确到底要使哪些员工感到公平，只有尽量使企业的核心员工产生公平感，才会提高企业的竞争力。

屋檐上的草料——激励理论（八）：“目标设置理论”

一位游客来到了乡下，看到一位老农正在把喂牛的草料铲到屋檐上，他很好奇，于是问道：“您为什么不把草料放在地上，直接让牛来吃呢？”

老农说：“这种草草质不好，我要是放到地上，牛就不屑一顾。但是我放到牛勉强可以够得着的屋檐上后，它就会努力地吃，直到把它们吃个精光。”

趣评：对于员工而言，有一定难度的目标比容易的、唾手可得的目标更能激发他们的工作动机。

“目标设置理论”是美国行为科学家埃德温·洛克于1968年提出的一种激励理论。他在研究中发现：外来的刺激（如奖励、工作反馈、监督的压力）都是通过目标来影响动机的，目标能引导活动指向与目标有关的行为，使人们根据难度的大小来调整努力的程度，并影响行为的持久性。因此，他得出结论：指向目标的工作意向是工作激励的一个主要源泉，目标本身就具有激励作用，目标能把人的需要转变为动机，使人们的行为朝着一定的方向努力，并将自己的行为结果与既定的目标相对照，及时地进行调整和修正，从而实现目标。不过，单纯设置一个目标并不是产生高水平激励效果的充分条件，要使目标激发出员工的积极性，目标设置需遵循四条原则：

一、目标应该是具体的，明确而具有挑战性的目标比模糊或总体性的目标能带来更高的绩效水平。

二、目标应难度适中，太简单的目标无法激发出员工的动机，过于困难的目标又使员工信心不足，产生挫败感，以致影响绩效。管理者应全面衡量员工的能力和心理素质，使达到所设置的目标的能力指标略高于员工的实际能力。

三、员工对目标做出承诺，员工接受组织和管理者所设定的目标，愿意为了实现目标而努力。研究发现，让个人参与目标设置有助于个人更清楚地理解目标，更易达到目标。此外，还能增强个人的组织归属感，从而激发他的工作动机，取得更好的工作绩效。1990年，日本丰田公司的4.7万名员工共提交了180万个建议，很多意见受到了公司的高度重视，并取得了良好的企业效益。

四、对目标实现的进程提供及时客观的反馈。客观的反馈有助于员工了解自己的行为结果，使员工能够把实际得到的奖赏与所期望得到的奖赏联系起来，从而保证员工行为向既定的目标行进。

“目标设置理论”对管理者的启示是：为了激发员工的斗志，管理者应该为员工设置具体的、有一定难度的目标，为了将组织目标内化为员工自己的目标，可以通过让员工参与的方式使其认同这一目标。不过目标成为激励因素需要具备一个前提，那就是员工具有高度的自我管理能力和对目标的高度承诺，他们渴望通过努力去实现组织所设置的目标。只有符合这个前提条件，设置挑战性的目标才会成为激励员工工作的一个有效手段。

电脑的用途——引进“鲶鱼”激励员工

一位推销员成功地将一台电脑推销给了一家出版公司。几个月后，他再次到那家公司拜访，发现那台电脑被放置在办公室的一个角落原封未动，推销员很好奇问道：“这台电脑有什么问题吗？”总编辑说：“没问题，它帮助我们提高了产量和效率！”

“究竟是怎么回事？”

“每天早晨我都警告我的员工，如果你们不加倍努力，那台电脑就会取代你们！”

趣评：管理者如果能告诉员工，假如他们不努力工作，他们今天的职位便会被其他人所取代，往往能激发出员工乃至团队的最大活力。

挪威人很喜欢吃沙丁鱼，尤其是活的沙丁鱼。市场上活沙丁鱼的价格比死沙丁鱼高许多，为此，渔民总是千方百计地争取让沙丁鱼活着回到渔港，然而不论他们怎么努力，绝大部分的沙丁鱼还是死在了运送途中。可是有一条渔船却总是能让大部分沙丁鱼活着运回渔港，船长把这视为一个不能说的秘密，大家都不知道船长为什么能让活的鱼回到海港。直到船长去世的时候，这个秘密才被揭开——原来，每当启程之时，聪明的船长就会在装满沙丁鱼的鱼槽里放进一条鲶鱼，鲶鱼进入陌生环境后，四处游动，沙丁鱼看见鲶鱼后非常紧张，便在鱼槽里左冲右突，四处躲避，加速游动。鲶鱼就是很多沙丁鱼被活着运回渔港的秘密。后来，人们便把这一现象称为“鲶鱼效应”，指的是通过个体在组织中的进入，可以对整个群体起到竞争作用，加强组织成员的活力。

随着员工在一家公司工作年限的增加，工作的挑战性越来越低，所做的工作大多是一些程序性的，此时，员工便容易产生惰性，“做一天和尚撞一天钟”。为了增强企业活力，管理者将几只“鲶鱼”引入组织是一个不错的方法。“鲶鱼”多是一些素质与能力较高的人才，员工与这些“鲶鱼”共处一室，他们发现“鲶鱼”能够比自己更高效地完成工作，自然而然地担心自己朝不保夕，后怕自己目前的职位被他人所取代，因此，他们便会与“鲶鱼”形成竞争效应，改变原来只求安定的心态，在工作中激发出更大的活力。

除了从企业外面空降的人才外，机制的建立同样能创造出“鲶鱼效应”，比如，公司推行绩效考核，通过薪酬、晋升和淘汰机制的建立来向员工传达“不进则退”的职场竞争态势，从而让员工紧张起来。同时，管理者在组织中构建竞争性团队也能产生“鲶鱼效应”，在团队管理中，管理者支持所有的团队成员相互竞争内部资源和外部资源，奖赏高绩效的员工，惩罚低绩效员工，也会使员工始终处于充分战斗的状态。

改名——“彼得原理”：晋升有风险，激励须谨慎

一个美国人第一次到德国旅游，德国一家旅游公司的服务很周到，特别派了一只叫作“业务员”的狗为美国人做导游。这只狗业务精专、兢兢业业，几乎带领美国人游遍了德国的每一处胜景，给美国人留下了深刻的印象……

两年后，美国人故地重游，再次来到了德国，他特意找到原来的那家旅游公司，希望那只叫作“业务员”的狗能做自己的向导。旅游公司的负责人说：“原来那只叫‘业务员’的狗，已经改名叫‘经理’了，如今它什么也不会做了，只会蹲在角落里冲别人大喊大叫……”

趣评：“业务员”因表现优秀而晋升为经理，但在经理职位上却毫无建树——在导游职位上表现出色并不证明他会是个优秀的经理。

1917年，劳伦斯·彼得生于加拿大的温哥华，他是一位很有创见的管理学家，在对千百个有关组织中不能胜任的失败案例进行分析归纳后，他得出了“彼得原理”：“在一个等级制度中，每个职工趋向于上升到他所不能胜任的地位。”彼得认为，每一个员工由于在原有职位上工作成绩表现好（胜任），就会被提升到更高一级职位；其后，如果继续胜任将被进一步提升，

直至到达他所不能胜任的职位。因此，彼得的推论为：“每一个职位最终都将被一个不能胜任其工作的职工所占据。层级组织的工作任务多半是由尚未达到不胜任阶层的员工完成的。”

1960年9月，在一次由美国联邦出资举办的研习会上，彼得博士首次公开发表了他的发现。当时听众是一群负责教育研究计划的主管，他们都已获得了晋升，是晋升的直接受益人群，因而他们对彼得的发言不以为然，并报以敌意和嘲笑。后来，彼得将自己的思想集结成册，以《彼得原理》为书名谋求出版，但是，彼得共收到了14位编辑的退稿信。直到一位记者在报纸上撰文介绍“彼得原理”，出版商才争着出版《彼得原理》，书籍出版后，获得了读者极大的反响，在非小说类畅销书排名榜上占据榜首位置达20周。

“彼得原理”对于现代企业层次结构的设定有着深刻的启示，直接指出了“根据贡献决定晋升”的晋升机制的弊病所在。某位员工在其职位上取得了成就，管理者为了激励员工，常常采用晋升的手段，把他提升到较高的职位上，此时，管理者便犯了一个逻辑错误，认为员工既然能在目前的职位上表现出色，想当然地认为他能胜任更高的职位，但事实上，往往较高职位所需要的才能是这个员工暂时所不具备的。员工由于表现出色而获得晋升，直到晋升到他们不能胜任的职位上，最终导致企业中绝大多数的职位都由不能胜任的人所担任，造成企业人浮于事、效率低下，很多的平庸者身居高位，却并不具备相应的能力素质。这种理论听起来很危言耸听，但现实中很多企业的职位任职状况确实如此。

对于注重个人发展的员工而言，晋升是一个有效的激励手段，管理者也常常愿意为员工铺就晋升之路，把高职位作为提升员工绩效的诱饵，但“彼得原理”却启示管理者：不要轻易地进行选拔和提拔，脱离职务分析的晋升只会使组织成为冗员的集会地！

避免企业成为“彼得原理”现实佐证的措施有三个：

一、管理者晋升员工时，应以能否胜任未来的岗位为标准，而不是仅仅看其在现在岗位上是否表现出色；

二、员工能上能下，晋升并不是单向的、不可逆的，如果员工不能胜任晋升后的职位，降职是必要的举措；

三、为了慎重地考察一个人能否胜任更高的职位，最好采用临时性和非正式性“提拔”的方法来观察他的能力和表现，以尽量避免日后降职所带来的负面影响。

他还想吃——员工会根据奖励的标准做出行为选择

约翰从学校回来，他的眼圈黑黑的，鼻子也青了，妈妈忙问发生了什么事情，约翰答道：“我和比尔打了一架。”

妈妈说：“明天你带块蛋糕给比尔，并向他道歉。”

第二天，约翰依旧鼻青脸肿地回到了家，妈妈诧异地问：“天哪！这又是怎么回事？”

约翰说：“比尔吃完蛋糕后，又跟我打了起来，他说他还想吃蛋糕。”

趣评：比尔因与约翰打架而得到了一块蛋糕，比尔想当然地以为打架是获得蛋糕的原因，为了继续获得蛋糕，比尔自然会再次与约翰打架。奖励标准往往是一个人做出行为选择的重要参考标准，管理者应该表扬和奖励自己期望的行为，而不是那些不应支持的行为。

“管理者应该表扬和奖励自己期望的行为，而不是那些不应支持的行为”，这个建议看似没有一点借鉴价值，因为管理者怎么会表扬自己不支持的行为呢？但事实上，管理实践确实常常如此。比如，某些员工下班时走得比较晚，管理者看到后，便认为晚下班的员工比按时下班的员工更努力，他们对工作更积极，因此常常在私下和公开场合表扬晚下班的员工。但事实上，有的晚下班的员工只不过是在下班后与朋友聊天，所做的事情与工作没有一点关系。管理者对晚下班的行为进行表扬，只会降低那些高效率员工的积极性，不经意地促使了怠工行为的发生。还有，管理者总是强调团队精神，但往往又只奖励团队中的某个个人，管理者本来是期望团队紧密合作的，但是他的奖励行为只会助长团队的个人主义。

管理者所奖励的行为，往往是员工工作时的参考标准。因此，管理者应建立正确的标准，即符合企业、组织根本利益的价值标准，然而只有通过奖惩手段的具体实施，才能明确告诉员工组织所期望的行为到底是什么。管理者要求员工做出自己所期望的行为，仅仅停留在希望和要求上，取得的效果会很有限，只有对这种行为做出真真切切的奖励，才会促使员工为了奖励而努力。在奖励的牵动下达到管理者期望的水准。

管理者在奖励员工时，可以参考如下八个标准：

奖励彻底地解决问题，而不是仅仅采取了应急措施；

奖励实用的创造，而不是人云亦云的盲从；

奖励决定性的行动，而不是无用的分析；

奖励出色的工作，而不是忙忙碌碌的工作；

奖励高质量的工作，而不是快速仓促的工作；

奖励冒险，而不是躲避风险；

奖励团队成绩，而不是个人的出色工作；

奖励有效的工作，而不是长时间的工作。

奖励——“横山法则”：激励员工自发地工作

吉姆刚刚开始读高中，第一学期的成绩非常糟糕，他的爸爸便鼓励他说：“如果下学期你能够每科成绩都得A，我便奖励你一辆小汽车。”

第二学期结束了，吉姆的成绩竟然比上学期还差，爸爸不满地说：“你这学期都干什么去了？”

吉姆低着头说：“我一直在练习开小汽车。”

趣评：吉姆的爸爸本想运用汽车奖励激发吉姆努力学习，但由于对汽车的偏好远远大于功课，这一奖励行为反而促使吉姆对开汽车自发地投入了更多的精力。吉姆的行为说明：自发的往往是最有效的。

在管理领域，很多的管理理论都强调用“约束”和“压制”的手段驯服员工，使员工在忍受胁迫的情势下努力工作，其实，这种管理手法常常适得其反。如果管理者没有激发出员工的积极性，管制越多，管理成本也越高。日本社会学家横山宁夫提出了一个“横山法则”，他认为：“自发的才是最有效的，管理者应激励员工自发地工作。”卓越的管理者总是深谙自发的重要性，在平日的工作中尊重员工的物质和精神需求，通过把“需要”和“激励”结合起来使员工自发地工作，把工作从消极地承受变为主动地参与。

激发员工自主性的基本准则就是充分考虑员工的利益，当员工遇到困难时，管理者能够设身处地为他们解决问题，并且注重为员工进行职业规划，按照员工的能力层次为其提供富有挑战性的发展机会；同时，管理者还会争取把工作变得有趣，尽量在组织中营造快乐的工作氛围，使员工对组织产生情感依赖。当管理者做到这些时，管理者即使不再对员工进行管理和约束，员工也能实现有效的自我控制，此时员工与公司是和谐的统一体，个人与组织不再是对立的两端。

“做软件，到微软”是很多微软中国研究开发中心的工作人员经常会讲的一句话，几乎每一个意欲投身软件行业的人都梦寐以求想要到微软去实现自己的梦想。因为，除了最高端、最前沿的技术外，微软还为员工提供了最大的实现自己创意的空间，使员工的自我发展和自我实现的职业愿景得到最完美的实现。

“充分发挥人的主动性”是微软公司企业文化最重要的特点，身为微软的员工，他们总会有很强的责任感，因为他们被充分赋予完成工作的权力和自由。用一句话来说，微软的工作方式就是“给你一个抽象的任务，要你具体地完成”。毛永刚是微软中国研发中心的桌面应用部经理，他1997年刚刚加入微软时，主要负责开发Word程序，当时他唯一的资源便是一份大概的资料，没有人告诉你到底怎么去做。毛永刚特意请示了美国总部的意见，但对方的答复是：“一切靠你自己去做”。那时候，毛永刚才真正明白了微软公司企业文化的精髓：微软充分让员工发挥主动性，你只需要设计出最满意的产品。

微软公司还远离特权，即使公司的创办人比尔·盖茨也是在公司创办多年后才有了自己的一个专用停车位，以前盖茨来晚了，总要四处去找停车位。在这种公平和富有挑战性的工作氛围的熏染下，微软员工每天总是兴致勃勃地开展工作，他们对工作所持有的热情几乎不需要什么外在的约束。

捐款——避免批评的“超限效应”

马克·吐温是美国著名幽默作家，一天在教堂听牧师的演讲，刚开始的时候，他认为牧师讲得很好、很感动，并准备在演讲后捐款。然而过了10分钟，牧师依然在演讲，马克·吐温有些不耐烦了，决定只捐一些零钱。又过了10分钟，牧师依然没有结束演讲，不耐烦的马克·吐温决定一分钱也不捐了。终于，牧师结束了冗长的演讲，开始募捐，马克·吐温由于气愤，不仅没有捐钱，还偷偷地从盘子里拿走了两元钱。

趣评：过犹不及，万事有度。一件事情在第一次发生的时候或许能收到良性反馈，但发生过多次后，不仅无法取得良性反馈，还可能招致逆反情绪。

当员工的工作表现与工作态度无法达到管理者要求的时候，很多的管理者往往会采取惩罚和批评的做法，甚至当着其他员工的面对不合意员工进行严厉批评，认为这样有助于减少员工犯错的频率。偶尔的批评和惩罚或许能使员工纠正自己的过往行为，为了避免下次的惩罚而采取谨慎的态度。但是，如果管理者屡屡对某一个下属实施批评与惩罚的话，批评与惩罚便难以产生正面的效用，在这个过程中，往往“超限效应”会作祟——所谓“超限效应”，就是由于刺激过多、过强和作用时间过久而引起的心理上的不耐烦乃至反抗的心理现象——犯错员工非但没有因为屡次的批评和惩罚而知错就改，反而对管理者乃至组织产生逆反心理，认为管理者故意针对自己，不论自己如何改良自己的行为，也不会符合管理者的心意。如果员工在自己的意识中，认为改良或不改良自己的工作方式与工作态度都会招致管理者的批评，便更不会积极改善，反而以变本加厉的方式做更加恶劣的事情，以此反抗管理者对自己的过度要求。

必要的惩罚确实有助于约束员工不利于实现工作绩效的行为，但惩罚也要讲究量和质，否则只会与管理者的初衷南辕北辙。美国前总统约翰·卡尔文·柯立芝提出了一个“肥皂水效应”，他主张把批评夹在赞美中，认为把对他人的批评夹裹在前后肯定的话语之中，能够减少批评的负面效应，使被批评者愉快地接受对自己的批评。他举了这样一个例子，柯立芝有一位漂亮的女秘书，她在工作中总是因粗心而出错。有一天早晨，柯立芝看见秘书走进办公室，便对她说：“今天你穿的这身衣服真好看，正适合你这样漂亮的小姐。”能够得到一位总统的表扬，女秘书受宠若惊，柯立芝接着又说：“但也不要骄傲，我相信你同样能把公文处理得像你一样漂亮。”从那天起，秘书在处理公文的时候便很少出错了。一位朋友很佩服柯立芝的批评之道，柯立芝对他说：“这很简单，你看见过理发师给人刮胡子吗？他首先要给人涂些肥皂水，就是为了刮起来使人不觉得痛。”

“人非圣贤，孰能无过。”员工由于能力与思维认识的局限，在工作中犯些错是不可避免的事情，管理者给予积极的指正，可以帮助员工及早改正错误，以更高效的方式完成任务。但管理者一定要避免批评的泛滥成灾，尽量不要一次又一次将严厉的批评倾倒给员工，而是要运用一些批评的技巧，把批评包裹在肯定的句子里，使员工真正明白批评并非目的，只是一种管理者希望员工积极进取的手段。

失业问题——运用“异性效应”激励员工

甲：如果把世界上所有的男人放在某一个岛上，所有的女人放在另一个岛上，就会解决失业问题。

乙：为什么？

甲：因为人人都忙着造船，没有一个人会空闲。

趣评：“窈窕淑女，君子好逑”，对于异性的追逐，使男女员工迸发出难得的内在驱动力。

曾几何时，航天员在进行宇宙飞行时，其中60.6%的人会产生“航天综合征”，如头痛、眩晕、失眠、烦躁、恶心、情绪低沉等，航天员尝试了很多的药物，但都无济于事。后来，美国著名医学博士哈里教授发现这是男女性别比例失调的原因，于是特别向美国宇航局提出了建议：在每次宇宙飞行的过程中，让一位美貌的女性陪伴在航天员左右。建议实施后，航天员的“航天综合征”不治而愈。

在人际关系中，异性接触会产生一种特殊的相互吸引力和激发力，并能从中体验到难以言传的感情追求，对人的活动和学习通常起到积极的影响。这种现象便是“异性效应”。美国医学博士正是发觉了“异性效应”的奇妙，对症下药，为航天员解决了精神不佳的症状。

在企业管理领域，心理学家发现，在一个只有男性或女性的工作环境里，即使办公条件很优越，员工也很容易疲劳，工作效率不高。由此可见，从员工男女搭配方面，管理者可以开辟出一条激励员工的新途径，比如，管理者在选择团队成员时，刻意使男女员工的人数保持适当的比例，一些员工则会产生“希望在异性面前表现更好”的心理，从而愿意更努力地获得职场的较好表现。

一般而言，“异性效应”的发生还需要具备两个前提条件：第一，异性人数的构成，不论哪一方，不能少于所需要的最低比例（20%）；第二，异性人数的年龄相差不能太大。

救生圈的妙用——“蓝柏格定理”：为员工制造必要的危机感

客户：贵厂生产的救生圈使我很快学会了游泳。

厂长：承蒙夸奖。

客户：不必谦虚，贵厂生产的救生圈一放到水里就撒气，我只好拼命地游啊游，结果很快就学会了游泳。

趣评：质量不佳的游泳圈既能使游泳者溺死水中，也能为其掌握游泳技术提供动力。

在广袤的非洲大草原上，每当太阳升起的时候，狮子便警示自己：“我一定要努力奔跑，争取追得上跑得最快的羚羊。”与此同时，羚羊也在告诉自己：“我一定要努力奔跑，争取跑得过速度最快的狮子。”狮子与羚羊的自我鞭策真实地演绎了达尔文的“优胜劣汰法则”，如果你想生存下去，便要超过自己的竞争对手。这一法则固然有些残酷，但从生物进化的角度来看，确实极大地促进了物种的改良。对于员工而言，如果管理者能向他们灌输这样一种意识——如果你没有努力，或者你努力的成绩不如其他的同事，你便不可能在公司长久安稳，终有一天，你可能会成为被裁员的对象——危机意识能激发出员工更大的斗志，使他们摆脱不思进取的心态，主动地学习新的职场知识，愿意接受更具挑战性的工作来证明自己对企业的价值。

“蓝柏格定理”的提出者是美国银行家路易斯·蓝柏格，他认为：为员工制造必要的危机感——危机感的存在有助于使员工战胜他们所面临的挑战，将自己的智力资本与劳动资本尽可能地转化为企业的生产力，这样才能为自己长久地栖身公司提供可靠保证。

1983年，麦德公司的员工在进入公司时都会看到一块重达680磅的巨石，对于摆放巨石的举动，行政总裁史蒂夫·梅森别有用意，他要求每一个员工都思考把巨石移开意味着什么。后来，史蒂夫·梅森将自己的心意明确地告诉了大家："我们为客户提供了有价值的产品或服务，使他们满意，就是把巨石挪开了。"巨石意味着公司在发展过程中所面临的挑战，如果挑战失败，企业便止步于发展的坦途，遭受一系列危机的影响，甚至成为商业世界的牺牲者。唇亡齿寒，公司垮了，公司的员工自然也会面临失业的命运，暂时失去了生存的保障。

企业在为员工灌输危机意识时，应该让员工知道危机来自外部的威胁，而非企业内部故意把压力强加给员工，使员工深刻明白：他们与公司同舟共济，企业与他们担负着同样的生存与发展危机，只有员工与企业共同奋斗，才能免于被竞争对手蚕食掉的危险。强调压力来自外部环境能降低员工对于危机的抵触与反感，真正使压力变为动力。

不过，管理者为员工施加的压力也要适度。管理学中有一个"耶克斯-多德森定律"，该定律认为，压力与业绩之间存在着一种倒U型关系，适度的压力水平能够使业绩达到顶峰状态，过小或过大的压力都会使工作效率降低。因此，企业在为员工制造危机感的时候，一定要本着适量适度的原则，如果管理者为员工定下的工作目标过高，压力非但不会变成动力，反而会成为导致员工焦虑不安的罪魁祸首，会极大地挫伤员工的自信心，使他们对组织分配的工作任务望而却步。

超车——用榜样人物激励员工

天气酷热难耐，约翰骑着一头骆驼在公路上慢悠悠地走着。这时，有一辆汽车从他们后面行驶过来，约翰从驼背上翻了下去，他冲着汽车招了招手，汽车在他的面前停下来，约翰说："我已经在沙漠里走了很久了，我简直热得要着火了，可不可以让我搭个便车，在车里吹吹冷气啊？"

开车的人是布林，他很友好地说："没问题啊，可是你的骆驼怎么办？那个庞然大物可塞不进我的后备厢。"

约翰说："没关系，它会跟在你的车子后面的。"

于是，约翰坐在车子里和布林一起上路了。

刚开始，布林以60公里每小时的速度前进，他从后视镜看到那只骆驼似乎很轻松地跟上了；接着，布林加大了马力，将时速加到了80公里，那只骆驼依然一副轻松的样子。布林准备挑战一下骆驼，他一口气飙升到了120公里每小时，不过他仍然有所顾念，便问约翰："你的那只骆驼真的没事吗？我看他都已经在吐舌头了！"

约翰紧张地问："它的舌头是吐向哪一边？"

"右边。"

约翰赶紧对布林说："赶快把车开向左边一点，它要超车了！"

趣评：如果榜样足够优秀，骆驼可能跑得比车快。榜样的力量是无穷的，当员工看到公司内某一个同事在晋升加薪时，自然容易"见贤思齐"，驱使自己付出更多的努力争取获得同样的成就。

一般在一些运作比较成熟的企业中，总会有一些随着企业的发展一起成长起来的老员工，他们经过努力而渐渐地在企业中累积了自己的发展优势，渐渐地从基层人员晋升为中层乃至高层职员，薪水也水涨船高，与初进公司时相比，各个方面都有了明显的提高。因此，他们在公司工作的过程，也是一部部鲜活的个人的晋升与发展史。这些老员工的经历对于企业的新员工具有很强的激励意义，因为他们曾经与新员工有着类似的职场背景，他们的发展历程容易使其他员工产生情感共鸣，为新员工的自我激励提供了最好的参考模本。榜样激励可以使员工产生“见贤思齐”的心理，管理者如能在企业中选取几个优秀员工为其他员工树立效仿的榜样，明确地告诉他们如果付出和他们一样的努力，也能在公司中受到同样的待遇，将会增强员工克服困难的意志，使他们明确地知道“何者不可为、何者可为”。在企业员工中树立榜样人物的正面影响有三种：

第一，对于榜样人物是一种激励。他们的成就得到了组织的认可，他们先前积累的职场优势将爆发出更大的能量，对企业的忠诚与日俱增。

第二，产生示范作用。榜样人物的思想与行为会成为其他员工言行的准绳，企业文化是一种无形的组织规范，榜样人物作为企业文化的体现者，把不容易感知的企业文化通过工作中的行为诠释出来，使员工加深对于企业文化的认知。

第三，增加企业的内聚力。榜样人物来自员工内部，员工之间的认同与敬佩易于使整个企业同心同德，形成强大的合力。

不过，管理者在公司内部树立榜样的时候一定要避免“光环化”，不要不加辨别地全盘认可榜样人物的所有行为，以致其他同事会去机械地模仿榜样人物，只是亦步亦趋地学到了榜样人物不被组织所提倡的那些行为。

沉默和独身——“杜嘉法则”：管理者自身成为激励员工的力量

F.C.斯坦顿，美国女改革家，女权运动的著名活动家。当一次女权运动的会议在罗切斯特召开时，一位已婚牧师指责斯坦顿夫人在公开场合发表演讲。他不满地说：“使徒保罗提议妇女保持沉默，您为什么要反对他呢？”

“保罗不也提议牧师应保持独身吗？那您为什么要反对他呢？我的牧师大人。”斯坦顿夫人挖苦道。

趣评：如果准备把自己的矛刺向他人的盾，首先要保证自己的盾不会被人刺破，否则被别人反戈一击后，只会无招架之力。

“杜嘉法则”的内容为：你的下属一看你的行动，便明白你对他们的要求。领导作为管理者，自我的能力素质和情绪修养如何，对于在下属中的影响力如何起着重要作用。如果领导者自身的言行无法使员工信服，将大大降低下属对于领导的信任度，下属难以对领导下达的指示做出承诺，自然无法产生工作的热情。试想：一个缺乏工作使命、在办公室处理私人事情、遇到困难就畏缩的领导者，又如何使员工全心全意地为组织效力？领导者总是喜欢强调激励员工，其实对于员工而言，优秀领导者本身就可以形成一种激励力量，他们作为卓越人物的化身，对员工产生一种潜移默化的影响，使员工不自觉地采取与领导者同样的行为取向。“杜嘉法则”是一个强调领导要以身作则的管理定律，它为好的领导者做出了如下诠释。

1.身先士卒，不令而行

下属多喜欢追随不畏艰险、勇于承担困难责任的领导，从某种程度上而言，领导是下属的信心之源，当面对挑战时，他们从领导的作为中寻求自我激励。

2.以身作则，成为员工的标杆

对于一般的人来说，榜样意味着支付更高的努力成本和精神成本，这便要求领导者去发展诸如勇气、诚实、随和、不自私自利、可靠等人格特征，领导者除了要坚持道义外，还要争取在工作方面的出色表现，能够比下属以更高的效率完成艰难的任务，开拓出新的方法执行工作任务，想下属之未想，做下属之未做，使下属真正地心服口服。

3.保持勇气和耐力

勇气意味着自我承担，证明领导者有信心和能力去应对任何后果，这是领导者对于自我能力信任的外显化，下属多会认为富有勇气的领导者具有较高的能力，可以为自己提供保障机制；保持耐力则意味着领导者必须具备把艰难任务坚持到最后的能力，它体现着领导者的韧性，这种性格特征往往能赢得下属由衷的敬佩

4.不要在下属面前流露出悲观的情绪

士气是否高涨对于一个组织的稳定极为重要，如果领导者对公司的前途悲观失望，或者长期陷入沮丧的状态，下属将会极大地怀疑目标实现的可能性，以致流露出更加悲观的情绪，从而降低付出的程度，因为他们无法从自己的努力中看出明媚的将来。情绪对于行为有驱动作用，如果领导者总是斗志昂扬、坚定不移地相信公司的愿景一定能实现，那么他的情绪所产生的感染力就能把下属们统一到领导的梦想中来。

让大家听见——赞赏员工应广而告之

毕业典礼上，校长宣布全年级第一名的同学上台领奖，可是连续叫了好几声之后，那位学生才慢慢地走上台。

老师问那位学生："怎么了？是不是生病了？还是没听清楚？"

学生答："不是的，我是怕其他同学没听清楚。"

趣评：荣誉是证明个人价值的勋章，但很多人为荣誉而战，一部分原因是为了让他人知道自己有多么了不起。

心理学家威廉·詹姆斯曾经说过："人性最深层的需要就是渴望得到别人的赞赏。"在心理层面，很多人都渴望得到社会的认同，只有获得认同才能在社会群体中建立自己的影响力，体现自我的价值。赞赏是高层次的社会认同，突显着被赞赏者与群体成员中相比的相对优势。员工身处企业组织中，他想通过努力获得来自领导和组织的认可，也多是希望能在同事之中树立自信，能让大家认为自己很重要。然而，有的管理者表扬员工时，只是把员工单独叫到办公室，在只有两人的空间里表达自己对于员工的认可与肯定，或者在一些非正式场合，如楼梯间、员工餐厅等地方，管理者偶遇某一个员工时，突然想起员工的近期表现非常出色，于是便对员工说公司对他的工作很满意，将会给他分配更重要的工作。这种赞赏方式虽然能使员工获得心理满足，激励员工向着更高的目标努力，但是激励的程度并不够。因为除了管理者外，员工也很在乎其他同事对自己的看法，由于来自管理者和组织的赞赏具有权威性和公允性，当其他同事获知关于某个员工的赞赏信息后，有助于提高某个员工在同事中的被认可度和地位。

因此，对于某一个确实值得表扬的员工，管理者应该选在正式场合当众表扬他，这种广而告之的赞赏方式，能使激励效果倍增，同时，受表扬的同事为了维护乃至提升在同事心目中的位置，会付出更多的努力用于绩效的提升。

只给20分钟——“坎特法则”：尊重员工是回报率最高的投资

1910年，作为威廉·塔夫脱总统的特使，西奥多·罗斯福应约参加英国国王爱德华七世的葬礼，此时，罗斯福已下野，不再担任总统一职。葬礼结束后，罗斯福被安排与德国皇帝会晤，德国皇帝傲慢地说：“两点钟到我这里来，我只能给你45分钟时间。”

罗斯福回答说：“我会两点钟到的，但很抱歉，陛下，我只能给你20分钟。”

趣评：尊重行为的发生遵照互惠定律——敬人者，人恒敬之；不敬人者，人恒厌之。

管理者作为职场权力的拥有者，操纵着员工的去留、薪水的涨落乃至晋升的有无，因此，也容易表现出封建专制主义下某些暴君的特征：对员工任意辱骂，不允许员工有辩解的机会，随意指使员工。然而，古语有云：“得人者兴，失人者崩。”委身于一个不懂得尊重员工的管理者，即使下属在外在的胁迫下能表现出努力的样子，也很难真正地使他们全心全意工作。

哈佛商学院的罗莎贝斯·莫斯·坎特教授提出了“坎特法则”，他认为："尊重员工是人性化管理的必然要求，是回报率最高的感情投资。"员工总是乐于为自己所喜欢、所敬佩的人工作，他们真正愿意听命于某一位领导，并不完全慑于领导所拥有的职场权力，更深层次的原因是：这位领导具备较强的人格魅力，不论在专业素养还是道德情怀方面，都能够使下属由衷地折服，他们懂得如何尊重和关心自己的属下，如何真正从人性的角度对下属的生活和情感给予关怀。

所谓尊重员工，首要的就是要相信他们能做好自己职责范围内的工作规划和进度，能够自主地完成自己的工作。管理者应该为下属提供一个私人的空间，在员工完成工作的过程中，下属自由发挥着自己的想法，实践自己的努力，管理者不会时时监督其左右。因为过度监督会产生掣肘的后果，尤其对于自制力较强、渴望成功的员工，过度监督极易激起他们的抵触情绪。管理者应该相信，他们有自我管理的意识和能力，只需在必要的时候提供一定的指导和帮助。

其次，管理者还应该改变高度集权的工作方式，不应该将大小事务的决策权都集于一手，要求员工事事请示的管理方式会打击员工工作的积极性，长此以往，员工则成了没有激情的提线木偶，具有较高职场追求的员工则会另投明主，导致人才出走企业。而且，管理者也不应该总是把敬业精神和员工忠诚度挂在嘴边，管理者反复地强调员工的忠诚，只会适得其反，让员工们产生逆反心理，增加他们对于工作乃至管理者的反感。

最后，管理者往往会不自觉地表现出颐指气使的架势，显现出高人一等的地位，以这种架势出现在员工面前，往往使尊重失去了真诚的前提，不论管理者在这种架势中如何表现自己的平易近人，也会使下属感觉管理者不过是在欲盖弥彰地显示自己的绝对权势。一个管理者在下属心目中究竟地位如何，不在于管理者表现出多么不可一世的样子，而是他们在能够"不可一世"的时候，仍然知道如何"纡尊降贵"。

威士忌——激励大忌：一种激励手段适用所有的员工

一天晚上，丈夫与同事们一起吃饭，很晚才回来。他回家后，将席间的见闻说给太太："今天我们公司的经理请一部分职员吃饭，大家都开怀畅饮。席间，经理拿出三瓶威士忌，对大家说，'在座的诸位，你们谁一生中从没有背叛过自己的妻子，这三瓶酒就归他所有'，结果没有一个人举手，你说奇怪吗？"

妻子显然生气了："那你为什么不举手？你是不是做出过对不起我的事情？"

丈夫赶紧解释："宝贝，我怎么会背叛你呢？你是知道的，我向来只喜欢喝啤酒，一点都不喜欢威士忌。"

趣评：管理者如果想激发员工的积极性，便要将员工与激励手段合适匹配，将同一种鱼饵投进大海，肯定不能钓上所有的鱼类。

虽然人的本性大致是类似的，但是由于员工生活环境不同、成长背景各不相同、情感需求也不完全等同划一，因此，不同的激励手段对于他们所起的效用迥然有异。比如，薪资的增加对于大部分基层工作人员，或许能发挥出较强的激励作用，但是一些重视个人发展与成就、在意和谐组织文化的员工便不容易受到金钱的驱使，他们更希望公司能给自己提供晋升的空间，所做的工作能得到上级的肯定与赞赏，公司的培训计划是确实有效的，这些期望的满足能对他们发挥一定的激励作用。还有一些员工在乎公司的办公环境和人际关系，和谐的工作环境是他们对于公司的主要期望。因此，管理者在调动员工的积极性方面，便不要奢望借助一种方式就使组织成为一个高效的机构，而是要兼顾到员工的需求差异，因人而异地采取多种激励手段。

关于针对某一个员工到底该选取哪种激励手法的问题，管理者除了在平时的工作中留心观察外，还应该与每一个员工进行积极的沟通，了解员工的生活环境、对组织的期望，以及为他们为自己所设定的在组织中的发展之路，只有确实知道每一个员工的热情点，管理者才会知道该如何激励自己的员工，在员工的需求与组织所拥有的资源之间找到一个契合点。

警察的作用——站在员工的立场上

美国联邦调查局的电话铃响了。

“你好，是联邦调查局吗？”

“是的，有什么事吗？”警方问。

“我打电话举报邻居汤姆。他把大麻藏在自家的木柴中。”告发者说。

“我们会调查的。”联邦调查局特工说。

第二天，联邦调查局人员去了汤姆家。他们搜查了放木柴的棚子，劈开了每一块木柴，然而并没有发现大麻，他们狠狠地把汤姆骂了一顿后走了。

警察刚刚走后，汤姆家的电话响了。

“喂，汤姆！联邦调查局的人帮你劈柴了吗？”

“劈了。”汤姆答道。

“好，现在该你打电话了。我家的花园要翻土。”

趣评：不得不佩服两个邻居的高智商，虽然谋算的是自己的私利，却从警察工作职责的角度出发，使美国警察不经意地掉进了他们的陷阱。管理者

在激励员工工作时，如果能站在员工的角度阐述工作目标和完成工作对于员工的意义，不仅减少了组织目标与个人目标的对立，还会使员工在工作时情愿得多。

企业的根本使命在于赚取源源不断的利润，然后走上规模化发展之路。为了实现这个使命，企业将组织发展所需要的人才招聘到公司内部，集合他们的力量去实现公司的愿景。虽然，从表面上看，统摄在共同的组织规范下，员工与企业有着共同的目标，但是从员工心理的角度解读，公司目标与员工个人的目标并不等同，甚至有时候两者之间发生背离与冲突。比如，企业为了获得更多的竞争优势，一段时间致力于减少开支，减少了员工的福利，员工内心便会很抵触这项举措，因为他们追求更好的福利，意欲在组织实现个人利益的最大化。再比如，企业总是想招聘到优秀的人才加盟企业，对于企业的未来发展而言，这自然是好的策略，但是对于企业的既有员工而言，他们则往往不太欢迎那些优秀人物的加盟，因为这会对他们目前在公司的地位造成一定威胁。因此，管理者在激励下属时，把企业目标一揽子推销给下属，总是让下属对企业目标做出承诺，往往并不能使员工发自内心地为着企业目标的实现而努力，因为他们并没有感到自己是目标实现的受益者。如果管理者能从下属的角度出发，按照员工个人利益的逻辑去阐述公司的目标，也许更能使员工主动自发地努力工作。

企业与员工的关系本来就是一种互惠互利的合作，企业目标与员工个人的目标并不具有绝对的排斥性，两者往往是同一种利益的两种不同表达方式，因为企业与员工始终是一种唇齿相依的关系。因此，管理者在动员员工的时候，不要总用这样的言辞：“为了使公司年创利润多少”“我们要远远超越我们的竞争对手”“我们要力争把公司发展为行业第一”等，可以变化为“你们将会是最优秀公司的最优秀的员工”“你们即将达到的是年薪20万元的薪酬”“你们将会从这里成长为行业的精英”等，运用这种表达方式，管理者始终强调员工在企业目标实现后的受益，将员工的利益紧紧牵系在公司的发展前景上，由于员工能从公司的愿景中看到自己的获益，因而他们能自觉地认同公司目标，并且以为个人而奋斗的信念去争取企业目标的实现。

跳伞——挑战性的工作并不对所有员工产生激励效果

爱德华被征入伍，成了一名伞兵，但是他受不了飞机里的颠簸，总是感觉不习惯，于是上司便命令他跳伞。爱德华只好跳了下去，他总算安全着陆了。心有余悸的爱德华见到上司后说："请你记住，我已经跳过两次伞了。"

"爱德华，你明明只跳了一次！"

"不对！是两次，长官，第一次和最后一次！"

趣评：管理者希望通过委派挑战性的工作提高员工的知识技能，但是激将法产生正面效果的前提是：员工与管理者一样渴望自己的能力得到升华。

按照"麦克利兰成就理论"的观点，有的人对胜任和成功有着强烈需要，他们追求完美的工作表现，希望出色地完成任务。因此，管理者为他们委派具有挑战性的工作，便会激发出员工的最大斗志，因为这些工作在执行的过程中需要具备坚强的意志应对层出不穷的困难，工作目标的实现对整个组织绩效具有积极的正面影响，完成这样的工作任务往往会鞭策员工不断超越自我，达到为组织实现高绩效的目的。但是，用安排具有挑战性工作的方法激励员工的前提是：该员工是一个喜欢挑战性工作的人。如果员工只是把工作视为谋生的一种手段，希望有更多的时间享受工作外的世界，他们便不会喜欢高度复杂和挑战性的工作，他们更热衷于进行简单的、程序化的工作。据美国20世纪70年代进行的一项研究表明，基层员工中，确实渴望满足更高层次的需求和乐于接受挑战性的工作的比例大约为15%。因此，将一些高层次的大学教授和媒体工作者的工作态度投射到所有的员工群体，这一假设很难在企业管理中得到事实上的支持。

按照成功学对于人生意义的诠释，虽然每个人都应该一往无前地追求工作中的成功，从而使自己生命的价值得到最伟大的阐释，但是仍有一些人从工作之外寻求人生的意义，他们认为能够与朋友聚会聊天、进行自己喜欢的业余娱乐，这种业余活动带来的快乐远远大于因事业成功所获得的快乐。因此，管理者为他们委派具有挑战性的工作，不但不会发挥激励的效用，反而会使他们产生怨恨，他们认为是管理者利用高难度的工作绑架了自己业余的快乐，降低了生命的价值。所以，管理者首先要洞悉员工的价值观，知道对方的快乐之源，才能避免委派挑战性工作的负面效应。

合作——与员工分享利润

一位顾客兴奋地从宠物店走出来，对刚刚买到的鹦鹉爱不释手，因为这只鹦鹉既会背诵莎士比亚的《十四行诗》，又会模仿歌剧演员吟诵希腊的《荷马史诗》，而买这只鹦鹉只花了他600元。

然而，顾客把鹦鹉带回家后，鹦鹉的嘴里竟发不出一个音符来，顾客试了各种方法让鹦鹉说话，但是鹦鹉始终不能发出一个完整的音节。尝试三周后，鹦鹉始终不肯开口说话，顾客气冲冲地找到了店主，要求老板退货。店主说："你买它的时候，我们俩都看到它既会背诗，又会歌唱，可现在它什么都不会了，你让我把它收回我也很赔本啊！不过，出于良心，我可以返还你100元。"

顾客只能认倒霉了，他拿着100元钱丢下了鹦鹉。可是，就在他走出店门的瞬间，他听到鹦鹉对店主说：“别忘了，有250元归我。”

趣评：在这个商业诈骗中，店主与鹦鹉互为依托，两者共同分享利润，平均分配利润的合作契约使鹦鹉甘愿配合店主的诈骗方案，从而实现两者共赢。企业经营者或许可以从中可以获得一些启示，员工的努力程度与他们所分享到的企业利润成正比。

在企业生产关系中，企业提供资金、场地、支持性资源和企业未来发展的方向，员工提供体力劳动和智力活动。虽然企业作为资产的拥有者，他们往往显得更强势一些，他们对于员工拥有更大的选择空间，但是究其根本，企业与员工始终是一种合作共赢的关系，不论脱离了任何一方，企业的未来愿景都将成为空中楼阁，员工也会失去生存与发展的保障。既然是合作共赢的关系，员工为了企业能够获得利润而加班加点，当企业的销售收入大幅增加后，如果员工无法按比例分享这份利润，他们在与企业的合作中便倾向于表现出惰性，不愿意再像从前一样那么投入。

试想，一个工作团队经过连续三天日夜不分地加班后，终于为客户提供了满意的市场营销方案，并且这项合作使企业获得了高额的利润。但是当合约的事情尘埃落定后，企业经营者只是简单地对团队成员以慰问的口吻说了句“辛苦了”，没有对员工进行任何物质奖励，那么可想而知，当再遇到类似的工作挑战时，员工便不会像现在这样拼命。因为，虽然他们如此拼命，却享受不到任何好处，这种结果便背离了人的行为价值趋向，他们自然不愿为了别人的收成而肝脑涂地。

因此，企业经营者应该有论功行赏的意识，所制定的薪酬制度应该使员工的收入与贡献紧密挂钩，当公司业绩表现良好时，以分配红利的方式奖励员工。比如，一个工作团队长期进行的一个项目终于获得成功时，经营者应该对其进行一定的奖励，或者为其发放奖金，或者准予其额外的假期，即使物质奖励无法实现的话，也应该以聚餐的方式慰问员工。这至少说明，经营者看到了员工对企业的价值，工作团队前一段时间的工作得到了经营者的充分认可。从一定程度上，这也是员工从精神层面分享企业利润的一种方式。

不说话的鹦鹉——物质激励是必不可少的

一个年轻人性格内向，他决定买一只能说会道的鹦鹉陪他聊天。

宠物店的老板指着一只鹦鹉说："那只鹦鹉是我们店里最好的，它会说1000个词汇，会用50个常用短语，可以与人进行基本的聊天。"

年轻人对这只鹦鹉很满意，便把它买了下来。

第二天，年轻人来到了宠物店，向老板询问："那只鹦鹉到了家后一句话也不说，这是为什么？"

老板答道："这有点不正常，你买走的那只鹦鹉在我这里很喜欢玩玩具，要不你给它买几件喜欢的玩具放在笼子里。"年轻人从店里买走了几件玩具。

两天后，年轻人又找到了店老板："那只鹦鹉还是一句话不说啊，这到底是怎么回事？"老板说："我建议你给它买一个洗澡、戏水用的盆子，以前它只要在盆子里玩水，就变得特别活跃。"年轻人又买了一个鹦鹉专用的小水盆。

又过了两天，年轻人垂头丧气地对老板说："那只鹦鹉到现在还是不肯说一句话。"老板似乎也被难住了，他尝试着说："这只鹦鹉特别喜欢别人夸奖它，以前我总是摇晃这个铃铛来表示对它的赞美。"年轻人虽然觉得这很难以理解，但他还是买走了老板的铃铛。

一周后，年轻人再次向老板取经，因为鹦鹉始终没有说一个字，老板猜测说：“是不是它有点寂寞，缺个伴啊。”年轻人无奈地说：“我前几天就已经特意买了一只鹦鹉陪它了，它看都不看那只新来的鹦鹉。”老板叹了一口气，说：“这种问题我还是第一次遇到，难道是它的笼子不太合意，它住得厌烦了？”于是，年轻人提着一个新的华丽的鸟笼回到了家。

两天后，年轻人又返回了店里，手里拎着前几天买的笼子，可怜的鹦鹉躺在笼子里，显然已经死了。

“发生了什么事，它还是不肯开口说话？”老板看着死去的鹦鹉惊讶地问道。

“不，死之前它终于开口说话了。”

“它说了句什么话？”

“它说，”年轻人学着鹦鹉的腔调，“喂，难道宠物店不卖鸟食吗？”

趣评：“仓廪实而知礼节”，某些时候，虽然金钱激励不是最好的激励员工的手段，但是缺失金钱激励的激励便犹如海市蜃楼，不论管理者如何进行感情投资，也不过是“竹篮打水一场空”。

随着知识型员工逐渐成为企业发展最有价值的资源，企业激励员工的方式也呈百花齐放的状态，诸如成就激励、目标激励、感情投资等——企业寻找着更多更好的激励模式使员工为着企业的愿景而奋斗，激励方式渐渐地从物质领域过渡到精神的范围，但是这并不意味着企业可以取消物质激励，只凭对员工进行精神激励便可以虏获员工的心。

处于创业阶段的企业，由于资金储备有限，常常把缩减工资看作降低成本的有效手段，因此倾向于为员工制定低于行业平均水平的薪酬待遇，常常乐于为员工勾勒一个宏伟的企业愿景，以此鼓励员工忍受一时的捉襟见肘去换取志得意满的未来。可是，经济基础决定上层建筑，收入是员工的生存之本，起着保障和改善员工及其家人生活质量的作用，员工进行社会交际也需要物质作为基础。所以或许物质激励不一定是最有效的激励员工的手段，但缺少物质激励，只会大大挫伤员工的工作积极性，使他们的理想成为无本之木、无源之水，最终使员工不愿意全身心投入到工作中去。

管理者关注员工的精神需求，侧重于从感情和心理方面激励员工，固然在某种程度上能增加员工对组织的满意度，但是精神激励常常需要具备一定的前提：第一，是员工对于企业所支付的薪酬有较高的满意度，追求物质的满足已不再是他们最主要的工作目标；第二，员工对于工作成就的追求远胜过对物质的追求，即使对企业的薪酬待遇不甚满意，但他们由于追求高成就所获得的满足感能够补偿薪酬待遇方面的不甚满意。

第 8 辑

读笑话，谈制度建设

·制度管理中有一个“修路理论”，指的是，当一个人在同一地方出现同样的差错，或两个以上不同的人在同一地方出现同样的差错，肯定不是人的问题，而是这条路出了问题。因此，管理者的工作重心不是如何管人，而是如何“修路”，只有建立了合理的制度，制度才会发挥出引导与修正的作用，员工才不会屡屡成为制度的忤逆者。

·制度化管理以执行为前提，即使对于员工那些个别的、轻微的小错误，管理者也不能掉以轻心，只要行为触犯了公司的核心价值，管理者便应该根据制度的条例依法处理。如果管理者没有杜绝最初的小错误、小过失，最终导致违反制度的行为如“星星之火”，在企业中成“燎原之势”，为企业带来无法弥补的损失。

·制度的存在并不是为了执行惩处，而是约束与公司价值观相左的行为，将企业文化确确实实地内化为员工实际的行为。

到底谁差劲——“修路理论”：完善制度

杰克是一位医生，可是他从来没有成功医好过一位病人。一天，他的老婆对他说：“为什么你总是医不好你的病人呢？看来，你的医术很差劲啊！”

“不不，我的医术很高明，可是那些病人都太差劲了，所以治不好他们。”

“病人怎么会差劲呢？”

“我按照医书的疗法进行治疗，可是那些病人们却不按医书上写的症状生病。”

趣评：如果多个病人接受诊治后没有如期康复，问题便不在病人身上，而是医生的治疗方法出了差错。

乔治到一家大公司去联系业务，这家公司的办公楼在一幢装修豪华的写字楼里，大大的落地窗像透明的一样。乔治在进去的时候，猛地撞在了玻璃上，前台小姐看到这一幕，笑着说：“已经有好些人撞在这个玻璃上了，你们的眼睛都长哪儿了，这么大的玻璃都看不见。”乔治并不这么认为，他认为问题并不出在撞门的人身上，而是出在设计者上。如果很多的人在同一个地方出现问题，那说明问题的症结并不是人，而是这个地方确实存在缺陷。乔治向前台小姐讲述了自己的想法，建议在门上贴上一根横的标志线。果然，玻璃门贴上标志线后，很少有来访者再撞到门上了。

制度管理中有一个“修路理论”，指的是，当一个人在同一地方出现同样的差错，或两个以上不同的人在同一地方出现同样的差错，肯定不是人的问题，而是这条路出了问题。因此，管理者的工作重心不是如何管人，而是如何“修路”。只有建立了合理的制度，制度才会发挥出引导与修正的作用，员工才不会屡屡成为制度的忤逆者。

制度的建设是一个动态的、渐进的过程，随着组织内外环境的变化，原本的制度的一些内容有可能不再符合环境的要求，以致形成对员工的束缚。为此，管理者应根据员工需要与环境的发展变化，不断地调整组织的制度、章程，把制度建设中出现的“路障”逐渐清除。

车票打孔——“破窗效应”：及时矫正和补救正在发生的问题

在一辆火车上，查票员来了，威尔逊先生才发觉忘记带月票，他对查票员说：“我不是故意逃票的，你看，我这张诚实的脸就是车票了。”

“请你把脸伸过来吧，我的职责是在车票上打个孔。”

趣评：如果威尔逊先生第一次逃票的行为得到了查票员的通融，威尔逊很可能在以后乘车的过程中总是忘带月票，甚至导致其他乘客同样忘带月票，这种现象可以从“破窗效应”理论中得到合理的解释。

美国斯坦福大学心理学家菲利普·津巴多在1969年进行了一项实验，他把两辆一模一样的汽车停在了不同的两个社区，其中，一个社区是加州帕洛阿托的中产阶级区，另一个则是治安相对不太好的纽约布朗克斯区。停在布朗克斯的那辆，他特意摘掉了车牌，打开了顶棚，结果一天不到，汽车就被偷走了。而停在帕洛阿托的那一辆，一个星期后仍然完好如初。后来，津巴多用锤子把那辆车的玻璃敲了个大洞，结果仅仅过了几个小时，汽车就无踪无影了。根据这个实验的发现，政治学家威尔逊和犯罪学家凯琳提出了“破窗效应”理论，认为：如果有人打坏了一幢建筑物的窗户玻璃，而破损的窗户又得不到及时的维修，别人就可能受到某些暗示性的纵容去打烂更多的窗户。久而久之，这些破窗户就给人造成一种无序的感觉。结果在这种公众麻木不仁的氛围中，犯罪就会慢慢地滋生发展，难以遏制。

“破窗效应”其实是“千里之堤，溃于蚁穴”的另一种阐述。如果公司对第一个迟到的员工没有给予任何惩处，其他员工不想按规定时间上班的心理便得到了纵容，导致公司的考勤制度等同虚设，员工逐渐对迟到持理所当然的态度，结果便会有越来越多的员工不会在规定的时间坐在自己的工位上。长此以往，员工也会渐渐地对公司其他的管理制度熟视无睹，使管理者难以对员工行为进行纠错，彻底把组织推向了无序的境地。

制度化管理以执行为前提，即使对于员工那些个别的、轻微的小错误，管理者也不能掉以轻心，只要行为触犯了公司的核心价值，管理者便应该根据制度的条例依法处理。如果管理者没有杜绝最初的小错误、小过失，最终导致违反制度的行为如“星星之火”，在企业中成“燎原之势”，为企业带来无法弥补的损失。

在日本企业界，有一种叫作“红牌作战”的质量管理活动。日本企业中那些有油污、不清洁的设备都会被贴上具有警示意义的“红牌”，如果办公室和车间卫生欠佳，也会被贴上“红牌”，警示全体员工及时进行改善，以维护一个整洁有序的工作环境。这种活动经过推广后，确实对于保证企业的产品质量起到了非常重要的作用。

未被保险——“坠机理论”：依靠英雄不如信赖机制

一位年轻人神色紧张地站在路边栏杆旁，他一边擦着额头上的汗，一边盯着大街上的街角处。这时候，一辆老爷福特车驶向了马路的中央，车内的女人紧紧抓着方向盘，全神贯注地向前看。车行驶到年轻人身边的时候，年轻人拼命对她做手势，大声喊着：“左转！左转！”

他对身边的朋友说：“那是我太太在学驾车。”

朋友不解地问道：“你要是坐在车上不是教起来更容易吗？”

“也许，”年轻人回答道：“不过，她和那辆车已经上了保险，而我还没有。”

趣评：保险并不能避免事故的发生，但保险能够把事故发生后的损失减少到最低，也能促使被保人更有勇气尝试一项高风险活动。

假如关于比尔·盖茨遇害身亡的谣传是真的，庞大的微软帝国会怎样？运作如常，还是一片混乱？假如王石身处8844米的珠穆朗玛峰上时，没有找到那救命的半瓶氧气，不幸与雪山同眠，万科将会何去何从？

上述只是一种极端假设，探求管理者发生个人意外时对组织运行所造成的影响。如果一个领导者能力卓越，具有远见卓识，他作为核心人物在企业发展中发挥着举足轻重的作用，那么，一旦他突然“坠机身亡”，企业是否会像失控的飞机一样步了领导者后尘？领导人突遇险境后，企业如何才能在商海中一如既往地乘风破浪？管理界一直有一种“坠机理论”，对于这一“死亡定律”进行了反思，认为：企业需要在平日的经营治理中采取适当的措施，形成一套完整制度，避免因企业的领导者忽然“坠机”而导致企业“坠机”。

“坠机理论”强调企业各项管理制度的完善。只有将企业引向品牌化、制度化发展道路，建立现代企业制度，才能不使公司的前期基业毁于一旦，真正使公司发展为基业长青的百年名企。同时，为了保证制度的有效执行，领导者还应在组织内部建立起一个决策团队，他们与领导者持有相同的理念与价值观，当领导者暂时无法处理公司事务时，团队能够发挥决策职能，保证公司的正常运行。

非洲猎狮——制度化管理的柔性化

一个人到非洲去打猎，他特意向当地著名的老猎人请教，希望能掌握狩猎狮子的本领。老猎人慷慨授教，将猎狮秘诀详细地告诉了他：第一，要知道狮子在哪里出没，比如有草的地方，最好还有水；第二，要知道哪些地方狮子扎堆、数量多；第三，你要知道什么样的狮子不能打，比如，怀了孩子、带着孩子的母狮子不能打，狮子交配的时候不能打，狮子进食的时候不能打；第四，不要惹被逼到绝境的狮子，如此等等。

狩猎人对老猎人万分感谢，他想已得到了老人真传，狩猎狮子的时候一定能弹无虚发，猎回一头真正的狮子。在非洲森林待了三天后，狩猎人欢天喜地而归，高调宣称自己擒获了一只狮子。众人得知后，纷纷到他家观看他的战利品，他得意地把大家带到了关狮子的笼子旁，众人定睛一看：笼子之中是一头气质慵懒、性情温和的公狮子狗。

狩猎人指着笼子里的猎物说：“这是我在郊区公园树林中的一大群狮子当中抓回来的，简直是不费吹灰之力，早知道就不扛着那么重的猎枪了！”

趣评：狩猎人最悲惨的不是误把狮子狗当狮子，而是以为自己狩猎到的就是一只狮子。

制度化管理以制度为员工行事与奖惩的准则，把制度视为企业的法律，员工一旦成为企业的一员后，便将受到企业管理制度的约束，一切按照制度的规定来度量自己的行为，遵守公司管理制度是员工加入企业的默认条款。

制度化管理是企业实现法治的具体表现，此种管理方式以契约的方式来处理各项事务，员工确切地知道作为企业的一员哪些事情可为哪些事情不可为，不再通过察言观色和见风使舵来决定行为指向。这对于企业提高工作效率、吸引优秀人才加盟、防止企业内部腐败都是非常有利的。但是，如果一味地墨守制度，一切都奉行“制度为上”的原则，也容易偏离制度建立时的初衷。比如，制度制定的初衷本来是为了寻找与培养与企业文化高度契合的员工，但是过于僵化的制度限制，也会扼杀员工的积极性，在一定程度上，剥夺了知识型员工的生存空间。长此以往，反而会降低企业的创新性。

更妥帖的管理方式是在制度化管理和情感化管理之间找到平衡点。制度化管理常常会遭到某些员工的抵制，如果管理者能辅之以情感管理，通过情感化管理的方式降低制度化管理所带来的经营风险，便可以发挥出两者的各自优势，用情感的柔性弥补制度的硬性，使制度在不同的情境下都能发挥出积极的作用。

我是来办事的——“热炉法则”：规章制度面前人人平等

他办完事回来的时候，雨刷下多了一张罚单，而且在他原来的纸条上附加了一行批注：“我也是来办事的。”

趣评：理由再正当也不能抗衡制度，侵犯权威，触犯制度者必将受到相应的惩处。

“热炉法则”是由西方管理学家提出的惩罚原则，它的观点为：“有人在工作中违反了规章制度，就像去碰触一个烧红的火炉，一定要让他受到“烫”的处罚，即规章制度面前人人平等。”“热炉法则”强调如下四个惩处法则。

1.预警性原则

热炉通红，不用手去摸就知道炉子是热的，是会烫伤人的。公司的管理制度要明确地告诉每一个员工，使之有一个明确的行为取向。

2.必然性原则

每当有人触摸到热炉时，无论采取什么方式触摸，都肯定会被灼伤。公司内只要发生违反制度的行为，相应的惩罚就尾随而至。

3.即刻性原则

当有人碰到火炉时，立即就会被烫，对于任何人而言，没有一点时间缓冲的余地。公司的管理制度应适用于任何人，而且违反制度的行为与处罚之间间隔的时间不宜太长，否则，起不到好的惩戒、教育作用。

4.公平性原则

“热炉”没有任何“弹性”，无论什么人，无论何时何地，只要触摸了“热炉”，都会被灼伤。“王子犯法与庶民同罪”，在公司管理制度面前，人人平等，尤其是管理者对于自己倡导的制度更应该身体力行。

制度的存在并不是为了执行惩处，而是约束与公司价值观相左的行为，将企业文化确确实实地内化为员工实际的行为。海尔集团规定所有员工都必须靠右行，在离开座位时则需将椅子推进桌洞里，任何人违反这一规定都将被课以罚款。奥克斯集团明令规定开会时不允许有手机铃声，如果违反的话，铃声每响一次罚款50美元。

“热炉法则”强调违反制度所付出的代价，当员工为违反制度所支付的代价远远超过成本时，自会渐渐地减少挑战公司制度的行为，将遵守制度视为自觉的行动。

量过了才吃——制度的作用：引导

小明到动物园玩，他把花生丢给了一只猴子，可是他发现猴子每次都会先把花生塞进屁股后，再拿出来吃。小明对于猴子的特殊嗜好很纳闷，便请教旁边的管理员："为什么这只猴子喜欢这样吃花生？"

管理员说："去年有人丢给了它一个大桃子，它为了把桃核排泄出来，吃了不少的苦头。后来这只猴子学聪明了，每次吃前一定要先把食物量过了才吃。"

趣评：猴子未曾度量桃核的大小便吞咽下去，结果受到了难以将其排出体外的惩罚，于是猴子纠正了自己的进餐习惯。制度的作用与此相同：通过实施惩罚手段，对违反制度的员工进行引导，使其今后的行为符合组织的要求。

制度作为要求员工共同遵守的办事规程或行为准则，往往涉及一些惩罚条款，当员工的言行违背制度时，组织便对员工施加一定的惩罚。不过，惩罚并不是订立制度的目的，制度的最终的作用是纠正员工与公司文化不相符合的行为，使其言行举止符合公司文化的规范。

联想集团内部规定："凡开会迟到者都要罚站"。即使公司的创始人与最高领导柳传志也要严格遵守，他曾经被罚站过三次。他向媒体描述过自己的罚站经历：有一次我被关在电梯里边，罚站的时候很严肃也很尴尬，因为这不是随便站着就能敷衍了事的。柳传志还自陈：“在20个人开会的时候，迟到的人进来以后会议要停一下，默默看他一分钟，有点儿像默哀，真是挺难受的一件事情，尤其是在大会场，会采用通报的方式。第一个罚站的人是我的一个老领导，他罚站时，他站了一身汗，我坐了一身汗。后来我跟他说：‘今天晚上我到你们家去，给你站一分钟’。”

联想的罚站制度对于所有的管理人员和员工一视同仁，虽然被罚站过的员工不计其数，但是很多员工被罚站后，都大大减少了开会迟到的频率，同时，公司全体员工渐渐地对如下的公司管理理念有了共识：违反了公司制度便要受到相应的惩罚。

亚当·斯密曾在《国富论》中述及制度：“在人类社会的大棋盘上，每个个体都有其自身的行动规律，但和立法者试图施加的规则不是一回事。如果它们能够相互一致，按同一方向作用，人类社会的博弈就会如行云流水，结局圆满。但如果两者相互抵牾，那博弈的结果将苦不堪言，社会在任何时候都会陷入高度的混乱之中。”制度具有调整的作用，促使个人行为与组织行为高度统一，维护着组织的运行秩序。因此，管理者在制定制度和根据制度施加处罚时，都应该想想既定的制度与实施的惩罚是否发挥了引导作用，而不是把其当作了施展权力的工具。

耶稣对一个小孩的启发——制度的威慑性

十岁的汤姆被五年级的数学题难住了，他认为数学简直是他一生中最难的功课，他父母尝试了请家教、让同学陪读、购买CD教学片等手段，但都没有使汤姆弄懂数学题。无奈之下，汤姆的父母把孩子转进了一所私立小学——不是普通的私立小学，而是一所天主教学校。

开学的第一天，汤姆好奇地打量着新学校的每一个地方。从学校回来后，汤姆径自回到了自己的房间，两个小时后，他只是出来吃了点饭，然后又回到了房间继续做功课。

汤姆每天都是如此，一放学就进入房间学习功课，直到学校第一次发放成绩单。

发放成绩单这天，汤姆走进了家门，他把成绩单放在餐桌上，又径自回房去做功课。汤姆的父亲打开了成绩单，成绩单上的内容让父亲大为惊奇，因为汤姆的数学成绩竟然是A。

父亲高兴地走进了儿子的房间，他对汤姆的进步既激动又好奇，他很想知道为什么儿子会取得这么大的进步。

“是那些修女使你学会了数学吗？”父亲问道。

“不是。”

“那是课前的祷告吗？”

“不是。”

“是教科书、老师还是课程安排？”父亲追问。

“都不是。”

“那么，究竟是什么原因使你学会了数学呢？”

“我进那所学校的第一天，我看见一个人被钉在了‘加号’上面，我知道他们是玩真的。”汤姆一板一眼地说道。

趣评：受难的耶稣使汤姆产生了“不学好数学便遭严惩”的联想，严惩的后果促使汤姆克服重重困难去学好数学，因为他惧怕付出接受惩处的代价。所谓“慈不掌兵”，员工只有明确行为与后果的因果关联，知道按照制度的规定，自己将会成为不良行为的买单者，才会减少逾越制度的行为。否则，制度等同虚设。

春秋时期，孙武拜见吴王阖闾，两人谈论起带兵打仗之道，孙武讲得头头是道，吴王对于孙武的军事谋略暗暗钦佩，但他仍想这小子会不会只是纸上谈兵，不知他实际操练的本事如何。于是，吴王便让孙武训练后宫的妃嫔和宫女。孙武选取了一百个宫女，让吴王的两个宠姬担任队长。在练兵之前，孙武把列队习练的规则讲得清清楚楚，但是由于宫女们从来没有见过这样的阵势，她们笑做一团，对于孙武的命令充耳不闻。孙武不得不再次明确了法纪，并特别要求两个队长要以身作则，但是习练的情况依然没有得到改善，后宫兵团根本不理会孙武的指令，两个队长更是笑得花枝乱颤。孙武严厉地说："这里是演武场，不是王宫。你们现在是军人，不是宫女。我的口令就是军令，不是玩笑。你们不按口令操练，两个队长带头不听指挥，这就是公然违反军法，理当斩首！"说罢，孙武便要武士把两个宠姬拿下，按照杀头的处分执行。宠姬被斩首后，所有的妃嫔宫女都唯命是从，再也不敢违抗孙武的命令了。

"令出必行"虽然看似残酷，有时候会让执行者看起来不近情意，但是一个"好好先生"又如何能带领出一支执行力强的团队呢？孙武对两位队长严格惩处，以此让其他的宫女知道违犯命令的下场，惩处所产生的威慑心理使宫女们再也不敢任意妄为了。

公司的制度章程明确规定员工可以做什么、不可以做什么，如果管理者对于违反制度的员工网开一面，没有按照制度的处罚条例进行惩处，制度也便失去了约束行为的作用。触犯制度的员工躲过了惩处，没有为自己的行为支付过代价，自然很难避免触犯制度行为的再次发生。对于没有违反制度的员工而言，他们看到自己的同事违反制度后却安然无事，便会对自己遵守制度的行为感到不公平，寻求公平的心理会使他们不愿意再严格地遵守制度，他们也要享受逾越制度的权益。这样的话，制度便名存实亡，空有几个条文却没有在管理实践中起到积极的作用，相应的，管理者的权威也大打折扣，高效执行的团队的建立也失去了前提和保障。

维护制度的威慑性，对于违反制度的员工实施一定的惩处，目的并不在于惩处，而是强调员工要高效地执行，否则，就要支付接受惩处的代价。要使制度作为悬在员工头顶的“达摩克利斯之剑”，减少甚至杜绝员工忤逆制度的行为的发生。

喝酒——弃“人治”取“法治”

三个年轻人走进了一家酒吧，服务员要求他们出示身份证，因为当地法律规定不得向未成年人出售酒品。

其中的两人拿出了身份证，另外一个在口袋里摸索半天后，只是掏出了一张图书馆的借阅证，希望服务员能通融一下。

服务员转过身去，对吧台的工作人员说：“两瓶啤酒，外加一本连环画。”

趣评：在酒吧，用“法治”取代“人治”，可以使酒吧经营者免除因违背售酒法律而受到的惩处。在企业内部，弃“人治”取“法治”，即使领导者意志无法顾及有些领域，也不会使企业运行出现管理纰漏，以致妨碍企业的正常运行。

企业初创时，一般内部层次结构简单，人员较少，业务流程也不那么复杂，因此处于初创时期的企业往往实行“人治”，领导者的意志便是企业的法律，所有的事情都由领导者主观说了算。但是随着企业规模的扩大和业务的发展，领导者便分身乏术，难以兼顾到企业运行的方方面面。此时，领导者便需要根据企业的业务状况制定科学的管理制度和业务流程，规范员工的行为，明确职责，有效监督，形成一种决策科学化、流程标准化、考核系统化的管理模式，即“法治”。

有的领导者认为，所谓的“法治”就是在企业内部颁布一些规章制度，因此常常制定一些规章制度让员工执行。其实这种随机性发布文件的形式并不是真正的“法治”，因为它并没有使企业内部运作真正实现规范化，只不过是“今日的问题今日解决”的短视行为。此外，很多企业即使确立了管理规章制度，但是领导者的命令往往凌驾于制度之上，对制度规定的条款进行主观修改和解释，制度并不具有真正的权威。究其本质，这种管理方式不过是人治的变形，并没有真正使企业过渡到法治阶段。

“人治”的管理方式不仅导致企业资源得不到优化配置，还使企业出现职能不清、执行力差、业务流程不畅和效率低下等问题。因此，“法治”是企业发展壮大的必然选择，只有通过法治建立高效的业务流程、科学的决策机制，才能有助于企业以较高的管理水平应对激烈的市场竞争。

在企业实施“法治”是一个渐近的过程，企业实现管理规范化、业务系统化、规章制度体系化并不是一蹴而就的，需要以业务流程的重组、优化和固化为前提，即把企业随意性的业务模式确定并延续下来，然后根据确定和固化的成果制定规章制度，据此所建立的“法治”体系才是真正有效的。

深夜推车——“路径依赖”原理：制度的惯性

由于受到经济危机影响，几个德裔犹太人（犹太人中法律观念最强的就是德裔犹太人）的家产瞬间变成泡沫，他们居无定所，只好把一个报废的火车车厢当作临时住所。

一天晚上，这几个德裔犹太人在寒风中颤抖地推着车厢，一个德国人看到这一幕，不解地问：“你们为什么要推车厢呢？”

“因为有人要上厕所，”冻得瑟瑟发抖的犹太人说：“车厢里写着‘停车时禁止使用厕所’，所以我们只好不停地推动车厢。”

趣评：制度虽然最初是外在的强加的约束，但经过时间的积累，制度便渐渐成为内化的约束，促使人们不自觉地维护制度，哪怕此时不具备应用制度的前提条件。

道格拉斯·诺思是美国的经济学家，是第一个提出制度的“路径依赖”理论的学者，由于用“路径依赖”理论成功地诠释了经济制度的演进规律，他获得了1993年的“诺贝尔经济学奖”。

诺思认为，路径依赖类似于物理学中的“惯性”，一旦进入某一路径（无论是“好”的还是“坏”的）就可能对这种路径产生依赖。某一路径的既定方向会在以后的发展中得到自我强化，人们过去做出的选择往往决定了他们现在及未来可能的选择。在企业的制度和文化层面，好的路径会对企业起到正反馈的作用，通过惯性和冲力，产生“飞轮效应”，企业发展渐渐地进入良性循环；不好的路径会对企业起到负反馈的作用，就如同厄运循环，企业可能长期处于某种无效率状态下，由于无法及时地解决而最终导致企业发展停止。

关于“路径依赖”有一个有名的实验——

实验人员将5只猴子放在一只笼子里，笼子的中间吊着一串香蕉，当猴子伸手去拿香蕉时，便会有高压水浇在所有猴子的身上，直到所有的猴子再也不敢去拿香蕉。

一段时间后，实验人员用一只新猴子替换出笼子里的一只猴子，新猴子兴奋地伸手去拿香蕉，其他的四只老猴子担心受到惩罚，便把新来的猴子暴打一顿，直到新猴子服从不得拿香蕉的规矩。

实验人员继续逐个用新猴子替换曾经受到高压水惩罚的老猴子，最后笼子里的猴子都是不曾受过高压水惩戒的猴子，但是他们谁也不敢去碰香蕉。

虽然后来高压水不再对猴子实施惩戒，但新来的猴子却始终固守着不许拿香蕉的制度，这就是“路径依赖”的自我强化效应。

企业的文化和制度也遵从“路径依赖”原理，一旦它们在员工群体中产生了深入人心的力量，他们便会在往后的工作中维护和强化这种约束，直至企业所有的员工都奉行同样的准则。“路径依赖”原理对管理者的启示有两点：第一，在订立制度初始，尽量确保制度的无懈可击；第二，当制度发挥效用的前提条件不成立时，也就是环境的变化使制度成为企业发展的阻碍时，管理者一定不要抱残守缺，而要对制度做出有针对性的修改。

驾驶员和猪——谨防号令不明

在高速公路上，警察拦下了一辆小货车，因为他发现驾驶员的旁边坐着一只猪。

“你怎么能让猪坐在副驾驶的位置上呢？”警察惊诧地问。

“难道不可以吗？”驾驶员困惑地问道。

“当然不可以，你这样做，是要罚款的！”

“请你通融一下吧，我真的不知道有这样的规定。”驾驶员以近似于哀求的语气说道。

“你要去哪里？”警察话锋一转。

“上海。”

“好吧，这次我不罚你，不过你到了上海以后，必须马上把这只猪带到动物园去。”

“是，警察。你放心吧！”司机对于警察的要求连声答应。

两周后，这位警察再次在高速公路上拦下了那个司机，因为仍有一只猪坐在他的旁边。

“两周前，我不是告诉你到了上海之后把这只猪带到动物园吗？”警察生气地责问。

“是啊，我确实把它带到动物园了，我们玩得很开心，所以我这次准备带它去苏州园林。”

趣评：角色与职责的不同使驾驶员对警察的指令产生了错误的理解，导致驾驶员的行为结果与警察的命令要求背道而驰。如果警察的表述更清晰一些，或许驾驶员的那只猪便不会与警察再次相逢。

管理者作为制度的主要执行者，通过发布命令对员工实行奖惩。但是，有的管理者在发布命令时，由于交代不清，常常使员工产生误解，以致员工对制度履行的结果与管理者的初衷严重不符。比如，员工A在与合作公司进行谈判合作时，由于遗忘了最重要的合同文件，结果被竞争公司捷足先登，公司前期所做的努力完全前功尽弃。针对员工A在工作中的失误，管理者对员工说：“看来你根本不具备担任领导这个项目小组的能力，为了保留面子，你明天到我的办公室自己告诉我怎么善后。”第二天，员工A到了管理者的办公室：“在我去见合作公司之前，小D忘了把合同交给我，他确实有重要失职行为，但小D刚刚毕业不久，开除他有些伤他的自尊心，不如扣除他这个月的奖金吧！”管理者本来是希望员工A能负荆请罪，结果他歪曲了管理者的本意，反而把罪责推到小D身上，完全忘了自己身为项目小组主管的责任和义务。

管理者有时候责怪员工蔑视自己的权威，没有安全按照自己指令的内容去做事情，其实有时候问题并不在于员工的故意违背，而是员工歪曲理解了管理者的号令，结果导致行为与号令的背离。管理者从自身的思维逻辑出发，认为以间接的方式阐述自己的命令，既能保全员工的面子，也会增加员工的自我悟性。但是管理者与员工对制度的理解常常不处于同一个层次，员工看待问题的视野往往异于管理者，他们有时候并不能完全领悟管理者话语背后的内涵，就像在一片浓雾中茫然找寻管理者言语的真正意义，存在诸多干扰因素，不能领悟领导指令的内涵。

号令严明，既能维护制度的权威性，也会节省执行制度的时间成本。因此，管理者所下达的命令应该清晰、易懂，这样员工才会准确无误地去执行指示，提高工作的效率。

不划算——制度要规避人性的弱点

汤姆带着一个大包袱上了电车。

“你的票3分，行李6分。”售票员说。

汤姆打开了包袱，说：“约翰，出来吧，把你当‘包袱’更不划算。”

趣评：制度是维护组织秩序、保证实现组织利益的有效工具，制度只有规避人性的弱点，才不会使人性的弱点找到可乘之机。

某个殖民帝国曾经把流放的犯人运往某个岛屿，将押送犯人的任务交给了一些私人船主。最初，政府按照上船时的犯人人数付给船主费用。很多船主们为了牟取暴利，总是争取一次运送尽可能多的犯人，在运送途中克扣犯人的食物，甚至虐待犯人，导致运送途中犯人的死亡率最高时可达94%。

对于这种不人道的做法，该国政府及时改变了付费规则，他们放弃了以前的方式，按照活着到达岛屿的人数付费。结果，船主都变得“仁慈”起来，为了保证尽可能多的犯人活着到达目的地，他们悉心照料犯人，为犯人提供足够多的食物，而且，很多的船主还聘请随船的医生，使犯人的死亡率一度降到1%。

追求个人利益的最大化是人的本性，制度对个人追求利益的行为形成约束。但是如果制度没有规避人性的弱点，便会使员工以危害组织利益的方式谋取个人利益，无形中使制度成了不良行为的纵容者。比如，一家公司为加班员工提供高额加班费，结果导致员工形成了“磨洋工”心理，故意在工作时间降低工作的效率，以便把工作放到非正常工作时间完成，从而获取不菲的加班费用。

因此，管理者在设立制度时，应该仔细推敲，看看制度是否存在一些纰漏，使人性的弱点找到了施展的空间。

第 9 辑

读笑话，谈团队管理

·团队合作的基础是信任，如果团队成员之间失去了信任，尤其当成员彼此之间存在着较强的利益关联时，有效的团队合作就只能是一句空谈。

·团队成员数目的增加并不意味着工作效率的提高，只有使团队成员进行合理分工与协作，才能发挥出团队效应。

·要使团队工作保持较高的工作效率，最关键的是要解决工作链上的脱节和延迟；否则，不仅工作效率受到影响，还有可能造成无效化工作。

·合作与竞争关系共存于组织，竞争的存在常常导致组织人员为了追逐私利而放弃组织目标。

拔头发——“沙因定理”：让员工参与目标制定过程

清末有一个地方官员，他年岁已经很大了，但还是娶了几房小老婆。他很为两鬓出现的白发烦忧，于是便让大小老婆们一起来帮他拔掉。然而，大小老婆各有居心，大老婆担心他显得年轻，被小老婆喜爱，便专拔黑发；小老婆想让他看起来更年轻，便专拔白发。结果，官员两鬓的白发不见了，而他的头发也被拔个精光。

趣评：官员是组织的化身，大小老婆便代表着众多组织成员，如果成员的目标与组织相悖，非但实现不了组织的目标，还最终把组织的梦想引向另一个极端。

每个人加入团队的初衷各有不同，如果团队的目标能与大多数组织成员的目标重合，这自然是一种最理想的状态。然而，现实中的管理状况正如笑话中所昭示的一样，很多的时候，团队目标与很多成员的目标是一种背离的状态，怀有迥异目标的成员并不会将组织目标过渡为个人的目标，反而暗自损伤组织目标，默默地向着自己的目标努力。组织将不同的人统摄到自己的麾下，如何减少组织目标与个人目标之间的落差，提高二者的和谐程度，便成了管理者的必修课之一。

“沙因定理”的提出者是美国行为科学家沙因，他认为：“一个人是否感到满足，肯为组织尽力，决定于他本身的动机构造和他同组织之间的相互关系。管理者一味地强制个人目标委身于组织目标，并不是成功的管理之道。”通用电气公司董事长杰克·韦尔奇独创了一种全新的经营目标核心管理模式，这种模式最成功的地方就是用各种方式调动员工的积极性，让他们自发地参与公司决策过程，以便加强公司目标与个人目标的契合度。借鉴这种管理方式，管理者应适时地把员工加进自己的智囊团，在制定团队目标的时候，充分考虑每一个有价值的见解，群策群力并不是完全地向成员的个人目标妥协，而是尽可能地使团队成员对团队目标有一个更深的认识，缩小个人目标与团队目标的距离。

三只兔子——成就高效团队的基础：信任

三只兔子来到了一家饭馆，他们点了三份胡萝卜沙拉。侍者把美味的食物端上来的时候，兔子们发现他们都没有带钱。

最大的兔子说："我是你们的老大，取钱的事不应该是我做的。"

中兔子说："我认为派小兔子去取钱最合适！"

最小的兔子说："我可以回去取钱，但是你们谁也不能动我的胡萝卜沙拉！"其他的两只兔子连声保证，绝对不碰他的沙拉。于是，小兔子走了。

小兔子走后，大兔子和中兔子很快就把自己的那份沙拉吃完了。它们等了很长的时间，小兔子一直没有回来。于是大、中兔子商量："我们还是把小兔子的那份也吃了吧。"

正当他们准备开吃时，小兔子从隔壁跳了出来："哼！如果你们敢动我的沙拉，我就不回去取钱！"

趣评：团队合作的基础是信任，如果团队成员之间失去了信任，尤其当成员彼此之间存在着较强的利益关联时，有效的团队合作就只能是一句空谈。

信任，即对个人或事件的诚实、长处、能力和担保等发自内心的信赖。信任具有三个特征：第一，信任者承担着一定的风险，信任者要承受被信任者失信的损失；第二，被信任者的行为不在信任者的控制之内；第三，如果某一方违约，将会获取短期的利益。在团队合作中，团队成员彼此之间的关系和信任程度，是影响工作绩效的一个关键因素。信任虽然是一种心理契约，但如果团队成员彼此之间缺失了信任，团队合作的实现便失去了秩序保障。

信任的建立需要时间的积累，一个成员能否获得他人的信任往往取决于其过往的行为，如果他过去总是信守承诺、言出必行，具有较高的人格指标，便容易在团队中获得信任。因此，团队成员之间实现充分的信任并不是一蹴而就的事情。除了时间的因素外，沟通存在着障碍、信息出现隔膜也会使信任名存实亡。关于在团队里建立信任，有如下四个参考意见。

一、团队已具备了坦率解决问题的环境，大家开诚布公地沟通见解，哪怕沟通会给自己带来麻烦。

二、团队成员乐于分享各自的信息。成员勇于向其他成员说出自己的想法，尤其是自己不赞成的想法（保留自己的观点和想法是产生不信任感的源头）。

三、团队成员能够诚实地遵从内心的想法说“不”，没有原则地唯唯诺诺是不信任感产生的导火索。

四、团队里的每个成员都信守承诺，如果某个成员确实无法保证承诺的实现，应及时告知其他成员。

懒惰的人——组织公平感是团队管理的基石

乔伊非常懒惰，他换了很多的工作，但总是很快就辞职，因为他总觉得其他的同事偷懒，自己被委派了太多的工作。乔伊向好朋友抱怨工作太累后，朋友对乔伊说："我给你介绍一份工作吧，这份工作十分轻松。"

乔伊问道："真的很轻松吗？"

朋友说："当然，你做公墓管理员，每天只需要站在那里，保证没有人盗墓就行了。"

于是，乔伊便做了公墓管理员的工作，但是两天后，他又辞职了。

朋友不解地问道："这份工作很轻松啊，你为什么不满意？"

乔伊忿忿地说："太不公平了，所有的人都躺着，只有我一个人站着。"

趣评：孔子有言"不患寡而患不均"。组织成员总是具有一种心理倾向：把其他成员作为参考对象，以此论定自己是否受到了组织的公平对待。

组织公平感，就是在组织或单位内，人们对与个人利益有关的组织制度、政策和措施的公平感受。组织中的公平可以划分为两个层面：第一个层面是组织公平的客观状态，在这个层面上，人们可以通过发展和改善各种组织制度、建立相应的程序和措施来实现组织的公平，不过绝对的、终极的组织公平是很难实现的；第二个层面是组织公平的主观状态，也就是组织中成员对组织公平的主观感受。在组织中，如果一个"公平的制度"不被员工所接纳，它依然会对员工的行为产生负面影响，因此，从组织行为学的角度来讲，组织公平的主观层面更为重要。

组织公平感分为如下三个方面。

1.分配公平感

即员工对组织报酬的分配结果是否公平的感受。美国心理学家亚当斯是"公平理论"的开创者，他认为，员工的公平感主要来自对报酬数量的公平性的感受，员工总是将产出（即从组织得到的回报）与自己对组织的投入（包括个人拥有的技能、努力、教育、培训、经验等因素）的比例，与他人的产出与投入比进行对比。当比例不相等时，就会产生不公平感。

2.程序公平感

即员工对用于做报酬决策的方法（程序）是否公平的感受。1975年，沃尔克研究了法律程序中的公平问题，提出了程序公平的观点，认为只要人们有过程控制的权利，不管最终判决结果是否对自己有利，人们的结果公平感就会显著增加。1980年，莱文瑟尔提出了程序公平的六条规则：一致性规则；避免偏见规则；准确性规则；可修正规则；代表性规则；道德与理论规则。

3.互动公平感

又称人际关系公平，指的是个人所感受到的人与人之间交往的质量。互动公平分为两种：一种是“人际公平”，主要指在执行程序或决定结果时，权威方或上级对待下属是否有礼貌，是否考虑到对方的尊严，是否尊重对方等；另一种是“信息公平”，主要指是否给当事人传达了应有的信息，即要给当事人提供一些解释，例如，为什么要用某种形式的程序，或为什么要用特定的方式分配结果等。

组织公平感与员工行为有紧密联系，它与个人绩效的关系主要体现于分配公平和程序公平对绩效的影响上。按照“公平理论”的观点，如果个人对自己的投入与回报感到公平，他就会以敬业的态度努力工作，否则，就可能减少自己的付出，消极怠工。由于程序公平能保证员工的长期利益，也会对绩效产出产生积极的影响。

关于如何提高组织公平感，有如下七个管理措施。

（1）建立科学的绩效考核系统和薪酬系统；

（2）完善员工参与制度，让员工参与组织的发展战略、分配制度、奖励制度、晋升制度和考评制度的制定和实施；

（3）在企业内部建立申诉制度，例如，把员工的意见通过管理者逐级上报有关部门，或者以设立匿名信箱、申诉电话、网站的方法建立申诉渠道；

（4）保持分配政策的稳定性和可完善性；

（5）建立监督制度；

（6）建立上下级对话制度，缩小领导与员工的情感距离；

（7）关注企业的社会效益，在效率优先的前提下，兼顾员工个人需要。

将军的高招——“手表定律”：避免多头领导

飞驰的列车上，两位贵妇人争论不休。

“把窗打开我会冻死的。”一位贵妇人说。

“把窗关上我会闷死的。”另一位贵妇人说。

列车服务员不知道怎么办才好，向旁边的一位将军求助：“您认为应该怎么办？如果这是一个军事问题。”

将军从容不迫地回答：“遇上这种问题，我们通常采取各个击破的方法：先打开窗，冻死一个；然后关上窗，闷死一个。这样就什么问题也没有了。”

趣评：如果团队中出现了不同的意见，尤其各种意见差异较大时，常常会使其他的成员无所适从。

“手表定律”，又称“两只手表定律”“矛盾选择定律”，内容为：一个人只有一只手表时，可以知道现在是几点钟，当他同时拥有两只表时，却无法知道准确时间。两只手表并不能告诉一个人更准确的时间，反而会让看表的人失去对准确时间的判断。

在团队中，如果成员的职能角色均衡的话，同时又有多个成员喜欢统驭全体成员的意志，便会出现与“手表定律”内容相符的现象。比如，在提出关于某个问题的解决方案时，几个成员提出了若干方案，不同方案的提出者又不能很好地说服对方，便会导致团队的工作停滞不前，其他的成员不知道该何去何从。

为了避免多头领导对团队工作进程的影响，管理者在成立一个项目合作小组时，除了要安排成员的具体职能外，还应该委派某个成员担任领导的角色，允许其对团队工作进行决策，要求其他的成员服从领导人的命令。在委派领导人时，管理者要谨慎选择合适的人选，如果管理者所指派的领导人无法服众，也依然会发生“手表定律”所阐述的现象。领导人的选择至少应该参考如下三个标准。

一、与其他团队成员相比，他的职能角色较为重要；

二、善于平衡各种人际关系；

三、在整个项目小组成员中具有较高的威信，能够很好地说服其他成员。

高招——规避团队合作的责任分散效应

董事长问新来的总经理：“每次开会的时候大家都心不在焉，有什么办法改变这种局面？”

总经理：“这好办，不让秘书参加会议，开完会后再宣布此次会议由谁做记录。”

趣评：置身于团队中，团队成员能不能全力以赴，取决于组织成员被要求承担什么样的责任。

1964年3月13日凌晨3时20分，在美国纽约郊外某公寓前，一位叫朱诺比白的年轻女子在归家的途中遇到了意欲行凶之人，她绝望地喊叫："有人要杀人啦！救命！救命！"顿时，附近住户纷纷亮起了灯，打开了窗户，凶手被吓跑了。当一切恢复平静后，凶手再次来到了朱诺比白的跟前，女子再次喊叫，附近的住户再次亮起了灯，凶手仓皇逃跑。就在朱诺比白以为逃过了一劫，坦然地回到自己的公寓上楼时，凶手突然出现，朱诺比白拼命地叫喊，她的邻居中至少有38位人到窗前观看，但没有一个人见义勇为，结果朱诺比白死在了楼梯上。心理学家对这一社会案件进行了仔细的研究，将这种众多旁观者待在自家、见死不救的现象称为"旁观者效应"。

"旁观者效应"，又称责任分散效应，是指对某一件事来说，如果是单个个体被要求单独完成任务，责任感就会很强，会做出积极的反应；但如果是要求一个群体共同完成任务，群体中的每个个体的责任感就会很弱，面对困难或遇到责任时往往采取退缩的态度。当看到朱诺比白身处险境的时候，每一个邻居都认为即使自己不出手相救，也肯定会有其他人挺身而出，结果导致所有的人都只是倚窗相望，朱诺比白死于凶犯手中。换一种情境，如果旁观者只有一个的话，朱诺比白获救的概率会大一些，因为如果只有他一个人能提供帮助，他会清醒地意识到自己的责任，对受难者给予帮助。如果见死不救，他会产生罪恶感、内疚感，这需要付出很高的心理代价。

责任分散效应对团队合作有很大的启示意义，如果管理者没有为团队成员规定明确的责任，很多成员都会怀着"我不做，有人做"的心理。他们只想成为团队中的"免费乘车者"，束手不做却意欲享受团队的荣誉，从而导致团队合作出现相互推诿的现象，团队绩效远远不如单个成员工作绩效的相加值。为了规避这种心理效应对于团队绩效的损害，管理者在将一个具体的工作项目分配给团队成员时，便要合理分工，明确告诉每个成员他们各自所需承担的责任，大家都各司其职，集结成合力实现团队绩效。

六只脚更快——“史提尔定律”：合作是一切团体繁荣的根本

一个差役绰号“飞毛腿”，他被派去寄送一份紧急文件，官员唯恐差役因为速度慢而延误了政情的传递，便拨给了他一匹快马。一路上，差役并没有骑在马背上，而是紧跟着快马疾跑，累得气喘吁吁。路人不解，问他：“你为什么不骑上快马呢？”他一边跑着一边说：“六条腿跑，难道不比四条腿更快些吗？”

趣评：团队成员数目的增加并不意味着工作效率的提高，只有使团队成员进行合理分工与协作，才能发挥出团队效应。

团队是一种人员组合的方式，成员彼此拥有互补的技能，他们为着共同的目的，一起努力实现现实的目标。不过，团队合作并遵照人员多多益善的原则，人员的增多与过于优质化，并不一定能提升团队的绩效。如果团队要实现规模效应，人员之间就要进行有效的分工与合作。有效的团队往往是由跨功能、不同背景、不同部门的人员组成的协作体，他们通过相互补充、互相激发各自的潜力而完成特定的任务。在这个过程中，分工与合作是团队实现“1+1>2”组织效能的关键前提。遵照这种逻辑，英国前自由党领袖D.史提尔提出了“史提尔定律”：合作是一切团体繁荣的根本。

合作能将一个庞大的项目简单化、专业化、步骤化和标准化，然后团队成员奉献各自的力量以互补的方式实现共同的目标。因此，这就要求团队成员具备多种角色：有的成员是团队核心人物，发挥监督和控制的职能；有的成员性格外向，负责外联工作；有的成员善于执行，默默地完成分内的工作；有的成员虽不注重细节，但思想活跃，为团队带来新的创意和理念。通用电器公司前执行总裁杰克·韦尔奇曾经提出过一个“运动团队”的概念，其中很重要的一点，就是团队的每一个成员都干着与别的成员不同的事情，管理者要区别对待每一个成员，通过精心设计任务的指标，使每一个成员的个性特长都能够得到完全的发挥。

团队合作强调性格与能力互补，如果团队成员都是强兵良将，反而可能使团队绩效折损在团队不断的内耗和恶性冲突中。2004年6月，在NBA总决赛中，湖人队挑战底特律活塞队，在开战前，舆论都一致认为活塞队必败无疑。因为湖人队拥有NBA历史上最豪华阵容，科比、奥尼尔、马龙、佩顿的加入使湖人队成为毋庸置疑的“超人团队”，几乎每一个位置上的成员都是全联盟最优秀的，而活塞队只不过是一支缺乏大牌明星的平民球队。

然而，比赛的结果出人意料，湖人几乎没有做多少抵抗便以1：4的总比分败给活塞队。原来，科比与奥尼尔相互敌对，他们都认为自己才是球队的领袖，在场地上各自为政，全然没有配合；另外两位明星球员马龙和佩顿只是为总冠军戒指而来，他们完全不能融入整个团队，无法发挥自己全部的才能。

精英人物喜欢争锋，将他们集合在同一个团队中，由于不断的内耗和冲突，反而使团队变得平庸。因此，在每一个工作岗位上都安排最优秀的员工并不是组建团队的良策，注重成员的层次化和性格互补，才能打造出一支高效的团队。

如此分工——“蚁群效应”：弹性工作流程模式

杰瑞和汤姆开着车走过市区，他们在马路上停了下来。杰瑞先从车上下来，在路边挖了一坑，然后回到车内，接着汤姆从车里出来，用铁锹又把坑填平了。汤姆回到车内后，他们开着车在马路边上又前行了一段，杰瑞又从车上下来，在路边挖了一个坑，汤姆继续把坑填平。就这样，他们忙碌了一个上午。

有一个路人看到杰瑞和汤姆的工作感到很奇怪，他不禁问道："你们在做什么？"杰瑞回答说："我们正在种树啊，可是今天负责栽树的那个人没有来！"

趣评：要使团队工作保持较高的工作效率，最关键的是要解决工作链上的脱节和延迟，否则，不仅工作效率受到影响，还有可能造成无效化工作。

蚂蚁世界的运行模式一直受人类学与社会学者所关注，他们发现蚂蚁在工作中很讲究流程，但他们对流程的认识是直接指向工作效率的。比如，两只蚂蚁在外面发现食物后，它们会分别按两条线路回到巢穴，它们一边走一边释放出只有蚂蚁族类才能识别的激素做记号，先回到巢穴的蚂蚁释放的激素气味更重，这样其他的蚂蚁便会走最近的路线去搬运食物。

上述现象便是"蚁群效应"。蚂蚁有严格的分工和由此形成的组织框架，但它们的分工和组织框架在具体的工作情景中具有很大的弹性，观察蚂蚁常会发现这样的情况：一只蚂蚁正在把食物运往巢穴，当它遇到下一只蚂蚁时，会把食物交给他，自己再回头寻找新的食物；同样，一只正外出的蚂蚁遇到上游的蚂蚁时，也会把食物接过来，返回巢穴，直到遇到下游的蚂蚁。蚂蚁们在哪一个位置接手并不一定，唯一固定的是起始地和目的地。蚂蚁们在工作场合的自我组织能力很强，它们几乎不需要任何监督就可以形成一个很好的团队，有条不紊地保证蚁群的日常运行。

由此可见，"蚁群效应"有三个最重要的特征：

1.弹性

它们能够根据环境变化迅速进行调整，并不总是依赖既有的组织分工和组织框架。

2.强韧

即使蚁群的单个个体力量比较弱小，或是无法发挥自己的作用，也不会影响整体的运作效率。

3.自组织

蚁群不需要太多的自上而下的控制或管理，它们通过自己管理自己的方式完成工作。

“蚁群效应”对企业的组织结构和团队合作有很大的借鉴意义，一家大型零售连锁店便将“蚁群效应”运用在了物流仓储中心的工作流程中。在以前的工作模式中，仓储中心用区域方式验货，如果上一手没有完成工作，下一手只能徒然等着，由于每个人的工作速度不同，仓储中心商品品种众多，这种工作模式导致总是有人在等着别人完成工作后才便于接手。连锁店运用了蚁群模式后，工作方式变成：一个人不断地拣出商品，直到下游来接手后再去接手上游的工作。而且为了提高工作链的整体效率，连锁店把速度最快的员工放在最末端，速度最慢的放在最上游。结果，运用蚂蚁模式后，连锁店的生产效率提高了30%。

上帝的惩罚——为团队成就庆功

犹太教规定，信徒在安息日什么事情也不能做，甚至按电梯按钮的举动也被视为违反教规。可是这位长老很爱打高尔夫球，在某个安息日他实在是手痒难耐，便决定偷偷地去球场打九个洞。

长老偷偷摸摸地来到了球场，场地上一个人也没有，他不禁暗暗高兴，幸好没有人知道他偷偷来球场。天使发现长老不守教义，便去向上帝告状，上帝说他一定要好好惩罚这位长老。

长老打完了前四个洞，成绩空前的好，几乎洞洞是一杆进洞，长老心里乐开了花。天使觉得这很不公平，便再次去找上帝，上帝说知道了。直到打完九个洞，长老几乎又是洞洞一杆进，他认为应该乘胜追击，便决定再打九个洞。天使不解地问："难道您就这样惩罚他吗？"上帝只是笑了笑。

打完十八个洞，几乎全是一杆进洞，长老简直乐死了，他喜滋滋地收拾球具回家了。天使很生气地问上帝："这就是您说的惩罚吗？"上帝笑笑说："你想想，他能去和谁说去？"

趣评：取得成就，却无法与人分享快乐，这对于当事人而言，无异于虽身穿锦衣，却不得不栖身于暗室。

很多人都有这样的经历，当自己取得了某个成就时，总是迫不及待地想把获得成就的快乐分享给亲人、朋友以及关心自己的人，在分享的过程中，快乐从个人感染更多的人，个人所感受到的快乐也更加浓郁。尤其当这种快乐传达给自己的父母、长辈和领导时，个人对于快乐的感觉将更加强烈。成就是个人得到认可的最直接证明，他们往往不只在乎自我认知，更在乎自己所敬重的人如何看待自己，因此他们乐于分享成就所带来的快乐。

个人如此，团队亦然。一个团队经过长时间的艰苦工作后，他们的工作成果得到了客户的高度认可，他们也愿意能把这种快乐分享给管理者，希望管理者能为他们的成就而高兴。因此，管理者就不应该忽略庆功的重要性，至少不应该对团队的工作成果表现得若无其事。如果管理者对于团队的成就没有任何表示，团队成员便会认为，在管理者的意识里，他们的工作成果不过如此，根本就不值得说些什么。当然，这种态度只会打击团队成员的工作积极性，降低他们继续奋斗的热情，甚至认为组织是否值得他们如此拼搏。

管理者为团队所取得的成就庆功，不在于形式的宏大，并不要求管理者为此投以重金，如果管理者能组织团队成员进行一次集体旅游或者进行一次丰盛的团队聚餐，当然那是再好不过了。但庆功并不只局限于这种形式，庆功的目的是显示管理者分享成功的快乐之情，表达管理者对于团队的鼓励和认可。因此，一些低成本的方式也能取得不错的激励效果，比如，在员工会议上对团队成员的工作提出表扬，管理者真诚地对所有团队成员表示祝贺等。

在地狱发现石油——如何与非正式组织相处

一个石油大亨向天堂走去，当他到达天堂门口的时候，圣·彼得对他说："虽然你有资格住进来，但是为石油大亨们保留的大院已经满员了，已经没有地方让你住进去了。"

石油大亨想了一会儿，他请求圣·彼得让自己对大院的居住者说一句话，圣·彼得答应了。这位石油大亨在天堂的门口张开嘴大声喊道："在地狱里发现石油了！"大院内的石油大亨们听到这个消息后，蜂拥而出，争着向地狱奔去。

圣·彼得看到这一幕非常惊讶，同时也很佩服这位石油大亨的智商，随之请大亨进入大院。然而，大亨并没有进去，他迟疑了一下，说："不，我应该跟着那些人，也许地狱里真有石油呢！"说完，他便向着地狱的方向飞奔而去。

趣评：谣言本来应该止于智者，但是三人成虎，当众人都相信某个谣言为事实的时候，所谓的智者也放弃了自己的理性，做出了和众人一样的举动。

1952年，美国心理学家所罗门·阿希设计实施了一个实验，他请大学生们做自己实验的被测对象，并告诉他们这个实验的目的是研究人的视觉状况。当某个参加实验的大学生走进实验室的时候，阿希已事先安排了5个人坐在那里，但被试者并不知道这5个人已事先与阿希串通好。阿希在实验中拿出了一张画有一条竖线的卡片，让大家比较这条线与另一张卡片上的3条线段中的哪一条等长，判断共进行18次。事实上这些线段的长短差异很明显，正常人很容易做出判断。但是经过两次正常判断后，5个假试者异口同声说出了一个错误答案，很多的真正测试对象都迷惑了。实验结果表明，平均有33%的人的判断是从众的，有76%的人至少做了一次从众的判断；而在正常的情况下，人们判断错的可能性还不到1%。这种现象便是“从众效应”，指的是个体受到群体的影响的时候，很容易怀疑并改变自己的观点、判断和行为，而选择与大多数人一样的观点和举动，以便和他人保持一致。

为了避免在团体中被孤立，以及尽可能减少决策风险，每个人都有不同程度的从众倾向，倾向于与团队中大多数人的想法和态度一致。一般而言，某一种想法和行为拥有越多的选民，原本的非选民也越容易加入庞大的选民阵营，拥护大多数人的意志。除了减少决策风险外，压力也是产生从众行为的关键因素，在一个团体中，如果某一个人做出了与众不同的行为，便会被视为团队的背叛者，甚至受到来自其他成员的严厉惩罚。美国霍桑工厂的实验就深刻说明这一点：工人们为自己每天的工作量制定了严格的标准，完成既定的工作量后，他们便会松弛下来。因为如果他们中的某一个努力地工作，就可能造成其他同伴的失业，或者使管理者制定出更高的生产定额来。于是每一个工人都根据其他人的工作表现制定自己的工作量，既不会太高也不会太低，使自己处于中庸的水平。

在公司内部，“从众效应”间接促成了非正式组织的兴起。非正式组织是正式组织的对称面，它的形成多以感情、喜好等情绪为基础，是人们在共同的工作过程中自然形成的松散的、没有正式规定的群体，如公司内部由同乡、同学、棋友、牌友、球友等形成的小圈子。非正式组织是公司内部不可避免的情感产物，它的出现对于公司内部的合作与效能的提高到底是有利还是有弊，关键在于管理者如何通过与非正式组织的合作来趋利避害。

一般而言，非正式组织中都会有一个民选的领袖人物，他们在团队中享有很高的威望和影响力，有时他们的实际影响力甚至远远超过那些正式组织任命的管理者。“擒贼先擒王”，管理者首先应谋求与这些领袖人物合作，对他们给予一定重视，与他们保持积极沟通。如果某个非正式组织领袖或成员抱着极端的个人主义，违背组织原则，严重阻碍组织的发展，甚至损害组织和组织内其他成员的利益，管理者便不要姑息养奸，在说服改造无效的情况下，要坚决予以开除，使其接受应有的惩罚。这样做的目的，不仅是为组织除去隐患，还可以起到杀一儆百的作用，使怀着同样目的的人不敢再冒险。

此外，管理者还应积极开辟正式沟通渠道，因为由于非正式沟通的不规范性和不权威性，经常会引起信息失真。当面对危机时，管理者首先应致力于迅速在组织内部建立起权威的、正式的信息沟通渠道，以便把非正式沟通给企业所带来的损失减小到最低程度。

GDP的故事——团队冲突并不总是恶性的

有两个青年都是非常聪明的经济学天才，他们常常为一些高深的经济学理论争辩不休。一天，他们出去散步，发现前面的草地上有一堆狗屎。甲就对乙说，如果你能把它吃下去，我愿意付给你五千万元。乙迅速掏出纸笔，进行了精确的数学计算，很快得出了经济学上的最优解：“吃！”于是甲损失了五千万元，当然，乙的这顿加餐吃的也并不轻松。

两个人继续散步，又发现一堆狗屎，这时候乙开始剧烈的反胃，而甲也有点心疼刚才花掉的五千万元了。于是乙说，你把它吃下去，我也给你五千万元。于是，不同的计算方法，相同的计算结果——“吃！”甲心满意足地收回了五千万元，而乙似乎也找到了一点心理平衡。

可突然，天才们同时号啕大哭：“原来我们什么也没有得到，却白白地吃了两堆狗屎！”他们怎么也想不通，只好去请教他们的导师，一位著名的经济学泰斗给出解释。

听了两位学生的故事，经济学泰斗竟然也号啕大哭起来。好不容易等情绪稳定了一点，只见泰斗颤巍巍地竖起一根手指，无比激动地说：“1个亿啊！1个亿啊！我亲爱的同学，我代表祖国和人民感谢你们，你们仅仅吃了两堆狗屎，就为国家的GDP贡献了1个亿的产值！”

趣评：两个青年的冲突以学术问题为内容，虽然冲突的发生影响了他们的和谐关系，但对于国家利益而言，冲突的影响却是正面的。

管理者常常会习惯性地认为，团队中的冲突越少越好，只有减少团队的冲突碰撞，才会有助于形成和谐的工作氛围，利于团队目标的实现。然而，团队由不同性格和职能的人组成，存在冲突才符合团队的本质特征，如果一个团队表面上一团和气，似乎人员之间从来没有产生过任何冲突，不外乎两种原因：一、团队表面和谐，暗地不和谐，团队成员把自己的想法深埋在心里，因为担心造成不必要的人际纠纷，他们宁愿违心地顺从他人的意志；二、团队成员对团队没有感情，他们不关心团队目标的实现，也不在乎与其他成员的关系。由此可见，总是一团和气并不是高效团队的特征。

团队中的冲突一般分为两种：一种来源于人际关系的不和谐，另一种冲突与工作有关。团队成员对工作内容、工作目标和如何完成工作产生了异议，而如果某种冲突提高了决策的质量，加强了团队成员的工作使命感，使团队不断暴露出各种弊端，加速了团队变革的进程，那么，这种冲突就是良性的。

在通用汽车公司发展的历程中，曾有一段时间，公司的良性冲突很少，因为那时间公司倾向于招聘顺从的人，他们对于公司的任何事情都没有异议，结果公司变革缓慢，因为过于保守而遭受了不少的损失。

在企业管理实践中，很多事实表明：在一些发展成熟的公司里，相较高度同质化的团队，团队存在冲突时，往往绩效要高很多。性格鲜明、价值观不同的团队人员更有助于团队焕发出活力，从而提高团队的创新性。

所以，管理者不宜于将团队中所有的冲突赶尽杀绝，应该以冲突的原因和内容“因事制宜”。

老鼠偷油——塑造企业文化：规避“螃蟹效应”

三只老鼠一起去偷油喝，他们到了油缸边一看，缸底只剩下一点点油了，缸身这么高，它们根本就喝不到。于是它们想出了一个办法：一个咬着另一个的尾巴，吊下去喝，第一只喝饱了，上来，再吊第二只下去喝……并且发誓，谁也不能有半点私心。第一只老鼠最先吊下去喝，它在下面想：“油只有这么一点点，今天总算我幸运，可以喝个饱。”第二只老鼠在中间想：“下面的油是有限的，假如让它喝完了，我还有什么可喝的呢？还是放了它，自己跳下去喝吧！”第三只老鼠在上面想：“油很少，等它俩喝饱，还有我的份吗？不如早点放了它们，自己跳下去喝吧！”于是，第二只放了第一只的尾巴，第三只放了第二只的尾巴，都争相跳到油缸里抢油吃。结果它们纷纷跌落在油缸里，怎么也出不来了。

趣评：合作与竞争关系共存于组织，竞争的存在常常导致组织人员为了追逐私利而放弃组织目标。

把一只螃蟹放到不深的水池里，单个螃蟹可能凭着自己的本事爬出来。但如果同时放入好几只螃蟹，它们便会叠罗汉，一个趴在池底，一个在它的上边，底下的螃蟹不愿意成为居于下边的那个，便开始拼命拉上面螃蟹的腿，结果哪只螃蟹也出不去——这种为了私利而相互倾轧的现象便是“螃蟹效应”。

内部资源的有限性、利益的自私性是发生“螃蟹效应”的根本原因，“螃蟹效应”在企业中最直接的体现便是办公室政治，员工与老板之间、员工与员工之间专注于个人的私利，彼此为了各自的利益明争暗斗，甚至以倾轧或背后算计的方式追求个人私利的最大化。企业发生“螃蟹效应”的原因有四种：

一、企业内存在着一些道德小人，他们为了在企业内得到提拔不惜党同伐异，对于潜在竞争者和威胁自己目前地位的人不惜进行排挤和打压，甚至使用一些背后伤人的伎俩；

二、“不患寡而患不均”的平均主义意识作祟，平庸人嫉妒贤能者，为了使他们失去相对优势而釜底抽薪；

三、企业没有建立完善的激励机制和企业文化，一些贤能者在组织中被同化而泯灭了进取意识；

四、企业内已形成了墨守成规的文化，他们为了维护现状而阻碍改革的推行。

“螃蟹效应”是一种狭隘的价值观，植根于员工的个人意识。企业只有从企业文化入手，通过文化的熏染重塑员工的价值观，才能尽量避免“螃蟹效应”的发生，使企业焕发出蓬勃的战斗力。为此，企业应该着力于以下五项改革。

塑造团结协作的企业文化；

建立公平、公正、公开的管理制度；

建立科学、合理、高效的绩效考核制度；

建立完善的人才选拔、任免制度；

强化公司的执行力。

第10辑

读笑话，谈时间管理

·在伏案完成工作的过程中，常常会穿插一些比工作更有趣、足够吸引人注意的事情，注意力从工作转向其他的事情，是不经意浪费时间的重要原因之一。

·参与式管理的盛行，使得“开门办公”一度受到推崇，然而，虽然开“开门办公”的方式广开了言路，但是也使得管理者无法将一个完整的时间段用于案头的工作，直接影响了办公效率。

·有的管理者事必躬亲，每天都忙得团团转，不要以为他们才是主管中的楷模，其实这只说明他们是时间管理的失败者，克拉伦斯·兰德尔曾说：“我同情那些疲惫不堪、毫无组织的殉职者，却只赞扬他们的同情心。”

乔治的遭遇——时间杀手（一）：流连于与工作无关的事情

乔治正准备出差华盛顿，在机场候机厅里漫长的等待着实让他无聊。他无意间瞥见了候机厅角落里的一台体重机，便站了上去，只见屏幕上出现了一行“你是乔治，身高181厘米，体重78公斤，飞往华盛顿”的字样。

乔治很好奇，他下了体重机，随之戴了一顶帽子再次站在了体重机上，屏幕上依然显示出如下字样：“你是乔治，身高181厘米，体重78公斤，飞往华盛顿”。

乔治觉得这台体重机很神奇，他兴冲冲地跑到盥洗室摘掉帽子，换了另外一身衣服出来，再次站到了体重机上，结果屏幕上显示的字样为：“你是乔治，身高181厘米，体重78公斤，你所乘坐的飞往华盛顿的航班已在三分钟前起飞了。”

趣评：在伏案完成工作的过程中，常常会穿插一些比工作更有趣、足够吸引人注意的事情，注意力从工作转向其他的事情，是不经意浪费时间的重要原因之一。

除了绝对的工作狂外，对于很多人而言，工作是一种被动的臣服，个人臣服于金钱、成就和自我的认可，所以他们不得不工作，这并不是兴趣使然。在工作的过程中，尤其是进行一项乏味的没有乐趣的工作时，常常会出现很多的事情吸引我们的注意力，这些事情往往比所投身的工作更迎合我们的兴趣，像磁铁一样牵引我们的注意力。比如，在网上搜索客户资料的时候，突然发现了一个有趣的网页，虽然这个网页的内容与目前所做的工作没有任何关联，但很多人依然情不自禁地想点击一下，随之浏览完一个页面再浏览另一个链接页面，不经意间，时间大量地流逝，等到回过神的时候，才发现真正应该完成的工作还没有取得一点进展。被兴趣牵引，过多流连于与工作无关的事情是导致时间大量浪费的重要原因之一。

逃离工作、专注于感兴趣的事情时，好奇心像脱缰的野马一样四处奔跑。因此，培养自我约束的能力是集中利用时间的最佳途径。所谓的“自我约束能力”，就是对所俯身的工作怀有使命感，当好奇心蠢蠢欲动时，可以成功地抵制住有趣事情的诱惑，哪怕参与那些事情的确可以获得极为愉悦的心情，也能够毅然决然地不受他们的吸引。

是否具备自我约束的能力，是成功运筹时间的关键，也是卓有成效的管理者最重要的性格特质之一。

岂有此理——时间杀手（二）：拖延

一个维修工人提着工具箱来到了一座公寓的门前，他按了按门铃，一位太太出来给他开门。

维修工人礼貌地对这位太太说：“您好！我是维修工人，前来修理马桶的。”

“我家的马桶没有坏，你是不是记错地址了？”

“没错啊，您是陈太太吗？”

“我不是陈太太，陈太太早在一年前就搬走了。”

“真是岂有此理！”维修工人气愤地说：“打电话叫我来修理，她竟然自己先搬走了！”

趣评：如果错过了正确的时间，即使做了有效的工作，也会得不到预想的结果，让工作变得没有意义。

时间已逝，手里的工作却依然处于刚刚开始的阶段，无限的拖延导致工作进展缓慢；关于一个市场方案实施与否，由于难以度量实施的风险，于是管理层把方案暂时延后，经过了长时间的犹豫和踌躇后，终于决定实施此项方案，但此时方案能够发挥效用的环境早已发生了变化，方案已失去了现实实施的意义。上述两种行为便是拖延，前者多是由于漫不经心所致，或者对于工作的不情愿、反感、抗拒的心理阻碍了工作的进程；后者则来源于优柔寡断、力求万无一失的心理，在决策期间浪费了太多的时间，以致错过了方案发挥效用的最佳时间。

对于很多人而言，进行工作是迫于无奈，外在的压力和内在的压力让他们觉得必须去做某件事，于是他们便对工作产生了愤恨和极不情愿的感觉，此时，拖延就成了远离这种痛苦的防卫工具。还有一些人，当面对的工作任务过于困难时，他们往往觉得前路漫漫，实现目标的一天简直遥遥无期，过大的压力和缥缈的愿景也促使他们用拖延的方法自我防卫。为了解决由此而产生的拖延问题，可以把总目标分成若干个小目标，把整个工作细化为每一天的工作任务，开始工作时，就想着今天应该完成的部分和小目标，这样有助于增加工作的使命感，达到有效利用时间的目的。

在决策时，有的管理者认为，审慎一些，将可能出现的由于实施决策所产生的负面事件都考量一遍，才能避免决策的失误。然而，推迟或拖延做出决策，常常导致一个好的方案胎死腹中或者发挥不了既定的效用。按照“帕累托法则”的观点，80%的决策结果中，起决定作用的事实只占全部事实的20%。因此，希望将所有的事实都考虑在内，是一种吃力不讨好的方法，只要关键事实支持方案的实行，管理者便应快刀斩乱麻，果断采取某个方案，以免错失商机。

回信——时间杀手（三）：开门办公

弗朗西斯·克里克是英国著名的生物学家，他成名以后，每天都有大量的来信和很多的人来拜访他，这些事情使弗朗西斯应接不暇，无法全神贯注地投身于工作。苦恼了一段时间后，弗朗西斯想出了一个办法，他设计印制了一种万能回信，信的内容为："克里克博士对来函表示感谢，但十分遗憾，他不能应您的盛情邀请而给您签名；赴宴作讲演；参加会议；赠送相片；充当证人；担任主席；为您治病；为您的事业效劳；充当编辑；接受采访；阅读您的文稿；写一本书；发表广播讲话；做一次报告；接受名誉地位；在电视中露面……"对方的来信提出什么要求，他就在相应的地方做记号答复。渐渐的，这些来信和来客便不再成为弗朗西斯工作的困扰了。

趣评：参与式管理的盛行使得"开门办公"一度受到推崇，然而，虽然开"开门办公"的方式广开了言路，但是也使得管理者无法将一个完整的时间段用于案头的工作，直接影响了办公效率。

在企业内部保持言路的顺畅，管理者可以及时获知来自中下层员工的想法和建议，为管理者做出正确决策和行使控制职能提供基本保障，建议管理者开门办公的主意便建立在这种想法基础上。然而，虽然开门办公自然最大化地保证了下情上达，为员工向管理者提供建议和反馈意见提供了便捷的渠道，但是，如果管理者始终允许任何人随时与自己直接面谈，这便使管理者工作的有效完成失去了保障：管理者无法按照预定的计划完成工作，也难以全神贯注地处理办公桌上堆放的文件。

再者，管理者敞开办公室的大门，很多的人经过管理者的办公室，即使没有紧急或重要的事情，也会礼貌地进去与管理者打个招呼，这自然会干扰管理者的工作进程。由此可见，管理者随时地开门办公，对于管理者自身的工作效率而言，只能说弊大于利，管理者似乎已变为了公司的一个情报据点，吸收从四面八方涌来的各种信息，自己的本职工作却无法顺利地进行。由此可见，开门办公影响了管理者驾驭时间的能力，管理者为了更高效地利用时间，应该有计划地会客，这样才可以保证自己有足够的时间处理手头的工作。比如，管理者可以将工作日的某一天的某一个时段设定为员工接待日，在这个时间倾听员工的意见，而且最好把接待时间安排在工作效率较低的时段，既充分利用了时间，也通过工作任务轮换的方式提高了工作效率。

子贱为官——有效利用时间（一）：授权

子贱是孔子的学生，他曾经奉命担任某地方的官吏。他到任以后，经常弹琴自娱，不问政事，但是他所管辖的地方却百业兴旺，人民安居乐业。卸任的官吏对此百思不得其解，因为他在任时每天勤勤恳恳，从早忙到晚，此地依然没有像现在一样井井有条。于是他请教子贱：“为什么你逍遥自在，不问政事，却能把这个地方治理得这么好？”子贱笑道：“你只是靠自己的力量来处理政务，这自然十分辛苦，而我却是借助下属的力量来治理此地。”

趣评：有的管理者事必躬亲，每天都忙得团团转，不要以为他们才是主管中的楷模，其实这只是说明他们是时间管理的失败者。克拉伦斯·兰德尔曾说：“我同情那些疲惫不堪、毫无组织的殉职者，却只赞扬他们的同情心。”

哈默是美国著名的管理学家，他在纽约有一位客户，这位客户每天都忙得焦头烂额，当他在自己的办公室时，除了与客户电话联络外，还要处理桌子上的一大堆公文，公司大大小小的事情接踵等待着他去处理。

客户到加州出差时，哈默约他早上六点三十分见面。这个客户说，他必然会提前三个小时起床，处理从纽约公司转来的传真，一一答复后，再将传真回传给他的公司。哈默与他谈论，觉得他在太多的事务性工作中泥足深陷，而他的员工却每天都很轻松，只是做些很简单的工作，甚至不用动脑子研究自己的客户，只要等老板的指示就万事大吉了。

客户无奈地诉说了他的苦衷，他认为员工不具备和他一样的能力，无法把工作做得跟他一样好。哈默对他说：“第一，如果员工都像你一样聪明，做得和你一样好，他们早就当老板了，没理由仍然做你的下属；第二，你从来没有尝试过让员工负责，你怎么知道他们肯定做得不好呢？”

经过与哈默的交谈后，客户改变了过去的工作方式，开始放权，让有能力的下属独自处理公司事务，放权后，他的公司取得了很不错的业绩。

英国证券交易所前主管古狄逊根据自己的职场心得，提出了“古狄逊定理”：“一个累坏了的管理者，是一个最差劲的管理者。”有的管理者以自己的工作能力为参考标准，对下属完成工作的能力持怀疑态度，贪恋对于公司事务的掌握权，总是认为只有亲自督战才能完美地处理公司各项事物。这种理念既违背了管理的真谛，也使管理者把太多的时间用于处理事务性工作，反而丧失了在重要领域发挥的机会。时间的有限性注定管理者要善于发掘下属的潜力，通过授权把一些工作分派给下属去完成。《吕氏春秋》有言：“贤主劳于求贤，而逸于治事。”真正高效的管理者是调兵遣将之人，而不是身处战场之中把每一个角色都客串一下。

实施“例外管理法”可以使管理者大大拯救在琐碎事务上浪费的时间，比如，管理者只让下属报告那些违反一般规定和制度的问题，对于可以参照规定解决的，则让员工充当仲裁官，以制度为标准妥善处理。

伤心的故事——有效利用时间（二）：谨记目标

有三个人到纽约度假，他们在一座高层酒店的第四十八层订了一个套房。一天深夜，他们外出回来，酒店前台的女孩很抱歉地告诉他们电梯出故障了，大概两个小时后，维修工人才能使电梯恢复正常。三个人面面相觑，他们可不愿意在大厅就这么浪费两个小时，于是他们决定爬楼梯到达房间，并约定以轮流讲笑话的方式减轻爬楼梯的劳累。前两个人讲的笑话妙趣横生，他们不知不觉已经爬到了第三十八层。这两个人中的一个对第三个人说：“老弟，该你讲笑话了，我们马上就要胜利在望了。”

第三个人拍拍口袋说：“我的故事很短，却让人伤心至极，我把房间的钥匙遗落在酒店大厅了！”

趣评：如果他们在爬每一层楼梯的时候都始终谨记爬楼的目标是进入房间，或许就不会在爬到三十八层后才发现遗落了钥匙。暂时遗忘目标的后果之一是：伏在办公桌上工作了很长的时间，当想起工作的目标时，才发现上一个时间段所做的只是无用功。

海因里希·施里曼因为发现特洛伊遗迹而名载史册。在他很小的时候，他的父亲给他讲了古代希腊英雄叙事诗人荷马关于“伊里亚特”和“奥德赛”故事的时候，施里曼始终坚信特洛伊是真实的历史事实，于是他萌发了一个梦想，梦想着有一天能够找到特洛伊战争遗迹。在随后的几十年中，这个梦想一直盘亘在他的脑海里，为了实现梦想，施里曼先是白手起家，成了一位成功的实业家；继而，他又放弃了事业，将大部分资金投放到发现特洛伊遗迹的事业中。寻找了数年后，施里曼果然得偿所愿，成功地发现了特洛伊战争的遗迹。

施里曼目标明确、步步计划，终于使梦想从遥不可及的幻景变为了人生的真实。树立一个明确的目标，并始终把目标谨记在胸，是高效利用时间的决定因素之一。目标驱动着行为的走向，是计划的直接来源；而计划像从现在延伸到未来的一架梯子，将管理者渐渐引向目标实现的一刻。管理者时刻牢记目标愿望和实现目标的要求，还有助于自己及时纠正工作中偏离目标的行为，通过实施修正举措返回到既定的轨道。

如果一个工作项目的周期过于漫长，记忆的与日俱减常常使管理者淡忘了目标愿景。为了避免这种记忆事故发生，管理者应在实现目标之初便制订时间计划表，明确地规划出每日、每周、每月的工作内容，并按照紧迫和重要的标准确立分计划的完成次序，定期将工作完成情况与计划表相对照，以免行为与目标相背离。

永远不会有孩子——有效利用时间（三）：会议管理

一天晚上，某公司在开会，会议已经进行了三个小时，仍然没有结束的预兆。实在耗得不耐烦了，一位年近中年的女员工站起身来走出了会议室。

“你干什么去，小刘？会还没有开完呢！”

“我得回家，我家有孩子需要照顾。”

会议又进行了半个小时，这时候一位年轻的女员工也站了起来。

“你要去哪儿，小王？你家并没有孩子要照顾呀？”

“如果我总坐在这里开会，那么，我永远也不会有孩子的。”

趣评：无休止的会议有两大弊端：第一，使与会者对会议产生厌烦的情绪，他们身在此岸，意在彼岸，根本无心参与会议的讨论，因此常常导致会议的无效化；第二，占据了员工从事正经工作的时间。

会议为公司宣布重要指示提供了正式渠道，开会时，大家齐聚一室，也有助于内部意见的沟通与交流。但是，很多企业在开会的时候，往往流于形式，无休无止的会议开了很多，但解决的问题聊胜于无，结果大量的时间未加有效利用便悄无声息地流走。实施会议管理是有助于高效利用时间手段之一，好的管理方法有几种：

一、要求与会人员必须按时出席会议，会议的最高领导的椅子最好面向大门，这会使迟到的人心生恐惧而尽量避免迟到。

二、最好把开会时段选在下午，因为一般上午是工作的黄金时段，能够高效处理一些需要周密思考的工作，而会议是一种低效率的管理行为，不应该选在黄金时段。

三、会议组织者提前印制会议资料，并在开会前将它发放到与会者手中，可以使大家对会议内容有所准备，减少开会人员对于资料熟悉的时间。

四、最好选在分点而非整点开会，比如，选在10点45分开会而不是11点，这样有助于提高时间利用效率。

五、尽可能采用电话会议或图文电话会议方式，这样既可以节省时间，也缩减了差旅费用。

六、会议室不要设置得太舒适，最好不要摆放茶点等零食，并要求员工暂时关闭手机，不要接受外界的干扰。日本的很多企业都很注重开会效率，他们为了提高开会效率，将会议室设计得十分简陋，甚至连椅子也没有摆放，开会的人都是以站立的方式开会，简陋的开会条件简化了会议的流程，也提高了开会的效率。

七、如果不是关于重要事情的讨论，可以把开会时间选在接近午餐和下班的时间，这样能极大地缩短开会时间，提高会议效率。

丢车——有效利用时间（四）：“80/20原则”

小托尼风风火火地跑进屋，对爸爸说：“爸爸，有人把我们的车子偷走了。”

“你还认得那人的模样吗？”爸爸急问道。

“没留意看，但是我把车号记住了！”

趣评：时间资源的独占性决定了我们在某一个时间段只能从事一件事情，因此在紧急的时刻，我们便要关注那些重要的事情，对于无关事情的关注是有效利用时间的大忌。

“帕累托原则”由19世纪意大利经济学家帕累托提出，他认为：“在任何特定群体中，重要的因子通常只占少数，而不重要的因子则占多数，因此，只要能控制具有重要性的少数因子即能控制全局。”“帕累托原则”的核心内容为：生活中80%的结果几乎都源于20%的活动。比如，20%的客户给销售人员带来了80%的业绩，可能创造了80%的利润；世界上80%的财富是被20%的人掌握着，世界上80%的人只分享了20%的财富。因此，“帕累托原则”也称为“80/20原则”。

“帕累托原则”对时间管理有重要的启示意义，因为往往20%的工作事项带来了80%的工作绩效。按照“帕累托原则”的观点，管理者可以按照轻重缓急的顺序把待处理的工作分成四个类别：

重要且紧急（比如，询问某个客户最终的意向、对一件紧迫的事情进行决策）——马上执行；

重要但不紧急（比如，与员工面谈，改革考核制度等）——制订工作计划；

紧急但不重要（比如，合作公司对企业进行实地考察，出现客户投诉等）——这一类的事情可以交由下属去完成；

既不紧急也不重要（比如，回复不重要的邮件、参加外围的某个小型会议等）——如果确实时间充裕，管理者不妨进行适当的处理，如果管理者无暇抽身，可以对这一类事件说“不”。

当管理者为待处理的事宜进行分类后，便可以安排各项工作的优先顺序，粗略估计一下完成各项工作所占用的时间，然后，根据自己的时间充裕度对其进行优选或放弃。不过在排序时，一些管理者往往混淆了“重要”与“紧急”界限，把紧急的工作视为重要的工作。关于如何确定某项工作是重要的，可以参考以下三个标准。

影响全局利益者为重要工作；

高层领导关注者为重要工作；

与绩效考核紧密相关者为重要工作。

不过，实现有效的时间管理并不是一朝一夕的事情，需要长时间的坚持。为了养成良好的工作习惯，管理者每天在办公桌前开始工作前，便应该在纸上写下自己应该完成的10项工作。然而按照（80/20原则）对其进行排序，这个工作完成后，应首先专注于排在前六项的工作。长此以往，管理者即使不能把每项工作都面面俱到，但也会实现较高的时间管理水平。

拐弯抹角——有效利用时间（五）：30秒电梯演讲

小明说话总是喜欢拐弯抹角，常常让人听得一头雾水。他的爸爸屡次告诉他应该改掉这个习惯，但小明不以为然，认为这样才能够显示出自己的学问。

这天，小明的爸爸妈妈想出了一个好办法，他们决定要纠正他的坏习惯。妈妈与小明比赛下象棋，如果小明赢，则多获得一个月的零花钱；如果小明输，便要改掉说话拐弯抹角的毛病。像往常一样，小明要爸爸做自己的军师。

棋局进行一半时，妈妈始终处于上风，眼看着就要输掉棋局，小明着急地向爸爸求助。爸爸故作深沉，说了一个“千”字。小明不解，再次求助，爸爸依然只是说了一个“千”字。

最终，小明不是妈妈的对手，输了棋局，小明耍赖，认为是爸爸有意帮助妈妈。

爸爸大喊“冤枉”，说：“我一直在帮助你啊，我说‘千’，千就是窃；窃，你应该会联想到‘窃比喻我老彭’；彭，必定会想到彭祖；而彭祖活了800年，但800年只不过铁拐李打个盹；打盹就是睡，睡就是眠，眠就是小死；死，在帝王叫崩，诸侯叫薨，一般人就叫卒，我明明告诉你动卒，怎么说我向着你妈呢？”

这时，小明才知道了父母的良苦用心，决定改掉自己说话拐弯抹角的毛病。

趣评：说话拐弯抹角就像比武时的空架子，虽然招数繁多，却根本无法击中要害，空舞了一番花拳绣腿。

麦肯锡公司是全球有名的管理咨询公司，他们曾经为一家重要的大客户做咨询。咨询结束的时候，麦肯锡的项目负责人在电梯间遇见了客户公司的董事长，董事长问道：“你能不能说一下现在的结果呢？”面对对方突兀的提问，项目负责人不禁紧张起来，因为他根本就没有准备，而且即使做了准备工作，他也没有信心在电梯从30层到1层的30秒钟内把结果说清楚。由于该责任人在电梯间的偶然过失，麦肯锡错失了这一重要客户。

针对这一次沉痛的教训，麦肯锡开始在公司内部推行“30秒电梯理论”，要求员工要在最短的时间内把结果表达清楚，凡事要直奔主题、直奔结果。麦肯锡认为，一般情况下人们最多记得住陈述的前三条，很难记住随后的内容，所以凡事要归纳在三条以内。这就是如今在商界流传甚广的“30秒钟电梯理论”，又称“电梯演讲”。

运用“30秒钟电梯理论”表述事情，交流双方都高效利用了时间，因此实现的效能是双倍的。

厌倦有价——有效利用时间（六）：“莫法特休息法”

一个部落位于闭塞的山区里，部落里的人手艺精湛，他们编出的草席十分精美，在市场上能卖到很高的价钱。一家美国公司的代表慕名前来，他对部落首领说：“我们想订购几千条草席。”

部落首领想了想后说：“你们大量订购也可以，不过每条草席的价钱要比少量订购的价钱高。”

美国人不解，问：“为什么？”

“因为反复做同样一件东西是很令人厌倦的。”部落首领回答道。

趣评：按照市场理论的观点，商品的产量越高，摊派在每个商品上的成本便越低，相应的价格也越低。然而这种传统理论并不适合于手工生产一族，因为规模化发展所降低的成本来自固定资产折旧、运输费用和存贮费用等。因此，对于单纯的手工生产者而言，产量越高，倦怠感越严重，反而需要制定更高的单价来补偿重复工作所产生的疲劳与倦怠。

詹姆斯·莫法特是《圣经新约》的翻译者，他的书房很与众不同，里面摆放了三张书桌：第一张书桌摆着他正在翻译的《圣经》译稿；第二张摆的是他的一篇论文的原稿；第三张摆的是他正在创作的一篇侦探小说。当莫法特感觉劳累时，便搬到另外一张书桌去继续工作。这种工作方式便是“莫法特休息法”：通过变换工作内容来增加工作兴趣，以达到高效利用时间。

“莫法特休息法”与农业上的目的“轮作”原理相似。人们在实践中发现，连续几季都种相同的作物，土壤的肥力就会下降很多，因为同一种作物吸收的是同一类养分，长此以往，地力就会枯竭。因此，农民在耕种时往往采取“轮作”的方式，在同一块地轮流种植不同的作物，以达到提高农作物产量的目的。人的脑力和体力也是如此，如果长时间从事同样的工作，就会使身体的某一部分长期紧张，大脑的某一部分持续兴奋，进而易于产生疲劳，降低反应能力与思考的活力。此时，实行“交叉轮作”便是一个好方法，改变工作内容后，肌体和大脑的某一部分得到休息，另一部分则继续工作，这样有助于脑力和体力得到有效的调剂和放松。

此外，人在每一个时间段的工作效率是截然不同的，有些人的高效时间是上午，有些人在下午思维处理能力较强，有些人则一般在夜间才会有较高的工作效率。因此，为了提高“交叉轮作”的“产量”，还应该进行合理的轮作，将一些需要较多脑力劳动的工作尽量安排在体力和脑力充沛的时段。

精简机构——有效利用时间（七）：“奥卡姆剃刀定律”

甲：“你们单位精简机构的工作进行得怎么样了？”

乙：“挺不错的。”

甲：“你们具体是如何落实精简工作的？”

乙：“为了把‘精简’工作做好，我们领导与各部门研究后正式成立了“精简办公室”和“精简验收办公室”，还专门办了一份《精简简报》。”

趣评：以精简为名，行不精简之事。长此以往，企业最终会滞涨为一个行动不便的组织巨人，机构臃肿，效率低下，管理者难以使自己的工作高效化。

“奥卡姆剃刀定律”由14世纪逻辑学家、圣方济各会修士奥卡姆·威廉提出。奥卡姆位于英格兰的萨里郡，正是威廉出生的地方。威廉在《箴言书注》2卷15题中说：“切勿浪费较多东西去做用较少的东西同样可以做好的事情。”“奥卡姆剃刀定律”最核心的观点为：如无必要，勿增实体。

对于现代企业而言，在追求规模化发展的路上，企业的组织机构越来越膨胀，各种制度越来越烦琐，文件工作越来越繁复——与日俱增的复杂换来的却是效率越来越低的后果。置身于这种复杂的管理环境中，由于经常发生目标曲解与置换现象，自然造成管理者与组织成员将大量的时间浪费在琐碎的冗繁事务中。下面三种措施可以帮助管理者避免无端的时间浪费。

1.精兵简政，简化企业的组织结构

组织结构扁平化与组织结构非层级化已经成为企业组织变革的基本趋势。当应用新型的组织结构后，传统的企业组织结构中严格的等级制度湮灭不存，组织中上下级有序的传统规则被淡化，员工之间享有平等的分工合作关系，基层员工也被赋予了更多的权力，他们也能够涉足于部门目标乃至组织目标的制定，组织内的信息不再是上下级之间的单向传递，而是一种网络化的即时双向沟通。在这种组织中，顾客的需要成为员工行动的向导，人们的行为具有明确的目标导向。同时，由于员工的积极参与，最大限度地消除了组织目标与个人目标之间的矛盾。

2.关注组织的核心价值，始终将组织资源集中于最擅长的事情

面对众多可选择的业务领域，组织需要从中筛选出最重要的、拥有核心

竞争能力的业务，在自己最具竞争优势的领域确定组织的目标。唯有这样，才能确保组织集中精力专注于自己最擅长的事情，以最低的成本获得尽可能丰厚的利润。反之，如果组织涉猎太多的目标，往往会使经营者难以同时兼顾太多的业务，从而难以建立自己的核心竞争力。

3.简化流程，避免不必要的文书工作

相对于复杂的信息而言，简单的信息更有利于人们的思考与决策。一个优秀企业的主要特征就是：知道如何保持事情的简单化，不管多复杂的事情都能将其变得简单易行。

第11辑

读笑话，谈决策

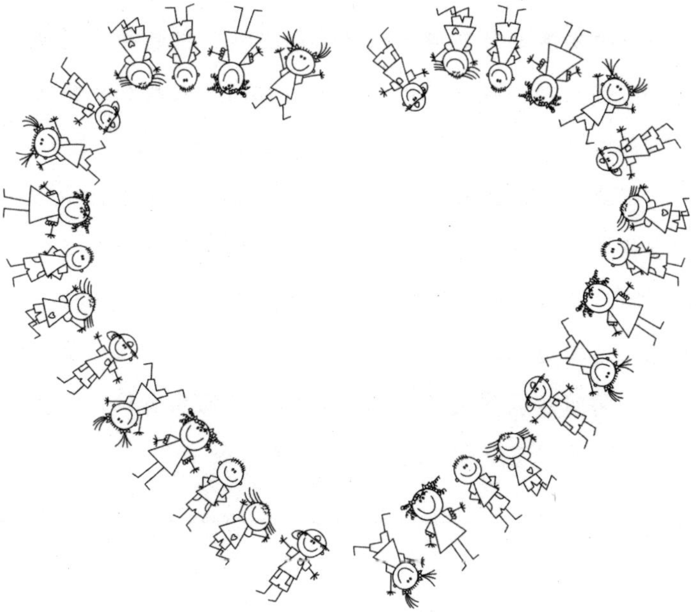

·企业在制定战略时，应该遵照顺势而为的原则，根据企业的中长期目标制定合宜的发展战略。实施战略所要求的支持资源可以比企业的现时资源高一些，却不能过于偏离，以免力有不逮，导致执行战略规划使企业陷入积重难返的境地。

·企业的发展是与环境不断博弈的过程，信息的获得使企业的决策更具有针对性，减少了因信息不对称而招致的利益损害。管理者获得信息的能力一定程度上决定了决策的正确与否。

·“凡战者，以正合，以奇胜。”企业在竞争中，不一定各个方面都要强于自己的竞争对手，如果能以己之强攻他人之弱，反而能出奇制胜，成为某一个领域的领先者。

·企业选取进入的行业时，如果只是一味蜂拥在一个有限的市场空间里，将难以获得发展。选取自己独特的生态位，除了能避开“红海竞争”外，还能与其他企业形成互补效应。

不是只有你才有爷爷——决策的权变意识

从前，有一个卖草帽的人在树下休息，一群顽劣的猴子把他的草帽抢去了，这个人想到猴子喜欢模仿，便将自己头上戴的帽子摘下来，扔到了地上。猴子果然中计，纷纷将草帽扔了下来。多年以后，这个人的孙子也以卖草帽为生，恰巧有一天也来到同一棵树下休息，他的草帽同样遭到了猴子的哄抢。孙子想到了爷爷的方法，便将草帽取下来，扔到了地上。然而，却没有一只猴子按照他的举动把草帽扔下来。孙子望着树上的猴子，不禁自言自语道："爷爷的方法怎么不灵了？"这时候，有一只猴子从树上探下了脑袋，对孙子说："不是只有你才有爷爷的。"

趣评：对于卖帽者而言，爷爷的经验相对爷爷所处的时代确实有效，但当历史演进到孙子所处的时代，爷爷的经验便成了明日黄花。由于身处的环境已经变迁到了孙子时代，此时能够击败敌手的，唯有孙子时代的经验。

20世纪70年代的美国，社会不安、经济动荡、政治骚动达到了空前的程度，西方社会深受石油危机的影响，企业所处的内外环境变幻奇诡，以往备受推崇的管理理论（如科学管理理论、行为科学理论等）对于拯救危机中的企业收效甚微，因为它们大多都在追求普遍适用的、最合理的模式与原则，相对于企业面临的瞬息万变的外部环境显得无能为力。于是，一种新的管理理论应时而出，强调管理与环境的相宜与和谐，这便是"权变理论"。"权变理论"认为，每个组织的内在要素和外在环境条件都各不相同，因而在管理活动中不存在适用于任何情景的原则和方法，即：在管理实践中要根据组织所处的环境和内部条件的发展变化随机应变，没有什么一成不变的、普遍适用的“最好的”管理理论和方法。

“权变理论”对于管理活动的各个层面有全新的诠释，比如，关于人性的假说，“权变理论”认为人是复杂的，要受多种内外因素的交互影响；关于领导理论，“权变理论”认为领导是领导者、被领导者、环境条件和工作任务结构四个方面因素交互作用的动态过程，不存在普遍适用的一般领导方式，好的领导应根据具体情况进行管理。同时，在决策方面，“权变理论”将内外环境因素纳入决策系统，主张决策应因时因地而变。对决策形成影响的环境因素包括外部环境、社会环境和组织文化等。外部环境与社会环境是企业的生长发展之地，制约着企业从环境中所获取的能量与资源及发展的空间，企业只有积极地适应环境，才有生存和发展的机会。组织文化作为内部环境，以强大的文化力量左右着管理者的知觉、思想和感觉，直接影响着决策的质量与适应性。

管理者在决策的时候，环境始终是其首要考量的因素，对环境进行充分分析后发现组织所面对的问题，然后确定若干决策方案，对每一个方案进行评估后做出最优选择。由于环境是实时变化的系统，即使决策已经在实施进行中，管理者也应该根据环境的最新变动对决策进行跟踪，以便进行及时必要的纠正与修改。

企业置身于波诡云谲的经济环境中，面对的是商业规则与商业模式不断地被重新洗牌的局势，这便需要管理者摆脱“一旦决策便一劳永逸”的想法，以权变的方式执行组织的各项决策。

野外露营——“吉德林法则”：把问题写出来就成功了一半

夏洛克·福尔摩斯和华生医生在野外露营，他们吃过晚饭，喝了葡萄酒后，便躺下睡觉了。睡到半夜的时候，福尔摩斯摇醒了华生："华生，你看夜空繁星点点，有什么感想？"

华生说："我看见了无数的星星，根据天文学，说明那里可能有数百万个星系和几十亿颗潜藏的行星。从占星学角度来看，我观察到土星的位置处于狮子座；从钟表学上说，我推测现在的时间大约是三点一刻；就气象学而言，我想明天很可能是晴空万里；从神学上，我又能深深感到上帝的强大与我们的渺小，我们有如'蜉蝣于天地，沧海之一粟。'"

福尔摩斯沉默了片刻。

"华生，你这个蠢材！"他说："有个混蛋把我们的帐篷偷走了！"

趣评：福尔摩斯和华生在野外露营，帐篷被偷引发的后果为：后半夜他们将很难安然入睡，因此看到繁星而洞察到帐篷被盗，才是华生应该关注的首要问题。

管理者的使命便是使企业层出不穷的问题得到最妥善的解决——如何在市场竞争中赚取利润，如何激发员工的工作积极性，如何为企业制定有效的发展战略，如何应对企业所面对的各种危机，如何使企业能够历经百年而基业长青，如此等等。如果企业没有需要解决的问题，管理者也就失去了存在的价值。"吉德林法则"由美国通用汽车公司管理顾问查尔斯·吉德林提出，他认为：把难题清清楚楚地写出来，便已经解决了一半。在瞬息万变的环境下，怎样才能最有效地解决难题，并没有一个固定的规律。但是，遇到难题的时候，不管管理者采取什么应对策略，成功的前提是必须看清难题的关键在哪里。只有找到了问题的关键，所采取的解决方案才是行之有效的。

20世纪80年代初期，从得克萨斯州飞往纽约市，美国大陆航空公司的机票售价只为49美元，但是低价策略也没有使公司赢得市场的青睐，公司的业绩还是连年下滑、年年亏损。到1995年时，公司有18%的飞行都是负债经营的。大陆航空公司想了很多革新的办法，但都收效甚微，戈登担任公司的新总裁后，他仔细分析了公司发展失利的症结。

戈登发现，出售极低价格的机票并没有增加公司的利润，因为为了保持机票的低价出售，公司采取了增加座位的方式和每天无数次地奔波往返于城市之间的方法，但这些城市的需求有限，低价策略并没有为公司赢得更多的客户。

于是，戈登开始调整战略，把飞行航线改为了大多数人想去的地方；而格林斯伯勒、北卡罗来纳、格林菲尔德和南卡罗来纳并不需要那么多班次，公司每天却有6次航班飞往那里，于是他取消了几次航班。

戈登还发现，在格林斯伯勒—格林菲尔德航线上，大陆航空虽然占有90%的市场份额，但仍然亏损；大陆航空公司从罗利飞往堪萨斯城或奥兰多或辛辛那提的航班极不合理，乘客想要去别的重要城市很不方便。但是，如果开拓了飞往纽瓦克的市场的话，大陆航空公司所占的市场份额就足以支持公司开通飞往克利夫兰和休斯敦的航线，而这条航线对乘客来说最为方便。发现这些问题后，戈登立即行动，减少了一些不合理的航线，开拓了一些有连锁效应的新航线。改革以后，虽然大陆航空的班次减少了，但赚的钱却大大增加，即使把机票价格适当地调高，也不会影响公司的赢利水平。

戈登先是提出问题，进而分析问题、解决问题，这一思维过程做到了扭亏为盈，大陆航空渐渐地成为一家颇有竞争力的航空公司。

管理者在遇到问题时，先对问题进行认识和分析，才是正确的解决之道，可以使管理工作事半功倍。

悬赏——“鸟笼效应”：战略与能力相匹配原则

美国士兵接到布什的悬赏令：“捉住一个伊拉克士兵，可得十万美元！”俗话说“重赏之下必有勇夫”，米歇尔和尤里开始在巴格达附近仔细搜寻伊拉克士兵。劳顿了几天后，两人精疲力尽，躺在地上就进入了梦乡。当米歇尔醒来时，他发现他们四周被五百多名持枪的萨达姆共和国卫队包围着，米歇尔急忙推醒尤里，喊道：“尤里，快起来，我们发大财了！”

趣评：按照布什的悬赏令，五百多名伊拉克士兵自然意味着一笔不菲的收入，但关键问题是：米歇尔和尤里如何才能保全性命，把这五百多名士兵送往布什政府？愿景固然宏大，但能力是否能支持这个愿景才是最关键的前提。

丹尼斯·狄德罗是18世纪生于法国的一个哲学家，一天，他的朋友送了他一件质地精良、做工考究的睡袍，狄德罗十分喜欢这件睡袍。然而当他穿着睡袍在书房里走来走去的时候，突然觉得所有的家具都过于陈旧了，完全不匹配睡袍的风格，地毯的针脚也粗糙得吓人。于是，一种以新换旧的想法跳了出来，他将书房很多的东西都换成了新的，这时候，他终于感觉书房的格调能够匹配自己的睡袍了。然而就在他心满意足的时候，他突然意识到“自己居然被一件睡袍胁迫了”，于是他写下了这样一篇文章——《与旧睡袍别离之后的烦恼》。

这便是“鸟笼效应”，指的是人们在拥有了一件新的物品后，常常会不自觉地在心理强迫的暗示下，期求更多的与之相匹配的物品。

“鸟笼效应”应用在企业里也可以说明很多问题，对整体而言，它说明企业的战略应该与企业的资源和能力相配合，企业现时的能力如何、拥有什么样的资源，便应该选择什么样的战略方向。如果企业的能力与资源无法为战略规划提供支持，常常会导致战略在执行的过程中被搁置，从而使成功实施战略成为一项不可能完成的任务。

企业在制定战略时，应该遵照顺势而为的原则，根据企业的中长期目标制定合宜的发展战略，实施战略所要求的支持资源可以比企业的现时资源高一些，却不能过于偏离，以免力有不逮，导致执行战略规划时使企业陷入积重难返的境地。

仓库计划——“摞补丁效应”：解决问题应到位

一家规模较大的公司淘汰了一批落后的设备，董事会说：“这些设备以后也许还有用途，不能扔，建个仓库把他们放起来。”于是为了堆放这批设备，专门修建了一间仓库。

仓库建好后，董事会说：“防火防盗不是小事，找个看门人。”于是请了看门人看管仓库。

三个月后，董事会说：“看门人没有约束，玩忽职守、监守自盗怎么办？”于是又派了两个人到仓库，成立了计划部，一个负责下达任务，一个负责制订计划。

一段时间后，董事会说：“我们必须随时了解工作的绩效。”于是又派了两个人过去，成立了监督部，一个写总结报告，一个负责绩效考核。

又过了一段时间，董事会发话了：“收入与绩效一定要严格考核。”于是又有两个人被派了过去，成立了财务部，一个负责计算工时，一个负责发放工资。

一段时间后，董事会说：“管理没有层次，出了问题谁负责？”于是又派了四个人过去，特别成立了管理部，一个主管计划部工作，一个主管监督部工作，一个主管财务部工作，一个担任总经理职务，总经理直接对董事会负责。

一年后，董事会说：“去年仓库的管理成本为35万元，这个费用太庞大了，你们一周内必须想出解决办法。”

一周以后，看门人被解雇了……

趣评：企业作为一个营利性机构，当前和今后的利润为企业发展的重中之重。然而，很多企业往往在无效产出上耗费过多的运行费用，导致事倍功半。

“摞补丁效应”在管理学中指的是：改善工作没有触及根本的原因，反而因为改善而产生了大量的衍生工作，导致了组织臃肿、效率低下、管理成本上升等不良现象。

比如，有的企业为了解决某一个问题，建立了某项制度、某个流程或者开展了某项工作，然而在执行新制度和新工作的过程中，由于制度和工作的不完善，结果又产生了新的问题，从而滋生出了另一套制度和流程。如此不断重复，制度和工作越来越多，越来越复杂，原本真正要解决的问题反而被忽略了。这就像物品上出现了一个小洞，在小洞上打了块补丁，一段时间后，补丁上也出现了小洞，便再在新的小洞上打补丁，随着时间的延续，小洞越来越多，补丁也越来越多。当清除掉这些补丁后，才发现弥补原来的漏洞仅仅需要一块合适的补丁，但是事实的真相早已经被掩盖在厚厚的、密密的补丁之下了。

之所以会出现“摞补丁效应”，根本原因在于：企业管理者在改善过程中没有抓住重点和核心，分析问题停留在表面现象，缺乏系统化思维方式，导致所打的补丁没有覆盖在真正想弥补的空洞上。

在企业内部，当问题的协商与解决需要跨部门合作时，也容易出现“摞补丁效应”——由于部门之间协调难度大或本位主义因素作祟，部门的领导往往只是从自己的职责及能力范围内提出解决对策，对于职责外的问题置若罔闻，以致漏洞只补了一半，当再一次出现问题时，便继续在原有补丁的基础上叠加新的补丁。

有时候，解决一个问题可能会影响领导层的既得利益，中层管理人员为了明哲保身，便只是在漏洞的外围添加几个补丁，当出现新的问题后，补丁的周围便再次出现新的补丁。

“摞补丁效应”的出现，不仅使企业面对的真正问题没有得到有效解决，还使企业无端地产生了大量无效劳动，增加了许多的运营费用，最终的结果是：明明投入了100%的成本，所收到的管理效益却不足20%。

囚犯的选择——“沃尔森法则”：把信息和情报放在第一位

一个美国人、一个法国人和一个犹太人同时被法院宣判入狱三年，监狱长可以满足他们每个人一个要求。美国人酷爱雪茄，他要了三箱雪茄；法国人天性浪漫，他要求和一个美丽的女子共度监狱岁月；犹太人只是别出心裁地要了一部能够与外界沟通的电话。

三年过去了，美国人第一个冲了出来，他的嘴里鼻孔里塞满了雪茄，大喊道：“给我火，给我火！”接着，法国人款款走了出来，他的手里抱着一个小孩子，身边的女子手里牵着一个小孩子，肚子里还怀着他们的第三个孩子。犹太人最后一个从监狱里走出来，他紧紧握住监狱长的手说：“这三年来我每天和外界联系，生意非但没有停顿，利润还增长了200%。为了表示感谢，我准备送你一辆劳斯莱斯！”

趣评：犹太人虽身陷囹圄，但依然在商界斩获颇丰，这充分证明了一条规律：信息是市场竞争中最有价值的资源。

美国企业家S.M.沃尔森在经营中非常强调信息的重要性，他认为：把信息和情报放在第一位，金钱就会滚滚而来。管理界将这一理念概括为“沃尔森法则”。

企业如果要获得生存和发展，便要在第一时间获得对企业发展有利的情报，能否洞悉社会需求的发展动向，能否打探到竞争对手的最新举措，能否借助某个契机及时借势，并能否在获取情报后迅速地做出对策，最终决定着一个企业是否能在市场竞争中立于不败之地。

20世纪60年代以前，欧米茄公司垄断了历届奥运会计时器的供应。当日本获得了1964年奥运会主办权时，日本精工舍钟表公司认为这是个极佳的体育营销机会，为了与欧米茄竞争，精工舍钟表公司还派出了一支“间谍”队伍对欧米茄的计时器进行了侦察。他们发现，欧米茄所生产的机械表误差较大，如果自己想在竞争中取得优势，首先便要减少计时器的误差。为此，他们加大研发力度，争取开发出一种误差更小的计时器。终于，他们开发出了一种每天的运行误差只有0.2秒的石英表，相对欧米茄每天30秒的运行误差，精工舍的最新产品赢得了奥委会官员的一致认同，精工舍成为这一届奥运会的独家供应商。

企业的发展是与环境不断博弈的过程，信息的获得使企业的决策更具有针对性，减少因信息不对称而引致的利益损害，管理者获得信息的能力一定程度上决定了决策的正确与否。

鸡亡事故——“费斯法则”：拿到第二个之前，不要扔掉第一个

保罗是一个农夫，他养了一群鸡。有一天，他急急忙忙跑去对另一个养鸡人说：“我的鸡得了鸡瘟，已经死了一半，该怎么办啊？”

“你给它们吃什么呀？”

“大米。”

“你应该给它们吃小麦。”

回去后，保罗开始给鸡改吃小麦。

第二天，他又来到了养鸡人家里：“不好了，又有五十只鸡病死了！”

“你给它们喝什么？”

“冷水。”

“你应该给它们喝热水！”

两天之后，保罗第三次向养鸡人讨教：“现在我只剩下十只鸡了！”

“你给它们喝的水从哪儿弄来的？“

“井里。”

“你应该给它们喝泉水！”

不久，保罗垂头丧气地见到了养鸡人，说：“哎，我最后的一只鸡也死了。”

“哎呀呀，”养鸡人惋惜地长叹一声，“这太可惜了。我还有很多好建议没有来得及跟你提呢！”

趣评：如果不确定他人的意见能百分之百拯救垂死的鸡，保罗便不应该全然抛弃过去的做法。稳妥的做法是：先选几只鸡作为试点验证建议的可行性，当试点鸡恢复生机时，再将新的做法应用在其他的鸡身上。这种方法可以把改革的风险降到最低。

“费斯法则”的内容为：在拿到第二个之前，千万不要扔掉第一个。企业实行一项新的管理制度，或研发生产的一种新产品推向市场都属于变革。变革是一把双刃剑，可能大力改善了组织内部的运行，增加企业与竞争对手的比较优势；也可能组织成员与外界市场对新的变革产生抵触情绪，导致变革为企业的发展带来负面影响。因此，当企业无法完全排除变革的负面影响时，在推行变革举措的时候，便不能彻底放弃过去的制度与产品，尤其对于尚未走到生命周期的终点的产品，更不能立即停产，使其直接退出市场。

作为碳酸饮料生产的两巨头，可口可乐与百事可乐的恶斗一直没有停息过。在最初的商战中，可口可乐稍胜一筹，1983年，可口可乐的市场占有率为22.5%，百事可乐为16%。1984年，可口可乐是21.8%，百事可乐是17%。针对可口可乐的保守传统，百事可乐以年轻人为市场目标，将自己标榜为具备新思想、富有朝气和创新精神的年轻企业，这一市场定位获得了很多年轻人的垂青。看着百事可乐在市场上的奋起，可口可乐也应时而动，对于沿用了99年的“神圣配方”做了新的修改，向市场隆重推出了“新可口可乐”，并停止了老配方可乐的生产销售。然而，传统与美国精神一直是可口可乐一枝独大的基因，“新可口可乐”的标新立异遭到了市场强烈的反感。“新可口可乐”推出后，可口可乐公司每天收到多达600封的抗议信和1500次以上的抗议电话，更有很多消费者以上街游行的方式抗议新产品对他们的背叛。在四面楚歌的境地下，可口可乐不得不宣布恢复原有配方，并特意将其命名为“古典可口可乐”，标志着曾经的可口可乐回来了。可口可乐不得人心的改革举动为百事可乐提供了可乘之机，1985年可口可乐与百事可乐的市场销售比是1.15：1.1993，百事可乐以250.21亿美元的销售额高居世界最大工业公司的第48位，而可口可乐仅以139.57亿美元，远远落到第94位。

可口可乐的市场失利便在于对“费斯法则”的违背，新饮料尚未打开局面，就匆匆停止了老饮料的生产，结果导致腹背受敌。可口可乐的战略失误警示后来的经营者，进行战略决策时，如果原来的方案仍然在发挥着正面的效用，不论新的决策方案在实行之前具有多大胜算的把握，也不要立刻放弃原来的方案！

双料冠军——“反木桶原理”：寻找企业的核心优势

维克多遇见了从文化宫出来的一位朋友。他随便和朋友搭讪：“你表现得怎么样？”

“棒极了！”朋友得意地说，“我打了网球，下了象棋，既赢了象棋冠军，又赢了网球冠军。”

维克多很诧异：“你打网球、下象棋都很在行吗？”

“我和网球冠军一起下象棋，赢了他；后来，我又和象棋冠军一起打网球，我也赢了他。”

趣评：“凡战者，以正合，以奇胜”，企业在竞争中，不一定各个方面都要强于自己的竞争对手，如果能以己之强攻他人之弱，反而能出奇制胜，成为某一个领域的领先者。

“木桶定律”认为：一只木桶盛水的多少，并不取决于桶壁上最高的那块木块，而是取决于桶壁上最短的那块。“木桶定律”强调系统中所有元素要实力相当，只有这样，整个系统才不会被不利的元素拖了后腿。“反木桶原理”则反其道而行之，它认为：木桶最长的一根木板决定了其特色与优势，在一个小范围内成为制高点，对于组织而言，凭借其鲜明的特色，便能跳出大集团的游戏规则，独树一帜地建立起自己的核心竞争力。

与“木桶原理”追求稳固的保守思想不同，“反木桶原理”是一种提倡特色突显的创新型理念。它认为企业应具备突显的特色而逐渐在行业内建立起自己的突出优势，然后，通过不断增加这种突出优势而突破市场领导者牢牢控制的局面，进而塑造一种新的态势，根据优势富集效应而实现几何级数的发展，最终到达某一个制高点。

特色突显不同于传统的差异化战略。差异化战略实际上是一种对抗性的竞争，利用同质产品的细微区别，在有限的市场夹缝里获得生存空间。特色突显不是细枝末节的创新，而是在产品和市场模式上实现完全的创新，通过创新企业建立自己的核心竞争力。比如，戴尔公司独创计算机直销模式，追求客户服务的完善备至，结果避开了与行业巨头万国商业机器公司的正面交锋，在市场上找到了安身立命之地，计算机直销模式便是戴尔突显的特色，随着这一方面的加强和完善，企业在其他方面也获得了纵深的发展。

特色突显与“80/20原则”有着类似的逻辑，企业只要在20%的地方做到最好，那么就能取得80%的成功。特色突显对于中小企业具有重要的意义，因为往往特色突显并不需要强大的资金支持做后盾，这对于资金短缺的中小企业有着非常的意义。因此，中小企业应保持冷静的头脑，将大部分的资源用于企业最长的那块“木板”上，保证这块“木板”最长的地位，从而使企业在市场上富有竞争力。浙江沿海地区密集了一大批小企业，他们起身于简陋的厂房里，生产的产品很简单，但经过多年的躬耕奋斗，他们往往能成长为某个领域的“带头大哥”，根本原因便在于他们拥有自己的核心优势，从而避开了与其他大企业的市场恶斗，真正实现了“一招鲜，吃遍天”。

领带——“儒佛尔定律”：有效预测是决策的前提

一个商人在沙漠中行走了很久，口渴得简直嗓子要冒烟了。在他快要走出沙漠的时候，他遇到了一位推销员，推销员意欲把一条领带推销给他。商人不耐烦地说：“你行行好吧，我渴得连衬衣都想撕开了，还买什么领带！”推销员无奈地走开了。

又走了很长时间后，商人终于在沙漠的边缘看到了一家酒吧，他飞奔过去，然而就在他跑到酒吧门口的时候，门口的侍者礼貌地阻止了他：“对不起，先生，我们这里不打领带者是不许进入的。”

趣评：如果商人在遇到推销员的时候能预测到绅士穿着是进入酒吧的必要条件，他就不会眼看着酒吧近在眼前，却被拒门外无法解决口渴难耐的现状。

信息创造价值，在如今信息爆炸的时代，信息已被誉为第四类战略资源，与自然资源、财物资源、人力资源，统称为现代社会发展的四大资源。企业身处瞬息万变的市场大潮中，如果管理者能从繁复的信息中预测出未来市场的走向，并高瞻远瞩地针对其做出决策，将有助于企业夺取市场先机，先竞争对手一步成长为行业的佼佼者。

“儒佛尔定律”由法国未来学家儒佛尔提出，他认为：有效预测是英明决策的前提，没有预测活动，就没有决策的自由。李嘉诚能崛起为香港的首富，与他的市场前瞻性不无关系。20世纪50年代中期，李嘉诚创办了长城塑胶厂，以生产塑料玩具为主，但当时玩具市场已经基本饱和，工厂面临着倒闭的命运。正在此时，李嘉诚从一份报纸上发现了一条消息：当地一家小塑料厂将制作塑料花出口欧美。他顿时想到第二次世界大战后，欧美国家的生活水平虽然得到了提高，但在种植草皮和鲜花方面还是一个空白，看来在将来一段时间，塑料花必然会有很大的市场空间，成为他们用于各种装饰场合的必需品。产生这种想法后，李嘉诚马上转而生产塑料花，由于这一举动，李嘉诚赚取了日后发展的第一桶金。

一个企业要提高经济效益，要获得持续发展，管理者就必须及时了解国内外经济环境，能够对社会的发展做出前瞻性预测。一般准确的预测依据如下三个定理。

1.因果性原理

事物之间总是存在着某种因果关系，从原因能够推知结论，从结论也能反推出原因。管理者要从社会环境及经济环境中扫描对企业发展有利的信息，便要善于寻找企业的触角能够延伸到的领域，能够找出自变量与应变量之间的因果关系及其发展规律。

2.类推性原理

一般事物之间存在着结构上或者发展规律上的相似之处，可从已知事物的结构和发展推测出未知事物的未来。运用类推性原理的关键，是找到事物之间、状态之间的相似性。

3.连续性原理

客观事物的发展和演变具有合乎规律的连续性，一切事物都有过去、现在和未来，不会经常发生突变。不过虽然事物的发展遵循一定的规律，但事物发展的规律也常常具有阶段性，并不总是遵循一样的规律。管理者不应简单地将过去的规律作为预测未来的完全凭证，应把重点放在明确事物的未来发展的规律上。

诀窍——“生态位原则”：在自己的生态位做强做大

馄饨店的隔壁开设着一家茶馆，馄饨店的生意怎么也不如茶馆，馄饨店老板向茶馆老板请教：“为什么你的生意会这么好？这里有什么诀窍？”

茶馆老板说：“如果你馄饨里再多放一点儿盐，我的生意将会更加兴隆。”

趣评：企业选取进入的行业时，如果只是一味蜂拥在一个有限的市场空间里，将难以获得发展。选取自己独特的生态位，除了能避开红海竞争外，还能与其他企业形成互补效应。

俄罗斯人格乌司做了一个生物实验，他把两种不同的生物分别放在了两个相同浓度的细菌培养基中，其中，一种叫双小核草履虫，另一种叫大草履虫。几天后，两种生物的种群数量都呈S形曲线增长。后来，格乌司又把它们放在了同一环境中培养，并控制食物的供给，结果，十六天后，双小核草履虫仍自由地活着，大草履虫却消失得无影无踪。在这个过程中，格乌司并未发现两种虫子相互攻击的现象，两种虫子也没有分泌有害物质。只是在竞争同一食物的过程中，双小核草履虫的竞争能力高于大草履虫，导致大草履虫被赶出了培养基。

接着，格乌司又做了另一个实验，他将大草履虫与另一种袋状草履虫放在同一环境中进行培养，几天后，两种生物都活了下来，并且达到了一个相对稳定的平衡水平。这两种虫子虽然也竞争同一种食物，但由于袋状草履虫与大草履虫所需要的不是食物的同一个部分，它们不会形成竞争关系，结果两者都生存了下来。人们把格乌司的这种发现称为“格乌司原理”，也就是管理学中的“生态位原则”，意指在大自然的生态系统中，每一个存在者都有自己的“生态位”。亲缘关系接近的、具有同样生活习性的物种，将会在同一地方竞争同一生存空间；而具有迥异生活习性的物种，则易于形成和谐的生存关系。应用在企业经营管理上，就是同质产品或相似的服务，在同一市场区间竞争激烈，难以同地和谐共存。

当企业的发展计划在市场上触礁时，经营者往往喜欢从资金、产品、市场等方面来寻找原因，很少从生态位的角度为企业做出诊断。这里所说的“生态位”包括两个方面：一是企业自身所处的生态环境，二是企业所需要的生态环境。所谓的“生态位环境”，即自然环境和社会环境。自然环境包括气候、食物、土壤和地形等；社会环境则指文化、观念、道德、政策等方面。每一个企业都有自己专属的生态位，当企业发展不利时，经营者不妨想想企业所提供的产品和服务是否适应了当地的环境，企业所进入的行业是否真的是企业最擅长的领域。

“生态位原则”对于管理者确定企业的发展战略及竞争战略同样有很大的作用，企业的产品刚刚进入某个特定市场时，一般竞争对手稀少，容易形成原始生态位或虚生态位。但是这种对于市场的独占只是一个短暂的时期，市场的开放性必然导致其他的竞争者大举进入该市场，形成生态位的部分重叠。如果前期市场容量足够大，每个竞争者尚能各分一杯羹，随着拥有的市场份额逐渐缩小，竞争必然会日趋激烈，导致一部分竞争者被淘汰出局。居安思危，企业应时时保持危机感，鞭策自己每天都向着一个更高的目标挺进，即使在某一个生态位上已经占据了相对优势，也不要“只求现世安稳”，而要朝着做大做强的目标去努力。因为，一旦企业成为某个“生态位”的统治者，其他的竞争者便难以立足，或者小试身手后便黯然出局，或者“唯行业领导者马首是瞻”。

难题——“布利丹效应”：决策中犹豫不决、难做决定的现象

一位异地而来的旅行者到达了一个陌生的小车站，他问站长：“请问这儿有几家旅馆？”

“两家。”

“那么，哪一家好一些呢？”

“这可是个难题啊！因为不论你到了哪一家，你都会马上就后悔，怎么没去另外一家。”

趣评：管理者做决策时，如果百般权衡、犹豫不决，就会陷入举棋不定

的境地。

14世纪，法国经院哲学家布利丹在一次议论自由问题时讲了一个寓言故事：一头毛驴饥饿至极，可是它站在两捆完全相同的草料中间，却始终犹豫不决，不知道应该吃哪一捆才好，结果竟然被活活饿死了。后来，“布利丹驴”便被人们用来喻指那些优柔寡断的人，并常把决策中犹豫不决、举棋不定的现象称为“布利丹效应”，也称“布利丹选择”或“布利丹困境”。

管理者在进行与企业发展前景有关的重要决策时，最容易发生“布利丹效应”，他们总是希望能够对各种决策的利与弊权衡完全，从而选出最优决策，以避免错误的战略选择使企业的发展遭遇不利。然而战机便是商机，有时候某个决策是否为企业带来新的发展机会不在于决策多么正确，而在于管理者是否迅捷地执行了决策。等到管理者将决策的利益与风险考虑得十分清楚的时候，竞争对手同样也可能做出了同样的决策，此时这个战略方向就不能为企业提供“大盈”的机会了。对于管理者而言，审慎小心是必然的素质要求，但是某些时候，管理者还应该有豪赌的气魄，果断地抓住时机，确定一个企业未来发展的方向后，集合公司所有的资源去实现新的发展目标。“赌”便意味着风险，但相较赌局失算的风险，犹豫不决、迟迟举棋不定将会使企业付出更大的代价。英特尔总裁安迪·葛洛夫曾这样论说英特尔的转型时期：“路径选错了，你就会死亡。但是大多数公司的死亡，并不是由于选错路径，而是由于三心二意，在优柔寡断的决策过程中浪费了宝贵的资源，断送了自己的前途。所以最危险的莫过于原地不动。”

随着商业的发达，未发掘的市场空间越来越小，企业可选择的开辟新市场空间的机会也越来越小，当管理者产生某个创意时，便应该努力克服“布利丹效应”，尽量缩短决策时间，为企业的发展赢取先机。与之相对应，管理者应做到：

采用稳健的决策方式，确立价值主张，这样有助于快速决策。比如，明确知道企业是要做对事还是把事做对，是要产品还是要市场，是要收入还是要利润；

养成独立思考的习惯，认真倾听其他人的意见，但是不受其钳制；

不要试图通过一个决策就想获得很多的利益，十全十美的决策几乎没有；

采用合适的决策而不是最好的决策。

明智的决策——危机处理的创新性原则

一位富婆买了一块地皮，可是没过多久就被大水淹了，她怒不可遏地找到房地产公司，要求他们退钱。公司不愿意答应富婆的要求，双方为此争执不下。

于是，公司开了一个紧急会议，特别讨论该不该退钱的问题。

公司的职员各执己见，有的认为应该退钱，这样可维护公司的声誉；有的说不应该退钱，因为这笔生意对公司的经营业绩有举足轻重的影响。老板一筹莫展，不知道该采取哪方的意见，他绞尽脑汁后终于想出了一个两全其美的办法，说道：“最明智的决策就是买一艘汽艇送给她！”

趣评：如果地皮日后被开发为水上乐园，汽艇则是一份不错的贺礼。

菲克普是美国《危机管理》一书的作者，他曾对《财富》杂志排名前500强的大企业董事长和CEO做过专项调查，结果显示：80%的被调查者认为，现代企业面对危机，就如同人们必然面对死亡一样，已成为不可避免的事情，其中有14%的人承认，曾经受到严重危机的挑战。企业在发展的过程中，不可能处于危机的真空中，当危机发生后，如果管理者没有采取及时有效的对策，危机的巨大破坏性在一瞬间可能将企业引上覆灭的不归之路。吴炳新、吴思伟父子所创办的三株帝国曾经显赫一时，公司曾创造出中国保健品行业最辉煌的历史，但是由于缺乏危机管理的技巧，来自湖南常德陈伯顺家人的一纸诉状直接导致三株帝国瞬间倾塌。由此可见，应对危机的能力决定着企业是否会将十年之功毁于一旦，在进行危机管理时，加强信息的披露与公众保持积极的沟通是基本的对策。危机产生时，小道消息盛行，企业只有积极披露公司的最新消息，才能减轻公众的躁动与不安，使公众感知到企业被危机所胁迫后的真诚。不过，在这个前提下，如果管理者能将一些创新性解决方案融进危机管理的过程中，除了能减轻客户和公众的对立情绪外，还可能使危机变为企业发展的又一个转机。

知识经济时代，创新已日益成为企业发展的核心因素，企业所面临的危机常常具有意外性、破坏性、紧迫性的特点，这种形势更需要企业采取超常规的手段来解决危机，通过借助新技术、新信息和新思维，对解决方案进行大胆创新，从而扭转不利的局面。2003年，“非典”危机来势汹汹，青岛啤酒的经营非但没有受制于危机，企业反而通过两个创新开辟出了新的商机。他们在渠道上标新立异，与很多城市的供水系统联合，利用它们的配送网络，实现了非接触式的送货上门；同时，他们还改革创新销售终端，一改以往以城市的酒店为重点的终端销售模式，将主力放在小区、社区和农村市场，结果在开发家庭消费市场终端方面开辟出了新的局面。

第12辑

读笑话，谈沟通

·当一个企业发展得渐有规模，管理的层次逐级增加后，言路不畅便成了有效沟通的最大障碍，高高在上的领导者并不能及时获知执行层面的具体情况，导致领导者所做的决策偏离了现实情况，造成决策失误。在企业中，信息的交流主要有三种方式：上情下达、下情上达、平行交流。前两种是非平等交流，后一种则是平等交流。管理者要想实现平等沟通，便要打破等级之间的壁垒，把平等的理念注入前两种交流形式中去。

·管理学大师彼得·德鲁克曾说："沟通不是你在说什么，而是别人怎么理解你说的是什么。"管理是一项驾驭人的艺术，管理者在日常的工作中，80%的时间都在与不同的人进行沟通，一个管理者在沟通的过程中，如果无法保证上级、下属、客户及合作伙伴完全明白自己意欲表达的信息，甚至使他们对信息造成误解，必然会对日常工作造成重大的负面影响。

碎纸机——“费斯诺定理”：学会倾听

一个刚到公司不久的小伙子抱着一摞文件站在碎纸机前犯愣。公司的秘书刚好从旁边经过，她看到小伙子后，低声说了句：“真是菜鸟，连这个都不会用。”随之便抢过小伙子手里的文件，放到机器里按动了电钮，很快文件被切碎了。这时小伙子问：“太谢谢你了，请问复印件从哪里出来？”

趣评：很多的失误便来源于“我以为”的思维惯性，如果要避免惯性思维所引致的失误，非常有用的一个方法就是：学会倾听。

“费斯诺定理”由英国联合航空公司总裁兼总经理费斯诺提出，其观点为：人应该多听而少讲，因为人拥有两只耳朵却只有一张嘴巴。管理者身处组织层级的较高层，常常喜欢独断专行，在沟通中虽然似乎在听着下属的讲话，但事实上并没有深入谈话者的思想，没有从下属的角度真正理解员工意欲表达的见解。是否具备较高的倾听技巧是有效沟通的关键，管理者应从如下五个方面培养自己的倾听技巧。

一、与下属保持眼神接触。眼神直接表明了管理者是否在积极倾听下属的讲话，与下属保持眼神接触，等丁在暗示员工管理者正在十分用心地倾听，提高了下属表达的欲望。

二、运用适当的面部表情和低调的身体语言。比如，如果管理者对于下属的某个想法持有相同的观点，可以用点头来赞成，这说明管理者正与下属处于同样的沟通情境。

三、适时提问。提问是增进理解的最好途径，具有反馈的功能。

四、千万不要做一些干扰性的动作和姿势。看手表，翻报纸，这些不经意的举动会让下属觉得管理者很不耐烦，使交谈“短路”。

五、管理者参与对话时，自己不要说得太多。管理者与下属沟通是增加自己信息量的过程，因此，管理者应该把沟通中80%的时间交给下属去支配，自己则分析下属讲话中所反映的问题。

尝汤——“位差效应”：平等交流是有效沟通的保证

有一次，巴顿将军对士兵食堂搞了一次突然视察，他想看看士兵真正的生活到底是怎么样的。在食堂里，他看见两个士兵站在一个大汤锅面前，便走了过去，向士兵命令道：“让我尝尝这汤！”

“可是，将军……”其中的一个士兵正准备解释。

巴顿将军打断了士兵的话：“没什么‘可是’，给我勺子！”随之，巴顿将军举起勺子喝了一大口，“咕咚”将汤咽下后，将军怒斥道：“太不像话了，怎么能给战士喝这个？这简直就是刷锅水！”

“我正想告诉您这是刷锅水，没想到您已经尝出来了”，士兵答道。

趣评：如果在食堂里举起勺子的不是巴顿将军，而是一名普通士兵，那一勺刷锅水被喝进肚里的概率会低很多。

管理领域有一个术语是沟通的“位差效应”，内容为：平等交流是企业有效沟通的保证——来自领导层的信息只有20%~25%被下级知道并正确理解，而从下到上反馈的信息不超过10%，平行交流的效率则可达到90%以上。美国加利福尼亚州立大学是沟通的“位差效应”的提出者，他们对企业内部沟通进行研究后得出了“位差效应”这一结论。为了进一步研究这一结论，他们又试着在整个企业内部建立了一种平等沟通的机制，他们发现，在企业内建立平等的沟通渠道后，大大增加了领导者与下属之间的协调沟通能力，使他们在价值观、道德观、经营理念等方面很快地达成一致；同时，上下级之间、各个部门之间也实现了信息的对称流动，业务流、信息流、制度流也更为通畅，大大减少了信息在执行过程中发生变形的情况。最后，他们得出了一个结论：平等交流是企业有效沟通的保证。

当一个企业发展到渐有规模，管理的层次逐级增加后，言路不畅便造成了有效沟通的最大障碍，高高在上的领导者并不能及时获知执行层面的具体情况，结果导致领导者所做的决策偏离了现实情况，造成决策失误。在企业中，信息的交流主要有三种方式：上情下达、下情上达、平行交流。前两种是非平等交流，后一种则是平等交流。管理者要想实现平等沟通，便要打破等级之间的壁垒，把平等的理念注入前两种交流形式中去。

关于如何在企业内部实现平等交流，沃尔玛公司为业内的许多公司起到了示范作用。在沃尔玛公司，任何员工在任何时间、任何地点，都允许以口头或书面形式与管理人员乃至总裁进行沟通，向高层提出自己的建议和投诉。董事长沃尔顿亲自接待要求面见的基层员工，倾听他们的讲话，如果员工提出了有价值的见解，他便认真地解决相关问题。

通常情况下，专属于沃尔玛公司的12架飞机停在阿肯色州罗杰斯机场的飞机库里，地区经理们每个星期一的早晨都要乘坐飞机前往自己分管的地区视察。视察持续四天，在这个过程中，经理大量接触基层的员工，了解他们对公司及商品销售走势的建议，对提出有价值建议的员工进行及时奖励。

为了加强平等意识，沃尔玛员工所佩戴的工牌也独树一帜，上面除了名字外，没有标明职务，公司内部没有上下级之分，见面就直呼其名，尽可能地避免了管理层级对于平等沟通的负面影响。

老板的要求——警惕沟通中的“失真效应”

老板对秘书说：“你帮我查一查我们有多少人在华盛顿工作，星期四的会议上董事长将会问到这一情况，我希望准备得详细一点。”秘书收到指令后，立即打电话给华盛顿分公司的秘书：“董事长需要一份你们公司所有工作人员的名单和档案，请准备一下，我们在两天内需要。”分公司的秘书又向其经理汇报：“董事长需要一份我们公司所有工作人员的名单和档案，可能还有其他材料，文件要尽快送到。”

第二天早晨，四大箱航空邮件到达了公司大楼。

趣评：管理者向下属分派工作任务时，如果下属对于工作指示的理解异于管理者的本义，常会导致工作执行的结果与目标差之千里。

一个秀才去买柴，他对卖柴的人说：“荷薪者过来！”卖柴的人虽不知“荷薪者”为何意，但他知道“过来”的意思，便向秀才走去。秀才又问：“其价如何？”卖柴人把价钱告诉了秀才，秀才摇了摇头说：“外实而内虚，烟多而焰少，请损之（你的木材外表是干的，里头却是湿的，燃烧起来，会浓烟多而火焰小，请减些价钱吧）。”卖柴人听得不明所以，悻悻地挑着柴走了。秀才是读书之人，卖柴人不过是乡野村夫，两人在知识储备方面存在着巨大的差异，秀才用读书人的语言与卖柴人交流，卖柴人所有的知识资源无法解读秀才的用语，自然导致两者无法顺利交流。这种情况便是“失真效应”，指的是：在信息传递的过程中，输出信息与输入信息不一致导致结果出现差异的现象，即失去本意或原来的面貌。

管理学大师彼得·德鲁克曾说：“沟通不是你在说什么，而是别人怎么理解你说的是什么。”管理是一项驾驭人的艺术，管理者在日常的工作中，80%的时间都在与不同的人进行沟通，一个管理者在沟通的过程中，如果无法保证上级、下属、客户及合作伙伴完全明白自己表达的信息，甚至使他们对信息造成误解，那么必然会对日常工作造成重大负面影响。

如何才能避免沟通中出现“失真效应”？怎样才能提高沟通的效率？与沟通相关的“4W1H”法则为有效沟通的实现提供了一些建议：

WHO：确定与谁进行沟通。信息传递的过程中，经过的中间人越多，信息失真的概率越高。直接与受传人进行沟通，可以尽量避免信息在传递过程中的遗失、扭曲。与下属结束沟通前，管理者最好提取反馈信息，让下属把工作内容复述一下。

WHERE：在哪里沟通，确定沟通的地点。同一个信息，相较办公室，在电梯间传递时就降低了信息的重要性，所以重要的工作指令适宜以管理者的办公室为沟通场所。

WHEN：什么时候进行沟通。对于很重要的事情，管理者就不要在临近下班的时候与下属进行沟通，此时对于下班的关注使下属难以在交流的时候全神贯注。

WHAT：沟通的内容是什么。管理者在沟通时，一定要明确自己的沟通目的，以免在沟通的过程中失去了对于主题的控制与驾驭。

HOW：怎样进行沟通。在企业中，庞大的组织机构是导致“失真效应”的重要原因之一，组织结构越复杂，信息传递的渠道也越复杂，小道消息盛行，模糊的信息经多次传播后，相对信息源的原意发生了严重变异。此外，组织还常常是流言的栖息地，不正确的流言经多人传播，遵从三人成虎的逻辑，渐渐地流言披着真相的外衣蛊惑人心。因此，管理者需要做好对各种信息传递渠道的管理与控制，利用各种场合，保持组织成员之间经常信息交流，从而在企业中建立一个不拘形式的开放的信息沟通系统。

皮包还在原处——管理者应该具备的沟通技巧

一个上了年纪的乘客下了火车，当他走向出站口时，突然叫住了旁边的一个小男孩，急急忙忙地说："小朋友，你快帮我去一趟7号车厢，我的一个皮包在6号软卧里。这是你的小费。"男孩向着车厢跑去，片刻之后，小男孩从已启动的火车的踏板上跳下来，奔向了那个乘客，他气喘吁吁地说："没错，先生。您可以放心了，您的皮包还在原处。"

趣评：如果上天能给乘客一个后悔的机会，乘客一定会对小男孩多说六个字："把皮包取下来！"

沟通是管理活动必不可少的一个环节，管理者在沟通上要花费大量的时间，无论是在会议上、在电话里、通过电话邮件，还是在面对面的交谈中。只有组织内部成员之间、组织成员与组织外部成员之间实现了有效沟通，组织才能运行良好，并且赢得竞争优势。然而，在管理实践中，很多的沟通不过是白费口舌，并没有取得既定的效果。无效沟通常常导致组织失去了有序运作的基础，甚至使组织面临严重的危机。一家生产通信设备公司的经理在异地与客户谈判时，对方提出了修改合同细节的要求，关于此项事宜经理特别请示了公司的总裁，总裁指示说"可以量力让步"，经理听成了"决不让步"，结果导致谈判失败，公司失去了在美洲最重要的一家客户。

沟通技巧是管理者必备的一种本领，拥有高超的沟通技巧不仅能避免沟通障碍，还能有助于组织内部成员之间得到决策与行动所需要的明确信息，快速地就某一件事情达成共识。关于如何提高沟通技巧方面，管理者应注意如下七个方面的修炼。

1.发送清晰和完整的信息

管理者在发送信息时，除了应考虑我想传达什么信息外，更应该考虑信息接收者如何解读信息。

2.用接收者易于理解的话语发送消息

管理者应针对接收者的文化背景和职业经历采取合适的语言表达方式，比如，如果对方与自己从事于不同的行业，管理者应避免用行话进行沟通。

3.传输媒介要适当

传输媒介包括面对面沟通、书面信笺、便笺、简报、电话交谈、电子邮件、声音邮件和电视会议等，管理者应根据信息的重要度和知识容量，采取最佳的沟通媒介。

4.选择接收者能监控的媒介

每个人都对于不同的传输媒介有一定的惯性，比如，有的人喜欢面对面沟通，有的人钟情于电子邮件。管理者在选择传输媒介时，要确保接收者能真正收到并注意这些信息。比如，管理者以发送邮件的方式进行内部交流，首先便要确保对方有查阅邮件的习惯。

5.避免信息被过滤和曲解

信息在到达接收者一方时，信息量减少了或者对信息发生了扭曲，这是沟通中常见的情形。比如，作为信息中转站的个人，他们往往会主观地加工信息，使接收者收到是变了味的或不完全的信息。因此，管理者首先要确保信息中转人员是值得信任的下属，他会完全无误地接收信息并将其传达给相关人员。

6.建立信息反馈机制

当管理者选择以写信、发邮件、发传真的方式发送信息时，可以要求对方以同样的方式进行反馈，确保自己的信息已经被对方所接收和理解。

7.向组织成员公布准确的信息

组织内部常常会有一些小道消息，他们快速地在群体中蔓延传播，很多小道消息往往不利于组织的稳定和和谐。因此，管理者应及时地把准确信息告诉员工，制止误导性传闻的传播。

快去接电话——选择合适的沟通渠道

珍妮和索菲亚住在同一幢楼的上下层。一天，珍妮给索菲亚打电话，准备约索菲亚一起逛街，可是她等候了很长时间也没有人接听，珍妮把脑袋从窗口伸出去向楼上喊道："索菲亚，你在家吗？"

"在，什么事？"索菲亚同样从窗口探出了脑袋。

"快去接电话！"珍妮说。

趣评：电话和直接面对面是两种不同的沟通渠道，既然珍妮通过面对面的方式可以达到沟通的效果，再次依靠电话沟通，既浪费了资源，也影响了沟通效果。

组织内部的沟通可以分为正式沟通和非正式沟通。正式沟通，一般指在组织系统内，依据组织明文规定的原则进行的信息传递与交流，如组织与组织之间的公函来往、组织内部的文件传达、会议讨论、上下级之间的定期情报交换等；非正式沟通，则是指通过正式沟通渠道以外的途径进行信息交流和传达的方式，非正式沟通是非正式组织的副产品，它一方面满足了员工的信息需求，另一方面也补充了正式沟通系统的不足，非正式沟通多通过个人私下的沟通渠道实现交流。

沟通渠道的畅通是保证组织良好运作的必要条件。不同的沟通渠道传达信息的能力是截然不同的，有的沟通渠道具有较强的丰富性，沟通时既能同时处理多种信息，还能提供及时的反馈，具有很强的个人化特征。而有的沟通渠道则不具有如上特征，既无反馈，在沟通时也只能处理单一的信息。纵观组织内部的各种沟通渠道，面谈属于丰富性很强的沟通方式，它可以通过手势、面部表情和语调传达出多种信息，在反馈和个人化表现方面具有很强的优势；企业公告和电子邮件则欠缺丰富性。

沟通传达信息的能力的差异直接影响了沟通的效果以及员工对于信息的情绪反应，因此针对各种沟通渠道的差异，管理者要进行妥善的选择。对于一些常规性、不易产生误解的信息，宜于选择丰富性较差的渠道，如企业人事任免的通知以电话邮件的方式通知即可；而对于一些复杂的、易于引起争议的信息则宜于选择丰富性较强的渠道，如关于企业变革的决定最好以会议的方式进行讨论，与员工绩效考核有关的信息交流则应该采取面谈的方式交流。

面试——“古德定律”：成功的沟通，在于准确地把握他人观点

一位经理的两只耳朵不太对称，对于这点瑕疵，他很敏感。当他面试新员工的时候，他问第一个面试者：“你看我如何？”应聘者仔细看了看经理：“您的耳朵好像有点问题。”经理把他从候选名单中划去了。对于第二个面试者，经理问了同样的问题，面试者直言不讳地说：“您的耳朵好像不太对称。”第二个面试者也被经理从名单中划去了。第三个面试者依旧被问了同样的问题，应聘者对经理说：“您戴的是隐形眼镜。”结果，第三个面试者被成功聘用。

新员工第一天上班，晚上下班后，经理特别请他到餐厅吃饭，新员工颇

有醉意的时候，经理问："面试的时候，你怎么知道我是戴隐形眼镜的？"新员工说："您的耳朵长成那样，实在没法戴眼镜。"

趣评：第三个面试者之所以应聘成功，是因为他明确知晓了经理的心意，经理明知故问，他明知故不答，以迂回的方式回避了尴尬的问题，结果获得了经理的垂青。

"古德定律"是一条关于沟通的管理定理，它认为：成功的沟通，靠的是准确地把握别人的观点。"古德定律"所阐述的内容与兵书中的"知己知彼，百战不殆"有异曲同工之妙，它强调在沟通的过程中，尤其要度量出对方对沟通所怀有的心意，知道自己所陈述的内容会从对方那里得到什么样的反馈，然后根据沟通的目的，选择合宜的语言表达方式。管理者常常要与下属进行关于绩效评估的沟通，由于绩效评估是一种对于工作质量优劣的评价体系，其中的一些内容与员工的不符合组织要求的行为有关，因此管理者与员工面谈的时候，能否选择合适的措辞与表达方式，对于员工是否心甘情愿接纳管理者的观点起着重要的作用。

以同一立场的思维去对待员工，强调交谈内容的对事不对人，避免言语中流露出主观的负面判断——如果管理者能在交谈时达到上述要求，更易于使员工接受评估的结果。所谓的"同一立场"，就是站在员工的角度陈述员工消极的工作方式和工作态度对于员工职业发展的影响。比如，一个员工缺乏时间管理的概念，做事拖延，管理者切不可在交谈中论断此员工愚钝，而是要"润物细无声"地告诉对方，如果他能改掉做事拖延的毛病，他将会获得承担更重要工作的机会，更有助于他在职场的晋升与发展。

荒岛——同理心使沟通效果倍增

一艘轮船经过一个荒岛，岛上有个穿着兽皮、满面胡须的人，他一边狂叫一边拼命挥着手。

游客问船长：“那个人是谁？”

船长不耐烦地说：“不知道啊，每年我们的船开过这里，他都要发狂一次！”

趣评：由于缺乏同理心，使船长把求救行为解读成了发狂的举动。

管理者在与下属沟通时，常会发生这种情况：管理者高谈阔论，下属表面上对管理者唯唯诺诺，内心却对抗不断，频频在内心用各种方式反驳管理者的话语。沟通的目的在于交流和分享，只有下属真正从内心认可了管理者的观点，管理者所做的沟通努力才不会徒然无功。管理者与下属的价值观不同、家庭背景不同、经历感悟不同、社交圈不同，如果管理者只是从自身的立场进行沟通表述，自然很难使下属被由衷地说服。对于化解这种对立，保持同理心是一个不错的沟通方法。

所谓“同理心”，就是站在当事人的角度和位置上，客观地理解当事人的内心感受，且把这种理解传达给当事人的一种沟通交流方式。同理心就是将心比心，把自己置于与当事人同样场景中，设身处地地去体会和理解对方的感受。

管理者把自己假想为下属，想象下属因为什么心理引致这种行为，由于这种思维模式以心理接纳为前提，管理者也易于谅解行为和事件的发生。不过心理接纳并不等同于心理认同，管理者往往仍然很难与下属保持同样的看法，但是不认同下属并不意味着下属一定是错的，有时候，管理者换一种思考的角度就事论事，常常会发现自己原先的看法不一定正确。

在运用同理心的时候常有一种误解，认为同理就是被同化。其实并不尽然，“同理”与“君子和而不同”的人际道理相似，管理者与下属虽然持有迥异的价值观，但是管理者仍然能够在这个前提下做到体谅和尊重下属。

管理者往往是完美主义的化身，他们为自己树立了较高的标杆，也习惯性地要求下属以此为行为标准，甚至以“没有任何借口”的理念驯化员工，一旦员工的表现达不到自己的标准，便对其进行严厉苛责。但是管理员工并不是管理者的主观行为，需要员工的心理认同才会实现管理者的完美想法。因此，管理者在沟通时便应该多一些“同理心”，当员工表现不佳时，应该想想到底什么原因导致了这种结果：是员工的主观意识，还是客观因素造成的情非得已？比如，由于工作排期较满，管理者不得不要求员工经常加班，但是某一个员工总是推脱加班的要求，此时管理者便不应主观论断此位员工厌恶工作，对此位员工进行批评；而是首先要询问员工无法加班的具体原因，因为除了不愿意工作外，还有其他的原因导致员工无法履行加班的要求，比如，员工身为独子需要承担照顾老人的责任，在加班时间孩子没人照顾等。

总之，沟通是一种互动的过程，为了确实实现沟通的初衷，管理者适当地置换身份更有助于下属的心之所向，毕竟沟通与强制贩卖观点有着本质的区别。

不忍心——行为具有更强的说服效果

乔·纳马斯是美国杰出的足球明星，一天，教练召开了一次队会，教练站在列队前面厉声说道："这是一次分级赛，我要求你们注意仪表。把皮鞋擦亮，领带系上，头发理好，裤缝挺直，我希望你们能升级。在这个队伍可不允许出现笨蛋，谁是笨蛋早点站出来！"教练刚刚讲完话，乔·纳马斯便站了出来，教练吃惊地说："乔，你怎么回事？你难道自认为是笨蛋吗？"乔说："教练，我实在不忍心让你独自站在那儿。"

趣评：身教重于言教，管理亦然。如果管理者能通过自己的行为诠释出组织对员工的要求，自己首先成为组织要求的践行者，往往能减少员工在内心对要求的抗衡心理。

如果一个管理者总是强调组织注重对员工的关怀，但在具体的管理实践中，却对员工家庭发生的变故充耳不闻；当组织中有员工离去时，管理者也表现得若无其事；每逢重要的传统节日时，组织也不会为员工发放任何福利或者进行任何形式的集体庆祝。那么，员工还会相信管理者所谓的"关怀员工"的言论吗？答案自然是否定的。因为相较于语言，行动具有更强的说服效果，能够让员工知道管理者和组织的最真实的面目。

管理者的行为不仅能够佐证他在多大程度上践行了自己的语言，而且还会在员工中产生示范效应，他们会根据管理者的行为表现来纠正自己的行为。如果管理者每天总是提前半个小时到达办公室，投身工作常常耽误了吃饭的时间，员工往往也会自觉地提前到达办公室，不会总是由于惦记吃午餐便心不在焉地工作，即使员工不会表现得如此积极，但他们也会产生这种意识，日久天长，对工作产生正面影响。当然，如果管理者在工作时做私人事情，员工也会倾向于在办公室做私人事情，至少他们会淡化对问题严重性的认识。

因此，管理者在向员工提出要求时，或传达关于组织的正面信息时，管理者应该明白，这不仅仅是语言层次的问题。语言上的表达仅仅把这些信息告诉了员工，但这些信息能否得到员工内心的认可，还取决于管理者的具体行为表现，员工只有看到管理者的行为表现符合语言信息的内容，他们才会真正认可和相信他们所听到的内容。

第13辑

读笑话，谈授权

·没有信任的授权所产生的负面影响更大。一是管理者时时处于提心吊胆的状态，担心下属滥用权力、没有能力完成工作；二是下属本以为自己得到了充分发挥的机会，但被授权之后，却发现自己只是管理者的提线木偶，根本没有得到管理者的信任，从而与管理者产生离心感。

·愿意授权给员工，有助于管理者从事务性工作中抽身出来，不过，并不是什么权都能授，权力的可授和不可授之间还应该有个清晰的界限。如果把不可授之权授予员工，很可能会对组织或管理者本人产生不利影响。

经理与清洁工——授权：远离事务性工作

两个食人族到某公司上班的第一天，老板对他们说：“绝对不允许你们吃公司的人，否则我立刻开除你们！”食人族在这里工作了三个月，大家一直相安无事，然而有一天两个食人族突然被老板叫到了办公室，老板大骂道：“明明不让你们吃人你们偏吃，明天不要来公司上班了！”两个食人族狼狈地收拾东西准备离开，其中的一个感到很委屈，忍不住大骂另一个：“跟你说多少遍了不要吃干活的人，这三个月我们每天吃一个部门经理，什么事也没有，昨天你非要吃一个清洁工，看看立刻就被他们发现了！”

趣评：对于一个组织而言，清洁工的角色自然没有经理的重要，然而在众人看来，一个清洁工所做的事情却远远多于一个经理的，原因便在于清洁工每日忙于有形的事务性工作，而管理人员的工作以决策与计划为重，难以从外在看出管理者究竟在做些什么。

现在企业的运行，犹如航行在环境多变、前途未卜的大海上，身为领航员和一船之长，管理者能不能从冗繁的事务性工作中脱身，将更多的时间用于企业未来发展决策与计划，对丁企业发的规模化运营有着重要意义。如果一家企业尚在初创时期，管理者还能集决策者与执行者一身，即使一人饰演多个角色，也能勉强应对。可是当企业衍生为更庞大的结构的时候，即使一个管理者有三头六臂，但置身于一个部门庞杂、人员众多的组织机构中，也终究只是以有限应对无限，管理者难以做到事事周全。此时，管理者便应尽量从事务性工作中抽身出来，通过授权顺利脱身。相较日常的事务性工作，决策具有对于企业的发展发挥更大的价值，管理者要想使自己成为一个高效的经理人，便应多在决策与计划上运筹，把事关执行的任务分派给下属去完成，这样才能保证组织机构高效良性的运作。

此外，授权还是一条培养员工的有效途径，在这个过程中，员工的进取心和解决问题的能力都会得到很好的提高，他们能够得到授权，认为自己未发掘的潜力得到了组织的赏识，他们愿意为自己的成长支付更多的心力。因此授权的过程，也是员工自我成长和发掘的过程。

不过，一个管理者要想真正成为授权的高手，除了有授权的心意外，还需要公司文化与制度方面的辅佐，这里有三条建议：

一、建立系统化、规范化、制度化、科学实用的运作体系，包括企业制度的规范运行和标准化的企业工作流程，实施标准化管理。

二、培养自己的领导力，并组建一个高绩效的团队。

三、逐步建构清晰的企业文化，使文化产生内聚的作用，用好的文化、理念来统领员工的行为和思想。

信任——“柯维定理”：授权并信任才是有效的授权之道

新进的职员抱怨经理不信任他，经理辩解说：“我很信任大家啊，我连保险柜的钥匙都放在公司了，这难道不是我信任你们的最好证明吗？”

新员工说：“但那些钥匙没有一把能打开公司的保险柜！”

趣评：没有信任的授权所产生的负面影响更大：一是管理者时时处于提心吊胆的状态，担心下属滥用权力，没有能力完成工作；二是下属本以为自己得到了充分发挥的机会，但被授权之后，却发现自己只是管理者的提线木偶，根本没有得到管理者的信任，从而与管理者产生离心感。

“柯维定理”的提出者是管理学家柯维，他认为：授权并信任才是有效的授权之道。管理者将工作授予员工后，总是无法完全信任员工，原因有二：

一、担心下属借用手里的权牟取私利，做出对组织不利的事情，比如，销售人员窃盗客户资料，高端财务人员违背职业道德监守自盗；

二、对于员工的能力是否能完全胜任工作仍然有保留，担心工作无法按时保质保量完成。

授权是发掘员工潜力的有效途径，对于员工自信心的提升和忠诚度的增加起着重要的作用。管理者不能囿于授权的负面效应而因噎废食，将所有的工作都集于一身并不是一个有效的管理者。按照“柯维定理”的观点，信任是授权的必要前提，这就要求管理者首先确认所授权下属是一个值得信任的下属，其过往的工作履历能够证明下属的道德风险没有超越组织的接受范围；其次，管理者还要决定究竟哪些工作可以授权。由于行业差别，可授权的工作并没有统一的标准，下面的三个事项可以为管理者提供参考。

1.专业性较强的工作

数据分析、网页设计、产品开发等——或许管理者在这些工作中能做的比下属更出色，但完成它们不是管理者的使命。

2.管理者已经驾轻就熟的、需要经常做的工作

管理者有时候需要参加一些聚会以增加行业交流，拓展工作人脉；但是某些不重要的聚会，管理者可以让下属代为参加，下属十分注重这样的机会。

3.在重要领导前表现的机会

管理者作为部门领导需要在高层领导前经常汇报工作，进行提案分析，如果这种工作管理者已进行了很长时间，管理者可让下属代替自己进行汇报，下属既十分珍惜这种机会，管理者也可向高层领导证明自己培训人才有道。

请示——倒金字塔管理法：避免高度集权

丈夫不论做什么事，都会被妻子埋怨一番。于是丈夫问妻子："那我应该怎么办？"

"你应该先问我，然后按照我说的去办！"妻子很有权威地说："没问过的绝对不要做！"

"行！"丈夫决定按照妻子的要求来办事。

第二天，妻子下班回家后，看到白天晾晒的衣服全都被大雨淋着，而丈夫只是安安稳稳地坐在沙发上看着报纸。看见妻子回来后，丈夫急不可待地站起来："老婆，你终于回来了，请问我能收衣服吗？"

趣评：将在外君命有所不受，这是行军打仗的基本准则。然而惯于高度集权的管理者常常难以明白"将在外"的无奈与被动，决策的滞后性导致现场失控，出现了本能避免的恶劣后果。

有的管理者追求对组织成员和工作进程的绝对驾驭，喜欢大权独揽，组织内的任何事情都要求得到自己的裁定，完全剥夺了员工自我决策的机会。且不说这种高度集权的管理方式大大减弱了员工的热情，难以使人力资源转化为组织的绩效，它最大的弊端还在于：面对变幻莫测的环境态势和层出不穷的新情况，等级森严的官僚式管理方式常常导致决策滞后，使组织失去了迅速反应的能力，从而影响了组织的正常运行。

"倒金字塔管理法"与高度集权不同，它强调放权的重要性，让身处现场的一线员工自己决定如何处理问题。20世纪70年代末，在石油危机的冲击下，航空公司业务严重萎缩，瑞典的北欧航空公司每年亏损达2000万美元，公司挣扎在倒闭的边缘。此时，北欧航空公司的总裁任命年轻的杨·卡尔松为公司的总经理，希望他能带领公司走出阴霾。卡尔松到任伊始，公司生意凋零，员工人心惶惶，卡尔松经过三个月的观察后，决定大力革新，在公司内部实行一种新的管理方式，他将其称为“倒金字塔管理法”。

传统的管理架构一般为正金字塔式，总经理高高地居于最高层，中层管理者夹在中间层，一线的工作人员分布在金字塔的底端，担任着执行者的角色。在倒金字塔管理法中，卡尔松将这个结构翻转了过来，一线工作人员被视为现场的决策者站在塔尖上，总经理则居于塔底，监督着政策的执行。卡尔松之所以逆传统而行之，来自如下的思维认知。

人人都想知道并感觉到他是别人需要的人；

人人都希望被作为个体来对待；

给予一些人以承担责任的自由，可以释放出隐藏在他们体内的能量；

任何不了解情况的人是不能承担责任的；反之，任何了解情况的人是不能回避责任的。

实行“倒金字塔管理法”后，卡尔松充分给予一线员工现场决策权，让他们感觉到自己可以对分内负责的事情做出决定，即使不向上级请示，自己也能够处理妥善。在这种层级结构中，卡尔松自己成为政策的监督者，他负责对任务执行情况的监督与推进，保障公司总目标实现的进度。

作为北欧航空公司的乘客，一位叫佩提的美国商人曾享受过“倒金字塔管理法”带来的益处。佩提准备乘坐飞机从斯德哥尔摩到巴黎参加地区会议，然而他到达机场的时候才发现把机票遗落在酒店，此时佩提根本来不及去酒店取回机票，他显得忧心忡忡。这时，北欧航空公司的员工主动为佩提提供帮助，当她得知佩提所住的酒店名称和房间号码后，给了佩提一张纸条就让他先办理了登机手续。其后，这位员工拨打了酒店电话，请求酒店员工把佩提遗落的机票送到机场，由此产生的费用由北欧航空公司支付。就这样，一个难办的问题得到了妥善的处理。

随着企业走上规模化发展道路，集权方式追求对现场进行事事遥控的理念与环境的多变性已显得格格不入，北欧航空公司由于推行“倒金字塔管理法”而走向繁荣，卡尔松的开拓性举措为其他管理者提供了有益参考。

尽职的护士——“伯恩斯定律”：尊重员工的自我管理意识

一位护士走进了寂静无声的病房里，她叫醒了一个睡意正浓的患者。患者睁着惺忪的双眼问护士小姐：“有什么事吗？”

“你必须按时服药。”护士小姐一边说着，一边递上了两粒安眠药。

趣评：安眠药的适用人群是难以入睡的患者，对于能够顺利入睡的患者而言，服用安眠药不但多此一举，反而影响了患者的正常入睡。授权亦然，适当的监督与命令对应的是自我管理意识欠缺的员工，如果员工已具备了很强的自我管理意识，来自上级的强行监督只会使员工产生逆反心理，甚至使他们与上级的命令背道而驰。

“伯恩斯定律”由美国历史学家J.M.伯恩斯提出，内容为：下属在工作中越感到自己有能力和有效率，在完成工作时就越不想要命令和指挥。工作效能的提高一般来源于两个因素：一是员工的自发主动性，对于成就的渴望促使他们克服一切困难取得职场的成功；二是外在力量的鞭策，来自领导者和组织的影响力导致他们非自发情愿地努力。而那些感到自己有能力和有效率的员工，他们注重职场成功的内在驱动性，这样会使自己感到更有成就，因此他们反感来自领导的命令和指挥，因为这样会淡化职场成功中自我的决定性影响，而且显得上级对自己的能力持怀疑态度。

一般而言，能力较强、不喜欢命令和指挥的员工具备如下几个要素：

追求工作中的高成就；具有较强的自我管理能力；自信能够有效地制订工作计划，对时间实现高效利用。因此，他们大多时候能自觉主动地完成上级所布置的工作，并且力求工作的完美。如果管理者的下属属于这一类人，管理者便应尽量减少授权后的命令与指挥，否则管理者所给予的命令与指挥激起了员工的逆反情绪的话，他们甚至会故意地降低工作的质量以说明命令与指挥的无效。

当然，这并不意味管理者对于下属的工作进程完全地放任不管，彻底不闻不问，因为下属在执行工作的进程中，常常会发生一些突发性事件导致工作难以按照既定的轨道实施。因此，管理者对下属的工作进展情况进行定期检查还是必不可少的，管理者应按照一定的时间频率（如每天、每周、每月等）及时获知下属被授权任务的完成情况。当工作进展偏离了目标要求时，管理者便应该适时介入，或者重新调整工作方向，或者为员工提供一些建议。

管理者进行定期检查应遵循怎样的尺度，取决于如下两个因素。

一、所授权工作的难度与对组织的重要性。工作目标越难实现，管理者越应增加检查的时间频率，如果工作完成与否会严重影响组织的整体目标，管理者也应该加大检查力度。

二、下属的工作能力与克服困难的勇气。如果下属曾经做过类似的工作，或者管理者认为他的能力可以应对此项工作，并且下属善于应对困难处境，有足够的勇气克服困难，管理者也可以弱化检查的力度。

宁死不招——哪些权力不可授予员工

加州的一个小镇发生了一宗银行抢劫案，劫匪刚刚把赃款藏在一个地方后，就被警长逮捕了。劫匪并不会说英文，为了盘问赃款的下落，警长只好请麦克来当翻译。经过了长时间疲劳轰炸式的拷问，劫匪始终不肯说出赃款到底藏在哪里。警长被惹怒了，他咆哮地叫麦克告诉劫匪：“再不说，把他毙了！”麦克原原本本地把警长的最后通牒翻译给了劫匪，劫匪有些害怕了，他语无伦次地说：“我把钱放在了镇中央的枯井里，你求警长饶我一命。”麦克转过头来，表情严肃地对警长说：“警长，这小子有种，他宁死不屈，他叫你毙了他吧。”

趣评：愿意授权员工，有助于管理者从事务性工作中抽身出来，不过，并不是什么权都能授的，权力的可授和不可授之间还应该有个清晰的界限，如果把不可授之权授予员工，很可能会对组织或管理者本人产生不利影响。

美国总统亚伯拉罕·林肯曾说：“你可以在某些时候给所有人授权，在所有时候给某些人授权，但是你不能在所有的时候给所有人授权。”高度集权固然无助于管理者用人所长，但是过度放权，也可能使管理者渐渐失去对组织的控制，乃至使某些权力沦为员工个人牟取私利的工具，损害组织的利益。关于什么权不能授，下面三个事项是管理者应该留意的。

1.涉及人事和公司机密的工作

人事的去留与职位升降是组织中最敏感的事情，很多关于人事的事情都需要保密，因此，关于人事的工作就不宜交给下属去执行，如果下属处理不妥，会导致办公室政治的恶化。此外，公司的最新决策、技术动向和客户信息都属于机密，与此类项目有关的工作也不宜让下属参与，因为你无法完全避免下属不盗取公司情报，如果下属确实盗取了公司的资料，并且把它们透露给公司的竞争对手，这会对公司的运营产生非常不利的影响。

2.与危机处理有关的工作

如何化解危机对公司的不利影响是对管理者最大的挑战，因此，管理者最好不要把危机处理的工作交给下属。再者，管理者亲自解决危机有助于稳定公司内员工的心态，当危机发生时，管理者应亲自坐镇，主动面对公众和媒体，这有助于避免事态进一步恶化，挽救公司岌岌可危的名声。

3.公司高层指定管理者亲自完成的工作

公司高层希望管理者亲自完成某项工作，自然有其特定的理由，比如，充分信任管理者能完成此项工作，希望管理者的能力能得到挑战和锻炼。因此，在此种情境下，管理者就应该亲力亲为，如果将工作交给下属去完成，容易产生两种后果：一是让公司高层误认为管理者对自己和自己所交代的工作不够重视，使高层对管理者产生一定误解；二是公司高层会怀疑管理者是否具备完成此项任务的能力，从而产生“管理者不能胜任这项工作”的念头。

蜈蚣买汽水——为下属提供支持性资源

一群动物正在聚餐联谊，他们一边聊天，一边吃着可口的食物。没多长时间，他们就把汽水全部喝光了。没有汽水的聚餐太无聊了，它们不得不委派一名成员去为大家买汽水，经过左右互看，它们一致决定派蜈蚣担当买汽水的重任，因为蜈蚣腿最多，它一定能以最快的速度买回汽水。

于是，蜈蚣起身出发去为大家买汽水了，其他的动物仍然开心地聊着天。

可是过了很久，也不见蜈蚣回来，大家口干舌燥，不知道蜈蚣是否在途中发生了什么意外，于是蛇自告奋勇去接应蜈蚣。蛇急急忙忙地推开了门，竟然发现蜈蚣还蹲在门口穿鞋呢！

趣评：如果动物们能意识到蜈蚣除了腿多外，相应的鞋也多，并且合力帮蜈蚣穿上鞋的话，蜈蚣就不会在穿鞋程序上耽误了这么多工夫。管理者用人也是如此，委派一个高能力的员工完成较困难的任务时，应力所能及地为其提供支持性资源。

按照投入与产出成比例的原理，一般而言，对于达成较困难的工作目标，除了高素质的员工是必要条件外，一些支持性资源的获得也是必不可少的。比如，管理者委派一个工作团队去运作一个资金数额庞大的项目，这个项目涉及与政府部门的纵向合作，也涉及与相关非同业公司的横向合作，在运作这个项目的过程中，除了需要必要的人力外，自然还需要很多支持性资源，如充裕的资金、企业内部畅通的跨部门合作、对于公司的车辆等资源的调动支配权等。如果短缺了这些支持性资源，即使员工想如期地完成工作任务，也只能被一些外部条件所限制，难以顺利地完成使命。

企业如今所置身的商业环境，虽然资金的多寡、产品的优劣仍然是商战成败的决定性因素，但是除此以外，一些软性的竞争也越来越发挥着重要的作用，如人际的运作、关系的驾驭等。顺应这种趋势，管理者将工作授权给员工后，便应该询问员工是否需要为其提供一些支持性资源，如果员工需要公司某个部门的积极配合，或者需要与某一个行业强势人物建立联系，管理者能够给予实现的，不妨提供一些及时的佐助。管理者一般是行业的资深前辈且交际广泛，往往能很顺利地与某个重要人物取得联系，轻松促成一项简单的合作，管理者为下属扫除完成工作的障碍，既能使下属增加完成工作的信心，也会有助于管理者在下属心目中树立较高的威信，因为人们往往对那些雪中送炭者怀有更深的感恩之情。

领班的嫉妒——对待下属越权的方式

皮特情绪低落，他的朋友问他："你遇到什么不开心的事了吗？"皮特告诉朋友，自己刚刚被领班开除了。

"为什么领班会开除你？"朋友诧异地问。

"你知道领班都是什么样的人，他们总是把手插在口袋中，站在旁边看着其他人工作。"皮特抱怨地说。

"是啊，这一点我们都知道。"朋友继续问，"但是他为什么要辞退你呀？"

"哼！嫉妒！"皮特回答说，"一定是因为其他所有人都认为我才是领班。"

趣评：皮特显然是一个越权者，没有被授予领班的权力，却想要像领班一样行使监督管理的职能。越权者站在一个虚拟的权力山峰上指手画脚，如果这种行为没有得到及时控制的话，就会模糊越权者和管理者的界限，使其他人员执行命令时出现混乱。

有的人天生地喜欢成为群体中的领导者，虽然他们不在领导者的位置上，但他们喜欢发布命令，惯于指使他人按照自己的方式办事情，甚至无视领导的存在，告诉同事该做什么和不该做什么。一般而言，越权的下属多具备较强的责任心，他们认为自己的方式将会是解决问题的最优方式；当然，也有一部分人是因为权力欲较强，他们从号令他人的过程中获得心理满足。虽然越权并不总是为组织的运作产生负面效应，但是越权的行为还是不应该提倡的。因为按照“手表定律”的解析：只有一块手表，可以知道时间；拥有两块或者两块以上的手表并不能告诉一个人更准确的时间，反而会制造混乱，会让看表的人失去对准确判断时间的信心。也就是说，当越权者与管理者一起发布命令时，组织便出现了两套命令模式，这种状况必然使下属在执行工作任务时发生混乱，最严重的是，越权者的指示“鸠占鹊巢”，阻碍了管理者的命令在组织中得到完全的执行。因此，当组织中出现越权行为时，管理者应采取温和的方式对越权者采取如下措施。

一、表扬在先，批评在后。如果下属的越权行为确实源自其内心较强的责任感和事业心，并且他所提供的方案解决了组织所面对的某个问题，管理者可以先适当地对越权者的责任心进行表扬（但不表扬这种越权行为），进而告诉越权者这种行为是组织所不提倡的。这种方法既不会打击下属的积极性，也会使管理者看起来更加体贴和公正。

二、强调下不为例。管理者告诉下属越权行为下不为例，能使下属意识到越权行为的严重性，避免类似事情的再次发生。

三、如果下属越权错误地处理了某个问题，管理者应因势利导，纠正错误。如果由于下属自作主张，导致问题没有及时妥善地解决，管理者也不要对越权的下属严厉责罚，因为这种行为出于下属对工作表现责任心的动机，管理者应根据问题发展的情况及时地进行补救和纠正，教育下属吸取教训，对下属的越权行为提出警戒。

第14辑

读笑话，谈管理者的自我修养

·管理活动面对的情境复杂多变，往往超越理论所限定的前提、假设，这就要求管理者在实施管理行为的时候，创造性地把管理的科学知识有效地应用在管理实践中。

·当管理者抱怨自己所领导的部门人心涣散、效率不高时，不妨反思一下，是否自己的管理方式尚有待提高，因为管理者的功用之一便是如何成就一个高效的部门。

·有的领导者从职位上下来后，追随者骤减，原来的下属对其不再恭敬如常，甚至有的倨傲以对；有的领导者卸任后，仍有很多下属对其态度如昨，愿意听从他的安排，对其保持一定的敬仰和尊敬。产生两种截然不同的境遇的原因是：前者将自己的领导力构筑在职位所赋予的权势上，后者则通过个人魅力来形成领导力。

项目经理——管理者的基本技能

一位旅客走进硅谷的一家宠物店，观看店里售卖的宠物。他进店不久，便走进了一个顾客，顾客直接对店主说："我要买一只C猴。"店主转身走到商店一头的兽笼边，抓出一只猴子，递给了顾客："5000美元。"顾客付完款，带走了他的猴子。

旅客很吃惊，区区的一只猴子竟然卖到了5000美元，他禁不住对店主说："那只猴子也太贵了！"

店主说："那只猴子能迅速用C语言编程，代码紧凑高效，所以值那么多钱。"

旅客转而又看到了笼子中的另一只猴子，标价为10000美元，旅客指着标签问店主："这只更贵了，它能做什么？"

店主跟他解释道："那是一只C++猴，它能熟练掌握面向对象的编程，会用Visual C++语言，还懂得一点Java，是非常有用的。"

旅客又在店里逛了一会儿，他在一个显眼的位置发现了第三只猴子，这只猴子独占一个笼子，脖子上的标价是50000美元。旅客倒抽了一口气，他问店主："那只猴子比其他所有猴子加起来都贵，它究竟能做什么？"

店主望了望猴子说："我也不知道它究竟能做什么，不过据说它是做项目经理出身的。"

趣评：管理者将多种技能集于一身，在实现组织高绩效方面，他的价值显得更加不同凡响。

管理者是组织的核心人物，他从战略层面对组织运行实施全程控制，因此在职场技能方面，对管理者也提出了较高的要求，为了保证管理活动有效开展，管理者需具备的技能包括技术技能、人事技能和观念技能，即THC技能：

1.技术技能（Technical Skill），即T技能

技术技能是指正确地掌握了从事一项工作所需的技术和方法，包括专业技术、工作的方法和程序，以及相关的工作制度和政策等。一般而言，管理者在组织结构中所处的层次越高，越要求其具备多样化的技术技能。

2.人事技能（Human Skill），即H技能

人事技能类属于人际关系方面，即工作中与形形色色的人打交道的技巧。这要求管理者有着较高的识人用人的能力，针对不同员工，能够运用各种激励措施激发他们的进取心，使他们更加努力地完成工作。

3.观念技能（Conceptual Skill），即C技能

观念技能即对事物的洞察、判断和概括技能。要求管理者具有全局视野，能根据社会环境的变化及时对企业发展进程做出调整，当企业在发展过程中遇到一些障碍时，管理者能积极处理问题控制局势，进行有效的危机管理以维护企业的形象，保证企业持续有效的发展。

管理顾问——管理的艺术性

一个牧羊人赶着一群羊走在草原上，一个年轻人驾着一辆吉普车在他身边停了下来。驾车人胜券在握地对牧羊人说：“如果我能准确地说出这群羊的数目，你可以送我一头羊吗？”

牧羊人看了一眼乌泱泱的羊群，回答说：“好呀！”

于是年轻人利用他的手提电脑和无线电话，借着卫星探测系统所摄取的地面上的影像，再经过一番数据处理和运算，用打印机打出了一份5页纸的报告。年轻人看完报告以后，信心满满地对牧羊人说："你有1586只羊。"

"对啊，你可以任选一只羊。"牧羊人说，"不如让我猜猜你的职业吧，如果猜对了，你就把羊还给我好吗？"

"好呀！"年轻人认为这是一个很有趣的游戏。

牧羊人说："你一定是安达信或毕马威的管理顾问。"

"对呀！"年轻人很惊异，"我正是毕马威的员工。你是怎么知道的？"

牧羊人笑了笑："很简单。第一，你不请自来；第二，你要我为一些我早已知道的事实而付出代价；第三，你不了解我的工作，因为你刚才把我的牧羊狗捉上了你的吉普车。"

趣评：管理活动面对的情境复杂多变，往往超越理论所限定的前提假设，这就要求管理者在实施管理行为的时候，创造性地把管理的科学知识灵活地应用在管理实践中。

管理学是一门系统地研究管理活动的基本规律和一般方法的科学，它有自己独特的范畴和研究对象。历经百余年的发展，管理学形成了门派繁多的理论体系，并包含了基本的原理和理论方法。因此，说管理是一门科学，这是毋庸置疑的事实。但管理者在实践管理理论的时候，常会出现两种情况：

第一，具体管理活动效果的个体性差异较大，不同的管理者运用同一种管理方式，常会出现迥异的后果；第二，管理理论并不能有效地指导管理实践。

由此可见，除了科学性的属性外，管理还具有艺术性。

管理科学是对管理活动的一种清晰的逻辑表述，管理艺术则远离逻辑和数学领域；管理科学描述的是常规性原理，管理艺术则包含了随机性；管理科学是一种体系化的知识，管理艺术是灵活的实践。由于管理行为所施展的环境复杂和不可控，所面对的人群具有丰富的情感，这便要求管理者艺术化地运用管理理论。能否将管理科学知识有效地应用于管理实践，依靠的是管理者高超的管理艺术，而管理艺术与管理者自身的技能层次、知识结构、价值观念等息息相关。

以愚招客——"出丑效应"：增加管理者魅力

一位游客来到了一个市镇，镇上一家商店橱窗上的广告不仅写错了字母，而且语法不通。游客走进了这家商店，问老板："您橱窗上的广告的字母是错的，而且还语法不通，难道一直没有人告诉您吗？"

"不瞒您说，其实我是故意的。这样写，人们都认为我是个笨蛋，都来我这里买东西，以为能趁机捞点便宜。多亏这个广告啊，它为我带来了源源不断的生意。"老板得意地告诉游客。

趣评：从自我的角度出发，当然是越完美越好，然而对于旁人而言，他们更喜欢完美中带一点瑕疵的人。所以，在某些的时候，偶尔出出丑不失为一个交际良策。

在管理者的意识里，往往奉行这样一个法则：绝对的完美才能够在下属面前建立绝对的权威，才能够保障绝对服从。然而，"出丑效应"却颠覆了这一逻辑常识。"出丑效应"认为，才能平庸的人固然不会受到他人的倾慕，但是全然没有缺点的人也未必讨人喜欢，最能够赢取他人喜欢的往往是精明而又带点小缺点的人。

一位心理学教授曾做了一个关于管理者魅力的实验，他给被测试的对象播放了四段情节类似的访谈录像：出现在第一段录像里的是一个非常优秀的成功人士，他成就辉煌，面对主持人的采访，态度非常自然，谈吐不凡，没有一点羞涩的表情；第二段录像的被访者同样是一个非常优秀的成功人士，但是他在接受采访的时候表现得很羞涩，甚至紧张地把桌上的咖啡杯碰倒了，咖啡还将主持人的裤子淋湿了；第三段录像的被访者是一个非常普通的人，在接受采访的过程中，他虽然不紧张，但表现得很不出彩；第四段录像的被访者也很普通，面对采访他很紧张，像第二位被访者一样，碰倒了咖啡杯，淋湿了主持人的裤子。看完四段录像后，教授让被测试对象从四位被访者中选出他们最喜欢的一位和最不喜欢的一位。

测试结果显示，第四段录像的被访者被公认为最不受被测试者喜欢的，而第二段录像中打翻了咖啡杯的赢得了95%测试者的喜欢。这便是“出丑效应”对管理者的魅力的正面放大。对于那些比较成功的人而言，一些微小的失误不仅不会影响人们对他的好感，相反还会提升他们的真诚感与可信任度。如果一个人表现得过于完美，几乎难以从他身上寻到一个缺点，人们就会觉得他不够真实，毕竟缺点是人性的衍生品，看似十全十美的人反而降低了他在别人心目中的信任度。

“出丑效应”是一种对于人性的回归，人们往往更偏好那些成就突出又很真诚的、值得信任的人。员工也是如此，真诚可信的领导更能使下属产生情感共鸣，增进彼此之间的亲近度。因此，对于管理者而言，事事苛求完美虽然是优良的素质诉求，但在一些无伤大雅的小事上，适当地表现出一些小失误，反而会增加员工的好感度，利于团队的和谐与沟通。

炒菜——独断扼杀员工的创新性

妻子在厨房中热火朝天地炒菜，丈夫站在她的旁边唠叨不停："亲爱的，慢些，火太大了！小心，赶快把鱼翻过来，油放得太多了！"

妻子不耐烦地说："我知道怎么炒菜！"

丈夫在旁边说："我只是想让你知道，我在开车的时候，你一直在旁边喋喋不休，我的感觉如何。"

趣评："观棋不语真君子"，可是在面对棋局的时候，很多观棋者会将君子之仪置之脑后，总是操纵棋局的走势。

心理学家布莱姆做了一个有趣的实验，他告诉孩子们他们将会获得一些糖果，并可以在两种糖果中任选其一。然而，他的助手在分发糖果的时候，并没有按照布莱姆所说的那样做，他忽略孩子们的喜好，任意地将一种糖果分发给孩子们。实验结束后，助手通过与孩子们的交流才发现，孩子们原本说自己是喜欢某种糖果的，可是被强行分发了一种糖果后，他们的态度改变了，他们认为原来自己喜欢的糖果不好吃了。对于糖果，孩子们本来以为自己有选择的权利，可是事实并非如此，他们便感到自己被强加上了一种束缚，从而不再喜欢原本喜欢的东西了。

心理学家对这种现象进行了解释：人们总是希望自己的内心处于一种平静与和谐的状态，当自己的认知与外界不和谐的时候，他们便会重新构建自己对外面世界的看法，放弃自己原来的认知。

糖果实验直接阐明了管理者的专断对员工的影响。如果下属独立开展一项工作时，管理者一味地在旁边指手画脚，把自己的意见源源不断地倾倒给下属，即使员工本来很有主见，愿意在工作中发挥自己的独创性，也会渐渐地放弃独立思考，转而“投降”于管理者的主张。长此以往，员工的创见性就被逐渐抹杀，他们沦为了执行管理者意志的机器，导致企业的创新力越来越缺乏，从而失去竞争的优势。

辞职——“克里奇定理”：没有不好的组织，只有不好的领导

总经理对公关总监说：你听着，现在有人试图收购我们的公司，我要你想尽办法抬高我们股票的价格，让他们买不起！

第二天，公司股票的价格上涨了5个点；第三天，又上涨了5个点。总经理非常高兴，他把公关经理叫来：“你是如何抬高股价的？”

“我向外界放了一个假消息。”

“什么假消息？”

“我说你快要辞职了。”

趣评：当管理者抱怨自己所领导的部门人心涣散、效率不高时，不妨反思一下，是否自己的管理方式有待提高，因为管理者的功用之一便是如何成就一个高效的部门。

一个国家的兴衰成败全在于领导者的雄心和胆识；一个企业能否实现高效运行、能否获得不俗的组织绩效，取决于管理者的管理能力与个人魅力。美国军事家克里奇将这种决定关系归纳为“克里奇定理”：没有不好的组织，只有不好的领导。

2001年，面对突如其来的“9·11”恐怖袭击，纽约前市长鲁迪·朱利安尼表现出了超人的处变不惊态度和悲天悯人情怀，公众视其为英雄人物，同年，鲁迪·朱利安尼因在“9·11”事件中的指挥表现获得了“美国市长”的称号。很多人都认为是“9·11”成就了朱利安尼，其实他的领导才能很早就已经表现出来了。他在上任之初曾花费一年多的时间学习一些关于危机管理的功课，如生化武器或炸弹攻击等。因此，“9·11”事件虽然发生得出乎意料，但朱利安尼也以迅速的反应能力应对了这场变局，使纽约市民尽快走出了恐怖事件的阴霾。

试想，如果此时在任的是一位对危机管理缺乏关注的市长，缺乏面对危机的意识，很可能遭到恐怖袭击后的纽约会是另一番景象，所采取的应对措施远没有现实中那么及时、有效。领导驾驭组织的过程，犹如左右着一盘棋局的走势，组织文化如何塑造、员工心意向背完全取决于领导者的管理风格。领导者最大的价值便反映在对组织的重塑上，企业界常常发生的换帅风波便是因为：好的领导者能够带领一个组织认清自己的使命，激发出组织成员的斗志，彻底改善组织的风貌，成为不俗战绩的实现者。

领导者如果发现应用自己目前的管理方式无法使组织进入理想的发展轨道，或许这便意味着固有的领导风格应该进行变革了，此时，领导者应调整自己的领导风格来适应组织成员的文化背景。

堵车——“威尔逊法则”：为员工解决问题

在一个交通繁忙的十字路口，一位女士的车子出了点问题，无法发动，她很着急，不知道该怎么办。

女士的车子后面还停了一辆车子，他见前车始终不动，便按捺不住脾气，一个劲地猛按着喇叭。在喇叭的催促下，女士更加焦急，不论她怎么发动，车子只是停在原地不动。喇叭声依然“叭……叭……”地响着，就在此时，女士从车里走出来，向着后面的车子走去。

路人都以为一场街头骂战就要开始上演，然而女士轻轻地敲了敲后面车子的车窗：“先生，可不可以麻烦你到前面帮我发动车子，我在后面负责按喇叭……”

趣评：一味地抱怨指责，不如告诉她到底车子该如何发动，因为问题无法解决所产生的紧迫心理，相较于旁观者，问题的当事人有过之而无不及。

“威尔逊法则”的提出者是美国行政管理学家切克·威尔逊，他主张：如果部下得知有一位领导在场负责解决困难时，他们会因此信心倍增。当员工遇到一个问题不知如何应对时，他们非常渴求来自外界的支持，此时管理者与能力不足的员工进行经验分享，运用自己手中的资源帮助他们更有效地解决问题，将会极大地增强员工解决问题的信心。

世界上很多知名企业的领导者都力所能及地支持员工的工作，使自己成为员工克服困难的坚强后盾。麦当劳快餐店创始人雷·克洛克在办公的时候，总是喜欢到分公司各个部门走走、看看、听听、问问，当员工遇到问题的时候，随时准备帮助下属解决工作中遇到的问题。曾有一段时间，麦当劳面临着严重亏损的危机，克洛克发现其中一个重要原因是公司各职能部门的经理总是习惯躺在舒适的椅背上指手画脚，于是他把所有经理的椅子靠背锯掉。最初，很多人对克洛克的疯狂举动难以理解，但随着经理们纷纷走出办公室，深入员工中间，帮助员工们现场解决问题，大家开始渐渐明白了董事长的苦心：原来董事长希望通过“走动管理”的方式使经理与员工共同解决遇到的问题。新的管理方式实行一段时间后公司扭亏为盈。

通用电气公司的韦尔奇对于下属所遇到的问题也不吝指导，竭尽全力为员工开展工作提供资源保障。CNBC电视频道的《商务中心》是通用旗下的一档颇受欢迎的节目，2001年4月底，该节目的女主持人苏·埃雷拉给韦尔奇打了一个电话。她告诉韦尔奇：著名节目主持人多布斯又回到了CNN电视台，主持《货币之线》节目，由于《货币之线》与《商务中心》处于同一个时间段，这会严重威胁《商务中心》的收视率，为此，她希望韦尔奇能发来一封电子邮件，以鼓舞她的团队成员的士气。

韦尔奇知道后，亲自来到了苏·埃雷拉的工作室，在接下来的一个星期里，他与她的15人团队并肩作战，吃着饼干，喝着可乐，一起讨论几十个应对方案。通过韦尔奇身体力行的协助，星期一节目播出的时候，《商务中心》与《货币之线》打了个平手，星期四《商务中心》的收视率就高多了。正是韦尔奇的亲临指导，使CNBC团队成员增强了战胜对手的决心，没有在收视率之战中败下阵来。

作为组织的领导者，管理者的任务之一便是去弥补员工或工作环境的欠缺之处，管理的有效性也往往取决于管理者弥补不足的能力。不过，提供支持是一个互动的过程，管理者在指导员工时，首先需要积极倾听，然后提出自己的反馈意见，争取让员工的个人能力得到最大化的发挥。

兔子如何吃掉狼和野猪——成为最能干、最有权力的主管

一只兔子在山洞前煞有介事地忙忙碌碌，一匹狼经过此地，问：“兔子啊，你在干什么？”兔子抬起头说：“写文章。”狼接着询问：“什么题目？”兔子说：“浅谈兔子是怎样吃掉狼的。”狼听后哈哈大笑，他认为兔子太异想天开了，于是兔子把狼领进了洞里。

过了一会儿，兔子走出了山洞，继续写文章。

一头野猪走了过来，问：“兔子，你在写什么啊？”兔子一本正经地

说："浅谈兔子是如何把野猪吃掉的。"野猪认为这是天方夜谭，于是野猪也被兔子领进了洞里。

最后，在山洞里，一头狮子坐在一堆白骨之间，一边打嗝一边读着兔子交给它的文章——《一只动物，能力大小关键要看你的老板是谁》。

趣评：强将手下无弱兵，卓越的领导往往能够培训出精兵强将，进而打造出一支战斗力强的合作团队。

美国管理学家布罗克指出："跟随一个最能干、最有权力的主管，比较能够实现自己的理想，也比较能够掌握机会。"激励员工的过程近似于发掘员工潜力、增长员工职场经验的过程，从这个层面来说，管理者还间接地发挥着师者的作用，管理者个人工作能力的大小决定了其下属在职位上的发挥。如果一个管理者自我管理意识很强，勇于承担责任，把工作视为人生的追求，开辟一切途径去解决工作中遇到的问题，往往说明他对自己的工作态度和工作能力具有较高的要求，易于在员工培训方面表现出同样的性格素质，以高标准要求和指导员工的工作。由此来看，管理者工作能力的大小直接决定了下属的进取心与工作中的表现。

遵照这种逻辑理念，一个管理者如果想实现对组织的驾驭，成为优秀员工的核心人物，首要的是要注重自我的学习与发展，时时进行自我激励和鞭策，在困难任务前面，做到"一马当先，身先士卒"。唐太宗曾说："若安天下，必须先正其身。未有身正而影曲，上治而下乱者。"试想一个管理者要求员工为了追赶工作进度而周末加班，自己却与家人一起享受着假期，又怎能使员工有工作热情呢？

为何要鼓掌——影响力的来源

一位总统心血来潮，他决定到一个犹太人聚居的小镇去，视察那里的精神病院。

得知总统将要莅临精神病院，院长赶紧安排手下加紧准备，并严格训练全院病人，让他们在总统来访时，夹道欢迎，热烈鼓掌。

总统如期而至，病人们用热烈的掌声欢迎总统的到来。总统非常满意，可是他发现身边的院长没有和众人一起鼓掌，于是便问："你为什么没有鼓掌？"

院长回答说："我又不是精神病人，为何要鼓掌？"

趣评：有的领导者从职位上下来后，追随者骤减，原来的下属对其不再恭敬如常，甚至有的倨傲以对；有的领导者卸任后，仍有很多下属对其态度如昨，愿意听从他的安排，对其保持一定的敬仰和尊敬。产生两种截然不同境遇的原因是：前者将自己的领导力构筑在职位所赋予的权势上，后者则通过个人魅力来形成领导力。

简言之，领导其实就是影响力，即影响人们心甘情愿地为实现组织目标而努力工作的过程。以此可以推知，所谓的领导就是具有影响力的权威人物。关于权威感的来源，古典管理学派提出了"正式权限论"，认为职权是领导产生影响力的根本因素，有了法定的权力，领导方能履践职责，决定事项，影响社会、组织及其成员。正式权限论的观点还包括：领导权力的大小随职位的迁移而变化，职位越高权力越大，奖赏或惩罚他人的力量也越大，在组织内发挥决策、指挥、控制、协调等职能时也越有效。按照这种理论的观点，职权是影响力的主要来源，决定着领导与下属实施影响的空间与力度。可是，在现实的企业管理实践中，有的人被任命为企业领导后，虽然他们被组织授予职权，但是在现实的管理活动中，下属对其不屑一顾，不愿意听命于他，反而更情愿追随非正式组织的领袖人物。以此来看，真正的影响力并不来源于管理者的职位权力，而是通过他们个人的精神品质和职业素养所塑造的。

一般而言，当管理者达到如下要求时，即使不依赖任何外在力量，也具备了影响他人的能力。

管理者在过往的职业生涯中取得过卓越的成就；

管理者具有较高的专业能力，对所从事的领域有很深刻的认知；

管理者言出必行，具有很高的信用度，能够得到下属心甘情愿的信任；

管理者善于构建工作愿景，并能够通过富有感染力的方式把这个愿景传递给下属；

在管理者的人脉圈里，他结交了各行各业的精英，并在这些精英人物中具有一定的影响力。

同意——监狱角色模拟实验

一天，张局长接到了一封加急电报，电文是：“母亲去世，父亲病危，望速归。”张局长看后，痛不欲生，边哭边在电报回单上签了字。邮递员接过回单一看，是“同意”。

趣评：管理者实施管理活动是一种职场行为，如果将领导角色应用于日常生活中，便显得格格不入。

心理学家津巴多曾于1972年设计了一个模拟监狱的实验，实验地点设在斯坦福大学心理系的地下室，实验对象为男性志愿者。志愿者中的一半被指派为“看守”，实验者把制服和哨子发给了他们，让他们按照“监狱”的规则行事；其余的一半扮演“犯人”的角色，在实验中穿上品质低劣的囚衣，并被关在了牢房内。所有的“看守”和“犯人”只用了一天的时间就进入了角色，看守们变得行为粗鲁，充满敌意，还“尽职”地想出了很多对付犯人的酷刑和体罚方法；犯人们则要么变得无动于衷，要么开始积极反抗。实验本来准备计划进行两周，但津巴多不得不提前终止了它，因为他所观察到的一切让他心惊胆战，大多数的人真正地变成了“犯人”和“看守”，模糊了自我与实验角色的界限。津巴多确信，在那里“现实和错觉之间产生了混淆，角色扮演与自我认同也产生了混淆”。上述实验便是探求环境因素对个体影响的监狱角色模拟实验。实验表明，一个简单假设的角色可以很快地进入个人的社会现实中，他们从角色中获得自我认同，无法从他们扮演的角色中清楚自己的真实身份。

管理者集决策人、协调者、领导者、联络人等诸多角色于一身，对于大多人而言，“担当管理者”也是一个角色扮演的游戏，在这个游戏中，他们完美地诠释了管理者行为，把管理者的角色发挥得淋漓尽致。然而很多的管理者走出办公室时，在非工作场合，也常常以领导自居，淡忘了职场之外的处事准则，比如，在公司外与员工进行非工作交流时，也习惯性地对员工下发命令，强调管理而忽视员工的个人情感。

不论经济环境更新到什么时代，也不论企业扩充到什么规模，人始终是管理者所面对的重要的管理对象，他们感情丰富，容易受到非制度化因素的影响，也倾向于对一个情感化的主管产生好感，心甘情愿地接受他的领导。因此，上升到管理艺术的层次，如果一个管理者能在非工作场所流露出自己的真情，善于与员工进行情感交流，役于管理者角色而不被角色所役，更容易获得员工真心实意地追随。

录用回答——以结果论成败

某通信增值服务公司。面试官向应聘者提问：“你能为了企业更多地奉献自己吗？”

应聘者：“不能。”

考官：“对不起……”

应聘者：“但是我能让消费者更多地奉献自己。”

考官：“好的，你被录取了。”

趣评：优秀的管理者并不在于他每天在做什么，而是他所做的事情对企业的运行和发展产生了什么积极影响。

结果导向是绩效管理理论中的基本概念和核心思想之一，它强调经营、管理和工作的结果（经济与社会效益和客户满意度），以及经营管理和日常工作中表现出来的能力、态度，都要符合结果的要求，否则，没有任何价值和实际意义。管理者的根本使命，就是为公司做出业绩。一个管理者即使人格魅力极佳，拥有极高的专业素养，但如果在赚取利润方面无能为力，也难以称其为合格的管理者。因此，结果导向是评判管理者是否合格的标准之一，判断一个管理者是否成功的最主要标准就是：他的管理绩效是否达到了预定的目标和结果。

通用电气公司总经理拉尔夫·科迪纳曾这样定义股份公司的高层管理人员：“为股东、雇员、客户、供货者及工商界谋求最佳平衡利益的受托人”，美国工商企业界将此奉为圭臬，深以为许。由此可见，利益始终与管理者的使命息息相关，成王败寇是管理活动的最重要准则。然而，有的管理者却走进了如下的使命误区。

一、认为苦劳能够弥补功劳，以“没有功劳也有苦劳”的理由向组织邀功，或者觉得苦劳足够大能使自己免于被降职的变数；二、凭借曾经为企业所做的贡献而一味地为现在提现，觉得资历够老便应该享受晋升的待遇；三，强调自我实现而忽略义务，将企业作为实现个人理想的演习场，并且把个人目标凌驾于企业目标之上。

对于一个管理者而言，追求组织绩效始终是他最重要的使命。管理者在实施每一个职场行为的时候，都应该铭记此理念，因为，所有的管理技巧都敌不过将企业资源转变为持续利润的本事，只有拥有此种本事，“管理者”的前面才能被冠以“成功”的字眼。